法藏知津

中國佛教研究集成

初　編

杜潔祥　主編

第 35 冊

《四書蕅益解》研究

羅　永　吉　著

熊十力《新唯識論》研究
——以《新唯識論》所引發儒佛之爭爲進路的探討

林　世　榮　著

花木蘭文化出版社

國家圖書館出版品預行編目資料

《四書蕅益解》研究／羅永吉　著 — 初版 — 台北縣永和市：
花木蘭文化出版社，2010〔民 99〕
目 2+130 面：19×26 公分
（法藏知津——中國佛教研究集成　初編：第 35 冊）
ISBN：978-986-6831-19-5（精裝）
1. 四書－研究與考訂
121.217　　　　　　　　　　　　　　　　　　96004477

熊十力《新唯識論》研究——以《新唯識論》所引發儒佛之爭
為進路的探討／林世榮　著 — 初版 — 台北縣永和市：花木蘭
文化出版社，2010〔民 99〕
目 2+122 面：19×26 公分
ISBN：978-986-6528-96-5（精裝）
1. 梁啓超　2. 熊十力　3. 學術思想　4. 現代哲學　5. 唯識
128.2　　　　　　　　　　　　　　　　　　98001814

ISBN - 978-986-6831-19-5　　　ISBN - 978-986-6528-96-5

法藏知津——中國佛教研究集成
初　編　第三五冊　　ISBN：978-986-6831-19-5／978-986-6528-96-5

《四書蕅益解》研究

熊十力《新唯識論》研究
——以《新唯識論》所引發儒佛之爭為進路的探討

作　　　者　羅永吉／林世榮
主　　　編　杜潔祥
總 編 輯　杜潔祥
印　　　刷　普羅文化出版廣告事業
出　　　版　花木蘭文化出版社
發 行 所　花木蘭文化出版社
發 行 人　高小娟
聯絡地址　台北縣永和市中正路五九五號七樓之三
　　　　　　電話：02-2923-1455／傳眞：02-2923-1452
電子信箱　sut81518@ms59.hinet.net
初　　　版　2007 年 3 月（一刷）／2009 年 3 月（一刷）　2010 年 8 月（二刷）
定　　　價　初編 36 冊（精裝）新台幣 55,000 元

《四書蕅益解》研究

羅永吉　著

作者簡介

羅永吉，臺灣宜蘭人，1967 年生，國立成功大學中國文學碩士、清華大學中國文學博士，現任教於長庚技術學院通識教育中心。碩士論文為《四書蕅益解研究》，博士論文為《陽明心學與真常佛學之比較研究》。研究所就學時期關注於儒家與佛教思想比較及融通之相關課題，希望能更加了解傳統文化相互交涉的情形，也期能為個人生命找到安身立命之所在。另撰有：〈道家與道教之關係〉、〈司馬遷思想中天人關係的對立與統一〉、〈王門二溪與佛教思想之交涉〉等單篇論文。

提　　要

晚明三教合一論的風氣盛行，表現在文學、藝術乃至哲學思想與宗教上，所涵蓋的範圍極廣。就明末的佛教界來說，亦受到此一風氣的影響，慣稱為明末四大師的雲棲袾宏、達觀真可、憨山德清與蕅益智旭，都出現儒釋調和的主張。本論文的研究，即是針對蕅益大師的《四書蕅益解》一書，以此書的思想內容為核心，從儒、佛關係的角度，分兩方面探討：在內緣研究方面，直接從本書的思想著手，以探索蕅益大師如何以其獨特的「現前一念心」的佛教思想，對儒家典籍《四書》進行注解，而見其義理架構上的會通；並進而從儒典原文與蕅師解文的並排對照，窺見此書的詮釋方法。在外緣研究方面，則將此書置於蕅益大師的整體思想中加以定位，並置於儒佛交涉史的發展脈絡上來與佛教界中其他涉及儒釋關係的著作相比較，以凸顯此書在處理儒釋關係問題上的全面與圓熟，而見其價值。全文共分六章：

第一章緒論。旨在說明研究動機、研究現況、研究方法，及本文的範圍與限制。

第二章《四書蕅益解》的成書因緣。從明末儒釋調和風氣盛行的背景，及蕅益大師本人儒釋思想的演進這兩方面來說明。

第三章《四書蕅益解》的思想。分別就此書的三個部分：《大學直指》、《中庸直指》與《論語點睛》的思想進行研究，為本文的核心部分。

第四章《四書蕅益解》的詮釋方法。分別探討此書在詮釋體式與詮釋理路上，如何會通儒釋，並說明此書如何在注解《四書》的經學形式中顯露其思想的創發性。

第五章《四書蕅益解》在蕅益大師思想中的定位及其價值。透過蕅師另兩種儒釋調和著作《周易禪解》與〈性學開蒙〉的介紹，以及和明初姚廣孝《道餘錄》、時代相近的憨山大師〈大學綱目決疑〉、〈中庸直指〉等著作的比較，以見此書之定位、特色及價值。

第六章結論。除了回顧本論文的研究結果外，並檢討《四書蕅益解》調和儒釋的效果，以見由儒釋根本精神之差異而造成在儒釋調和論上的困難。

誌　謝

　　論文寫到最後，竟有一種感覺——這篇論文的撰述，只是反應這個階段的我對這個世界的認識，以及表達此刻對自己生命的存在感受而已。原來，論文與我並非兩物，亦非我「寫了」論文；可以說，在大自然的整體觀照之下，我與論文都只是其自身律動的實現與完成。論文，不過是置身於大自然中的我的投射與映現而已。

　　話雖如此，在此篇論文宛然成形的過程裡，父母師長及愛護我的朋友們，也都在鼓勵與支持的關愛中，參與了我這一階段的成長。感謝指導教授林朝成老師，他除了熱心指導我的論文外，並帶領讀書會，使同學們在增廣見聞之餘，更能感受到對待學術的熱忱與自由研討的學術風氣，生動而活潑地啟發了同學們的心靈，真令人有種從沈睡中甦醒的感覺，這一點影響與感佩，是超乎有形的指導之上的。接著要感謝的是唐亦男老師，老師精湛透闢的眼光及深入淺出的教誨，從大一時上「論孟」課開始即予我思想上的啟蒙，一直到研究所仍隨時在老師的講授中成長，獲益良多，謹在此向老師致上萬分敬意與感謝，並謝謝老師對這篇論文的指正。其次要感謝劉又銘教授，在百忙中抽空批閱這篇不成熟的作品，並提供許多寶貴的意見，讓我能更加成長與進步。

　　此外，要感謝我的好友同窗們，讀書沙龍的成員瑞霞、雅卿、小鍾、美朱、雪花、姍姍，在生活成長或見聞知識上的交流互勉與切磋琢磨，及道友土宜（本名正宜）兄在修行體驗上的對談，這些都為我在面對「論文症候群」（例如去繞圓形物體作順時針運行）時注入了抗體；也謝謝秋惠、穗鈺的打氣與鼓勵，並預祝「豬隻公會」成長茁壯，會員一籮筐。謝謝楊兄與聖旻，逛書店、舊書攤，在書籍的資訊及流通上提供了很大的支持。特別感謝瑞霞，從資料的蒐集影印到論文的打字排版、修正列印，幾乎全程幫忙，如果沒有這些協助，恐怕這篇論文的完成尚在遙不可知之數。謝謝清仔（永清）、阿彪及昭明，很懷念一起把酒泡茶、徹夜長談的時光；也謝謝維忠提供民間宗教的資料，玉美慨贈相關書籍，使這篇論文能在更順利的境遇中完成。

　　謝謝我的父母親，為我提供了最大的支持與鼓勵；也感謝釋迦牟尼佛，他的智慧為我開啟了生命之光。謹以此論文獻給我最敬愛的父母、家人，及愛護我的朋友們，願大家一併分享我的喜悅。

目

錄

第一章　緒　論

第一節　研究動機與研究現況

　　關於明末四大師之一的蕅益智旭（公元 1599～1655）的研究，目前最爲詳盡賅備的，要算是聖嚴法師《明末中國佛教之研究》〔註 1〕一書了。該書是從著作等身的蕅益大師多達五十一種二百二十八卷論作中，反覆細讀精查而得到的結果，對於蕅益大師的研究，可以說絕大部分都是直接來自原始資料，而且從蕅師的時代背景、生涯、宗教行踐、著作及思想等五個方面加以論述，鉅細靡遺，使讀者對蕅師能有一確切的認識及整體的掌握。此書也提到了蕅師思想與儒教的關聯，與明末佛教界的概況及三教同源論的風氣，並指出蕅師以其獨特的「現前一念心」思想發展性相融會與三教同源的理論，爲蕅師調和儒釋的努力指出其基本立場，但就儒佛交涉的層面來說，尚未落實到蕅師所注解的儒家經典的具體內容來討論。以儒家的經典來說，《四書》無疑極能代表儒家的根本精神，而蕅師之所以注解儒家這部根本精神的代表作品，他是如何在儒書中架構他的佛教思想？而在《四書蕅益解》中呈顯出的儒佛交涉問題爲何？其詮釋方法爲何？在明末佛教界一片調和儒釋的主張中，它又達到了什麼成果？在文化整合上，這本書又具備了什麼價值？分別地從《大學》的三綱八目，以及《中庸》透過內在道德主體性達到天人合一的形上思維之脈絡來看，以及蕅師對《論語》之思想核心——「仁」的闡發，使得《四書蕅益解》一書，在儒佛義理的會通方面，有更值得探索的內涵，適合將它從蕅師的其它著作中取出而單獨地作更進一步的研究。

〔註 1〕聖嚴法師著，關世謙譯：《明末中國佛教之研究》（臺北：臺灣學生書局，民國 77 年）。

目前對於蕅師思想進行研究的，尚有鄧繼盈的《蕅益智旭淨土思想之研究》〔註2〕，仍是屬於佛教教內宗派的範圍；至於和儒釋交涉問題有關的，尚有日本學者荒木見悟的《明代思想研究》，其第十二章〈智旭の思想と陽明學〉〔註3〕，認為蕅師「現前一念心」的哲學，其靈感是來自於陽明學的良知心學，這一點結論，聖嚴法師已提出辨正，而不同意此種看法〔註4〕，本文亦贊同聖嚴法師之說而更作辨別，以明二者雖然相似卻不能混同。至於朱伯崑的《易學哲學史》第三卷，亦對蕅師的另一注解儒典的著作《周易禪解》進行討論〔註5〕，將之劃歸於「禪宗的易說」一類，以為儒家易學中關於陰陽變易的學說、道器合一的學說，與佛家的生滅流轉說、禪宗的佛性說，有某種相同點；但他認為這種以禪解易的方式卻多出於比附，是將心學派「六經注我」的學風發揮到極端，而受到儒家經學學者的攻擊；然而其理論思維，特別是精神和心理方面的轉化觀念，如性和情、真如和無明、流轉門和還滅門、先天和後天等相互依存和轉化的觀點，在易學哲學史上也是不容抹煞的〔註6〕。朱氏看出了禪學與易學之間的相似之處，也把《周易禪解》作了定位而評斷其價值，但其評斷價值的取向，只在理論思維的觀念轉化上，並非建立在儒佛交融的關係層面來討論，並且對於蕅師運用「六爻時變」的注解方式來「以佛解儒」亦未分析說明，因此仍有發揮的餘地。此外，直接對《四書蕅益解》進行注釋與研究的，只有民國二十三年的陽復子江謙，為它作了補註，今天所見的版本，無論是收在《蕅益大師全集》〔註7〕中的本子或單行本〔註8〕都是江謙居士的補註本。《四書蕅益解》中，除《孟子擇乳》早因兵燹亡佚外，尚存《大學直指》、《中庸直指》、《論語點睛》三部分，而關於《論語點睛》一書，近人林政華曾發表〈蕅益祖師之論語教〉一文〔註9〕，篇幅較為簡短，且偏重在此書注釋形式的討論，從而舉例闡述儒佛相會通處，但並未就此書對蕅師的佛教思想的核心作一說明。綜上所述，可知就蕅益大師的思想中儒、佛會通這一部分，可資參考的研究成果並不多，而就明末佛教界融合三教的風氣來說，如果說憨山大師（公

〔註2〕鄧繼盈：《蕅益智旭淨土思想之研究》（臺北：政治大學中國文學研究所碩士論文，民國79年）。

〔註3〕荒木見悟：《明代思想研究》（東京：創文社，1972年），頁354～371。

〔註4〕同註1，頁424。

〔註5〕朱伯崑：《易學哲學史》第三卷（臺北：藍燈文化事業股份有限公司，民國80年），頁295～304。

〔註6〕同註5，頁304。

〔註7〕收於《蕅益大師全集》第十九冊（臺北：佛教書局，民國78年，頁12345～12568）。

〔註8〕如臺灣先知出版社民國62年影印美國哈佛大學藏本。

〔註9〕林政華：〈蕅益祖師之論語教〉，《華梵佛學年刊》第六期，（民國78年），頁43～55。

元 1546～1623）〈觀老莊影響論〉、《道德經解》、《莊子內篇注》等著作展現了佛教與道家思想的會通成果，則蕅益大師的《四書蕅益解》、《周易禪解》及〈性學開蒙〉等論述，便呈顯了晚明佛教界爲儒、釋思想會通所作出的貢獻。就傳統文化的整合來說，《四書蕅益解》實有其不可忽略的價值。

第二節 研究方法與研究內容

《四書蕅益解》是一部關於儒、佛交涉的著作。凡是關於儒、佛交涉的著作，當我們在處理它們時，常常容易流入一種主觀的立場——或是儒家的立場、或是佛教的立場。這是因爲主張調和論者本身，雖有融合儒、釋的雄心，但往往是以某一思想體系爲基礎，而兼融他家。因此，儒家有其調和論，佛家亦有其調和論。也就是說，除去拼盤式或什錦式的漫談三教是同的調和論者不談，凡是有一思想體系爲基礎的調和論者，必然有其立場——或是儒家的立場、或是佛教的立場。然而對這些調和論進行研究的研究者，卻不必順著它們的立場作解說，例如予以迴護、或是加以反駁。重要的是，如何就調和論的作品本身，整理出其所以作爲調和基礎的思想體系，因而清楚地呈顯出此一調和論的作品是屬於哪一種類型的調和論。因此，本文的基本態度是：調和論可以有許多種型式的呈現，不但可以有儒家立場的調和論，也可以有佛教立場的調和論；甚至在佛教立場的調和論中，可以有眞常唯心系的思想體系作爲調和基礎的調和論，亦可以有虛妄唯識系的思想體系作爲調和基礎的調和論，而重點在於，作爲調和基礎的思想體系必須是一貫性的，成一系統的，也就是有其根本精神可以掌握的；至於儒釋思想之間的符應程度如何，則是另一個問題。因此，本文在研究方法上，即從《四書蕅益解》中蕅師的注解文字直接切入，以歸納整理其思想體系，並就此思想體系所蘊涵之消融差異性的理論根據出發，透視此一理論根據運用在《四書》的義理結構上之後，所呈顯出來的狀態爲何，而此一狀態即是儒釋兩家思想在《四書蕅益解》中展露其交融會通的結果。亦即，本文是以《四書蕅益解》的思想爲核心，以此核心出發，探索此思想與《四書》原有義理結構的交涉情形，進而分析其詮釋方法、並討論其符應效果，這是屬於《四書蕅益解》一書內緣的研究。至於將《四書蕅益解》一書置於蕅益大師的思想中加以定位，以及討論在明末佛教界中，《四書蕅益解》在儒、釋會通工作上的成果，甚至更擴大來看，從更早的宋代理學家極力闢佛的情形，發展到明朝初年姚廣孝《道餘錄》的撰作，以佛教的立場對宋代理學家的闢佛提出澄清，以此與闢佛者展開對談；再發展到明末佛教界高唱三教合

一的調和主張、乃至運用以佛理注解儒書的方式會通儒、釋,《四書蕅益解》在這
一儒佛交涉的關係發展史中之定位為何?這則是屬於外緣的研究。本文於其間曾
運用了語意學的基本觀念,例如討論到《四書蕅益解》一書的詮釋體式時;而在
某些方面,也運用了對比的方法〔註 10〕,例如比較憨山大師與蕅益大師同樣是注
解儒典中所呈現出的差異,藉以凸顯其各自的特色。但就總的來說,本文避免一
些具有特殊理論骨架的方法論,雖然在行文中或許運用了某些理論結構與語言,
但卻也脫離其原有的理論框框,而將之視為思考或解題的一般原理與原則,希望
能扣緊《四書蕅益解》及其他相關的原始材料,作客觀的分析、結合與佈局,希
望能更廣泛而深入地揭露其特色,而評斷其價值。

　　本文的內容分為六章加以陳述,今略述其綱領如下:

　　首章乃在說明《四書蕅益解》之研究價值,及研究現況、研究方法等,並略述
全文綱領,且為本文之範圍與限制作一劃分。

　　第二章敘述《四書蕅益解》的成書因緣,主要從兩個方面著手:其一,從明朝
末年的儒釋調和風氣之盛行,蔚為一種時代的思潮,以考察《四書蕅益解》成書之
時代背景。其二,從蕅益大師本人儒釋思想的演進來看,蕅師少時曾仿程朱闢佛,
作了一些闢佛文字。其後閱讀雲棲袾宏(公元 1535～1615)的《竹窗隨筆》與〈自
知錄序〉,乃不謗佛;更由於喪父之哀,終於接受佛教信仰,甚至出家為僧,此後致
力於佛教內部各宗派的整合;至其壯年後期與晚年間,便又回過頭來以佛理融攝儒
家。透過蕅益大師據儒排佛到由儒歸佛,乃至以佛攝儒的思想進程,探討《四書蕅
益解》的成書因緣。

〔註10〕所謂對比,如沈清松所提出者,「所謂對比(contrast),是指同與異、配合與分歧、採
　　　　取距離與共同隸屬之間的交互運作,使得處在這種關係的種種因素,相互敦促,而
　　　　共現於同一個現象之場,並隸屬於同一個演進之韻律。簡言之,對比乃決定經驗、
　　　　歷史與存有的呈現與演進的基本律則。為此,志在鋪陳此一基本律則的對比哲學,
　　　　除了具有方法學的意義之外,尚有歷史的意義及存有學的意義。首先,對比哲學有
　　　　一套方法學,其方法的主旨即在將數個研究對象予以排比對照,使在研究者經驗演
　　　　進的歷程中,顯示出這些對象彼此間的統一性和差異性。從方法學觀點看來,對比
　　　　不但是推動經驗成長的方法,亦為經驗完成時之綜合狀態。更進一步,吾人對於歷
　　　　史的關懷,促使吾人在歷史中辨識出對比的現象與對比的法則,亦即促使吾人以對
　　　　比的方式閱讀歷史,此時吾人便進入對比的歷史層面;歷史在結構上是由對比所構
　　　　成,在發展上則是由對比所推動。」說見氏著:《現代哲學論衡》(臺北:黎明文化
　　　　事業有限公司,民國 74 年),頁 3 。可見對比不但具有方法論上之意義,同時也是
　　　　經驗成長之方法、歷史進展之律則、存有之韻律。因此吾人由對比的方法,不但能
　　　　取得方法上的效用,同時也能由此貫串經驗、歷史與存有,而達到哲學整體通觀的
　　　　理想。

　　第三章論述《四書蕅益解》的思想，乃本文的核心部分，採取將構成此書的三個部分《大學直指》、《中庸直指》、《論語點睛》分別研究的方式，將書中蕅師的注解文字獨立出來，從每一節的解文中去貫通聯結出蕅師的思想體系，以得到此書思想的整體概貌。此外有關於各部分關涉到的外緣問題，如《大學直指》與陽明之釋《大學》，及《論語點睛》與李贄《四書評》的關聯，也一併研究，期望能更加深對《四書蕅益解》思想之認識。

　　第四章討論《四書蕅益解》的詮釋方法。先從傳統的經學注解方式談起，《四書蕅益解》採取隨文夾注的方式，在表面上雖然是「述而不作」，其實正是「以述為作」地顯露其思想之創發性。其次分別從詮釋體式及詮釋理路兩方面，探討蕅益大師如何在《四書》這部儒家的典籍上找到發揮佛教思想的空間，作為他符應儒釋的關鍵；以及從蕅師具體的思想內容來看，他是透過哪些佛教思想進路來消融差異性，而達到以佛攝儒的目的。

　　第五章論述《四書蕅益解》在蕅益大師思想中的定位及其價值。首先討論此書在蕅益大師思想中之定位，以蕅益大師之融會佛教教內諸宗思想的傾向來看，會通儒釋即成為他更大的嘗試，而其融和思想的傾向仍是一致的。至於蕅師的儒釋調和作品，尚有《周易禪解》與〈性學開蒙〉，於此章更一併討論之，俾使《四書蕅益解》在蕅師儒釋調和思想中的定位愈見明晰，並以《四書蕅益解》實能全顯蕅師的圓熟思想作結。另外，再將《四書蕅益解》放在儒佛交涉的發展脈絡來討論，則在遠距離與姚廣孝的《道餘錄》對照來看，考察佛教陣營中由正面與儒家闢佛者對談的現象，發展到蕅師這種以佛法注解儒家經典的融和方式之轉變；在近距離則與時代相近的憨山大師同樣是對儒家經典的注解如〈大學綱目決疑〉與《中庸直指》等著作作一比較，以見其差別而顯其特色，並看出蕅師在明末佛教界中更進一步地將儒佛交融會通的工作推到了更完備而成熟的高峰，以見其在儒佛交涉的關係史上呈現的地位與貢獻。

　　第六章結論部分，除總結前面各章之論述外，並通盤檢討《四書蕅益解》在儒釋調和工作上，是否真能以佛攝儒而將儒家思想攝歸為佛法之一部分，主要是客觀地從儒、釋兩家根本精神之差異性來討論，以此說明調和論的型式必須採取某一方面之立場來概括另一方面，這是調和論者所遭遇到的根本難題，但這並不妨礙《四書蕅益解》之作為以佛教天台圓教思想為其儒釋調和的基礎，而建立此種類型之調和論的特色與價值。因為在思想合流的演變過程中，出現此種調和論有其文化上的意義，而就文化整合的努力來看，《四書蕅益解》亦具有其獨特的貢獻。

第三節 本文的範圍與限制

明末三教同源論的風氣是整個時代的思潮，不僅表現在佛教界，也表現在儒學陣營中，明朝王陽明的良知心學盛行，而陽明心學與禪學原本就十分相近，易於混淆，傳到陽明後學的王龍溪，更毫不保留的，將六祖《壇經》的「無念爲宗」，作爲「君子之學」，禪與儒遂不分辨矣！順此思想發展，龍溪自然導出三教合一的結論。他宣言：「先師的良知之學，乃三教之靈樞」，對晚明的三教融合思想影響甚大〔註11〕。王龍溪尚有許多討論易學哲學的文章，如〈先天後天解易〉、〈學易說〉……等等，卻被王門江右學者羅洪先批評爲本於佛氏，有背儒家宗旨〔註12〕，可見其學說的接近於禪。由此儒家陣營中三教合一論來出發，當可看出晚明這一大思潮之下的不同面向，例如可將王龍溪的易說與藕師的《周易禪解》作一比較，以見其同樣是在調和儒釋宗旨之下的各自立場；甚至可再將範圍擴大來看，在民間新興的宗教如羅教與三一教（夏教）也都打著三教同源的旗號，而呈現出晚明三教融和風氣之下的又一面向，其調和方式亦可與佛教界及儒學界作一比較，見其同異，以了解晚明人文活動中的若干問題，例如憨山大師及雲棲大師的痛斥羅教爲假正助邪，這是同樣在三教調和風氣盛行的時代思潮下發生的情形，而其問題的癥結，仍在於三教究竟是同是異的問題及其調和方式上所產生的爭議，就一個相同的時代思潮下的人文活動來看，如能更廣泛地來研究，將更有助於對那個時代的整體了解。但本文限於時間、學力及主題，則僅將範圍限定在晚明佛教界的儒釋調和主張中，而且以《四書藕益解》一書爲中心。

另外，本文是從儒佛交涉的角度來探討《四書藕益解》一書，因此，是將此書置放在儒佛交涉的歷史脈絡中來考察的。至於《四書藕益解》在《四書》學史中的

〔註11〕參見江燦騰：〈李卓吾的生平與佛教思想〉，《中華佛學學報》第二期（民國77年10月），頁313～314〔註54〕的論述。

〔註12〕同註5，頁246～281「王畿的易說」部分。案：《明儒學案·江右王門學案三》載羅洪先批評王畿云：「龍溪之學，久知其詳，不俟今日。然其講功夫，又卻是無功夫可用，故謂之『以良知致良知』，如道家『先天制後天』之意。其說實出陽明口授，大抵本之佛氏。翻《傳燈》諸書，其旨洞然。直至與吾儒『兢兢業業，必有事』一段，絕不相蒙，分明二人屬兩家風氣。」（《黃宗羲全集》第七冊——《明儒學案》上，臺北：里仁書局，民國76年，頁407）此段批評未爲中肯，如近人牟宗三先生即認爲羅念庵之想法與陽明之致良知教未能相應，而龍溪則能相應於陽明也。見氏著：《從陸象山到劉蕺山》（臺北：臺灣學生書局，民國79年），頁324。至於本文引羅洪先之批評王龍溪本於佛氏，有背儒家宗旨之說，意並非在平章二人學術之於儒家孰正孰別，乃僅就當時儒學陣營中的學者對龍溪亦有本於佛氏之批評，以見龍溪學說的接近於禪，易於混淆。

定位如何，由於本書在傳統經學者眼中是屬於攙雜佛老一類的〔註13〕，這一類的著作被認爲使經書漸漸失去原來的面目，使經書蒙塵，甚至因而成爲經學者反省的項目，而造成推動當時學者「回歸原典」運動的因素之一〔註14〕。因此，若從傳統經學研究的領域來看，《四書薀益解》只能具有反面的價值，將不容易在《四書》學史中看出其正面的意義。是以，本文乃將研究的焦距放在儒佛交涉史的角度來看，較不能照顧到從《四書》學史的脈絡來考察，此亦本文的限制之一。

〔註13〕明末雜有禪味的《四書》著作，如王肯堂的《論語義府》、方時化的《中庸點綴》、姚應仁的《大學中庸讀》、萬尚烈的《四書測》、寇慎的《四書酌言》等，可謂比比皆是，都有意融和儒釋。但大多已經亡佚。見林慶彰：〈明末清初經學研究的回歸原典運動〉，收於氏著《明代經學研究論集》（臺北：文史哲出版社，民國83年），頁337。

〔註14〕同註13，頁338。

第二章 《四書蕅益解》的成書因緣

第一節 明末儒釋調和論的盛行

壹、儒釋調和的風氣

佛教在傳入中國之後，就開始不斷地和中國本土原有的儒家文化發生交涉。從牟融的《理惑論》出，站在佛教立場為非佛者解說答辯，此後，排佛論者與護法論者亦交替興起，往復辯訟。如晉何無忌作《五橫論》，仿韓非「五蠹」之意，謂沙門為一蠹。即有釋子道恆作《釋駁論》以應之，謂沙門高蹈絕俗，弘道之志，媲美仲尼。（見《弘明集》第六）又齊顧歡作《夷夏論》，以夷夏之防，闢斥佛法為夷狄之教，不可信從。（並見《齊書》及《南史‧顧歡傳》）因而有朱昭之《難夷夏論》、朱廣之《諮夷夏論》、慧通《駁夷夏論》、僧敏《戎華論》等論之作，謂當泯夷夏之界，蓋華夷殊俗，設教或異，而天下之理，固未嘗有二也。（見《弘明集》第七）又梁道士假張融之名作《三破論》，至謂佛教「入國而破國」、「入家而破家」、「入身而破身」。當時劉勰著《滅惑論》，僧順《析三破論》以駁難之。《析三破論》以為佛法所沾，固可助俗教化，以破第一「破國」之難；又謂釋氏訓戒在家子弟，亦主父慈、子孝、兄愛、弟敬、夫和、妻柔，備具六睦之美，以破第二「破家」之難。又謂釋氏以三界如火宅，不出世，終不究竟。故棄名利，希寂滅，以破第三「破身」之難。（見《弘明集》第八）另有梁范縝作《神滅論》曰：「形存則神存，形謝則神滅」（並見《梁書‧范縝傳》及《弘明集》第九）以難之，即有曹思文《難神滅論》出，甚至梁帝敕臣下答之，一時如沈約輩紛紛作書以應之，大抵不外申論神所以不滅之故；而梁僧佑大師所著《弘明集》，調和儒釋尤其有名。至唐韓愈以儒者而排佛，而宗密大師

則又會通三教。至宋朝時，理學發達，理學家多在出入佛老若干年後，返求六經而有得，因此雖然如程朱排佛之烈，亦未嘗不見其受佛教影響。且如象山，時人多稱其爲禪，更可見理學與佛學之關係密切；而在佛教界，亦有契嵩禪師的《輔教篇》，闡明儒佛一貫之旨，其間諸儒主調和論者亦多有之，如張商英的《護法論》、李綱的《三教論》〔註1〕及王安石之融通儒釋〔註2〕。到了明代，王陽明的心學盛行，其心學本來就與禪學相近而易於混淆，及至其後學如泰州學派的王襞、羅近溪及浙中學派的王龍溪，在思想上比陽明更接近於禪〔註3〕，這是明朝末年在儒學陣營中出現的儒釋調和的傾向。同時在佛教界中，慣稱爲明末四大師的雲棲袾宏（公元 1535～1615）、達觀眞可（公元 1543～1603）、憨山德清（公元 1546～1623）及《四書蕅益解》的作者蕅益智旭（公元 1599～1655），都先後出現調和儒釋的主張，希望透過佛法來融攝儒家。另外，晚明士大夫好禪，多與禪師結納，形成一股居士佛教的風氣，或結社讀佛經、參禪，也重視持咒。明末的居士們，大多是自己接觸到了佛教的書籍及修行方法，於是進一步訪問當時的高僧，求取更深入的認識和體驗，而當時對居士界影響力最大的，是雲棲袾宏大師，他極力主張「參究念佛」，原則是禪和淨土並重並修，但仍側重於念佛法門。所以當時的居士們，以念佛爲主要的修行法門，而且由於袾宏大師力倡戒殺放生，所以當時的居士之中，組織放生會，設置放生池的，大有人在〔註4〕。明末的居士中，有許多是儒學陣營的健將，如李卓吾、焦弱侯、袁中郎等人，多和儒家泰州學派的羅近溪有師友關係，而他們本身也多有佛學方面的著作，如李卓吾有《華嚴經合論簡要》、《般若心經提綱》、《淨土決》等，焦弱侯有《楞嚴經精解評林》、《楞伽經精解評林》、《法華經精解評林》，而袁宏道有《西方合論》〔註5〕。其中《西方合論》備受蕅益大師稱讚，除了整部加以評點外，並常教人閱讀此書，且將此書輯入所編的《淨土十要》中，評價極高〔註6〕，而李

〔註 1〕以上所引儒佛交涉簡史，見於熊琬：《宋代理學與佛學之探討》（臺北：文津出版社，民國 80 年）緒論部分。

〔註 2〕王安石的融通儒釋，可參考蔣義斌：《宋代儒釋調和論及排佛論之演進》（臺北：臺灣商務印書館，民國 77 年）。

〔註 3〕如黃宗羲：《明儒學案・泰州學案一》云：「陽明之學，有泰州、龍谿而風行天下，亦因泰州、龍谿而漸失其傳。泰州、龍谿時時不滿其說，益啓瞿曇之祕而歸之師，蓋躋陽明而爲禪矣。」見《黃宗羲全集》第八冊——《明儒學案》下（臺北：里仁書局，民國 76 年），頁 703。

〔註 4〕聖嚴法師：〈明末的居士佛教〉，收於《明末佛教研究》（臺北：東初出版社，民國 76 年），頁 240、241。

〔註 5〕同註 4，頁 253～255、268～269。

〔註 6〕可參考邱敏捷：《參禪與念佛——晚明袁宏道的佛教思想》（臺北：商鼎文化出版社，1993 年），頁 85～88。

卓吾的另一部著作《四書評》，更是薀師《論語點睛》極重要的參考底本，《論語點睛》中時常引用卓吾《四書評》的意見，頻率極高。可見明末居士佛教的風氣，淡化了儒釋兩家之爭，而傾向儒釋調和的趨勢。

此外，此時在民間興起的新興宗教，如羅清（公元1442～1527）所創立的「真空家鄉，無生父母」信仰的羅教，及林兆恩（公元1517～1598）所創立的三一教（或夏教），雖然在佛教界遭到嚴厲的批評〔註7〕，也受不到傳統儒者的認同〔註8〕，這或者是因爲他們著重在神秘的宗教體驗上，且對三教經典割裂摻雜，斷章取義的引用，而不重視義理的會通，乃形成一種儒釋道雜糅的形式，遂被視爲異端而加以排斥。但姑且不論其對三教交涉與調和的成果貢獻及其所造成的影響爲何，至少他們清楚的表現出三教合一論的思想傾向。可見在明朝末年，不論是在知識份子階層或是在民間，儒釋調和、甚至是三教合一的思潮，正是這一時代的共同風氣。《四書薀益解》之成書於這個時代，不能不說是受了這種風氣的影響所致。

貳、四大師的儒釋調和主張

中國佛教在唐代大師雲集之後，到了明末才又另創一佛學的高潮。素被稱爲明末四大師的雲棲袾宏、達觀眞可、憨山德清及薀益智旭，都是禪教兼通而不拘一格的人，他們對後代的影響也十分廣泛。在他們的思想中，有一種共同的趨勢，就是提出調和儒釋二家的主張——或是泛論性質的短文、或是取儒家經典加以注解，呈現著以佛攝儒的現象。藉由四大師調和儒釋的主張，將可使我們更加認識晚明佛教界中對儒釋交涉問題的處理。

袾宏大師，字佛慧，別號蓮池，俗姓沈，杭州人。他認爲儒佛相非，初時各爲世道與出世道計，相非未足爲過也；但是後來仿韓愈非佛者，及仿契嵩大師反非儒

〔註7〕羅教及其經卷被佛教正統人士認爲是異端邪說，受到激烈的攻擊，例如憨山大師、雲棲大師及密藏，都對羅清加以批評。如雲棲大師指責羅清：「有羅姓人，造《五部六冊》，號《無爲卷》，愚者多從之，此訛也。彼所云無爲者，不過將萬行門悉皆廢置，而不知萬行即空，終日爲爲而未嘗爲者，眞無爲也。彼口談清虛，而心圖利養；名無爲而實有爲耳。人見其雜引佛經，便謂亦是正道，不知假正助邪，誑嚇聾瞽，凡我釋子，宜力攘之。」（《正訛集·無爲卷》）關於羅教的介紹，可參見馮佐哲、李富華著：《中國民間宗教史》（臺北：文津出版社，民國83年），頁230、231。此外，關於羅清的研究，可參考鄭志明：《無生老母信仰溯源》（臺北：文史哲出版社，民國74年）。
〔註8〕如黃宗羲未將林兆恩列入《明儒學案》，但在《南雷文案》卷九有「林三教傳」，最後論曰：「兆恩本二氏之學，恐人之議其邪也，而合之於儒，卒之驢非驢，馬非馬，龜茲王所謂羸也，哀哉！」可參考鄭志明：《明代三一教主研究》（臺北：臺灣學生書局，民國77年）。

者，實不必要，因其程度不及而顯得多餘，他說：

> 迨夫傅、韓非佛之後，後人又彷效而非，則過矣，何以故？雲既掩日，不
> 須更作煙靄故；迨夫明教空谷非儒之後，後人又彷效而非，則過矣，何以
> 故？日既破暗，不須更作燈火故。〔註9〕

事實上，他認爲儒佛非但不必相病，而且可以相資：

> 覈實而論，則儒與佛不相病而相資，試舉其略：凡人爲惡，有逃憲典於生
> 前，而恐墮地獄於身後，乃改惡修善，是陰助王化之所不及者，佛也。僧
> 之不可以清規約束者，畏刑罰而弗敢肆，是顯助佛法之所不及者，儒也。
> 〔註10〕

也就是說，從行爲的約束上來說，儒與佛在其設禁防上的不同，卻恰好可以相輔相
成、互資互助，所以不必歧而二之也。但是袾宏大師並不贊成漫將儒佛混同，而強
調儒佛亦各有其偏重點的差異，主要是治世與出世的不同。他說：

> 儒佛二教聖人，其設化各有所主，固不必歧而二之，亦不必強而合之。何
> 也？儒主治世，佛主出世。治世，則自應如《大學》格致誠正修齊治平足
> 矣，而過於高深，則綱常倫理不成安立。出世，則自應窮高極深，方成解
> 脱，而於家國天下不無稍疏，蓋理勢自然，無足怪者。若定謂儒即是佛，
> 則《六經》《論》《孟》諸典璨然備具，何俟釋迦降誕，達磨西來；定謂佛
> 即是儒，則何不以《楞嚴》《法華》理天下，而必假羲農堯舜創制於其上，
> 孔孟諸賢明道於其下。故二之合之，其病均也。雖然，圓機之士，二之亦
> 得，合之亦得，兩無病焉，又不可不知也。〔註11〕

可見袾宏大師是承認儒佛各有其指歸的，而治世與出世，各擅勝場，亦不必強合之
也。儒與佛的關係雖如上述，但若綜合言之，仍然有深淺的不同。袾宏大師說：

> 人有恆言曰：三教一家，遂至漫無分別，此訛也。三教則誠一家矣，一家
> 之中，寧無長幼尊卑親疏耶？佛明空劫以前，最長也；而儒道言其近。佛
> 者，天中天，聖中聖，最尊；而儒道位在凡。佛證一切眾生本來自己，最
> 親也；而儒道事乎外。是知理無二致，而深淺歷然；深淺雖殊，而同歸一
> 理，此所以爲三教一家也，非漫無分別之謂也。〔註12〕

〔註 9〕袾宏大師：《竹窗二筆・儒佛交非》，收於《蓮池大師全集》第四冊（臺北：中華佛
教文化館，民國72年），頁3813。
〔註10〕同註9。
〔註11〕袾宏大師：《竹窗二筆・儒佛配合》，同註9，頁3877、3878。
〔註12〕袾宏大師：《正訛集・三教一家》，同註9，頁4094。

可見袾宏大師仍是站在佛教的立場，以佛而涵蓋儒道也。此點在他解《中庸》『喜怒哀樂之未發』一義時，亦深深地流露出來：

> 予初入道，憶子思以喜怒哀樂未發爲中，意此中即空劫以前自己也。既而參諸《楞嚴》，則云縱滅一切見聞覺知，內守幽閒，猶爲法塵分別影事。夫見聞泯，覺知絕，似喜怒哀樂未發，而曰法塵分別者何也？意，根也；法，塵也。根與塵對，順境感而喜與樂發，逆境感而怒與哀發，是意根分別法塵也。未發，則塵未交於外，根未起於內，寂然悄然，應是本體；不知向緣動境，今緣靜境；向固法塵之麤分別也，今亦法塵之細分別也，皆影事也，非眞實也。謂之幽閒，特幽勝顯，閒勝鬧耳。空劫以前自己，尚隔遠在，此處更當諦審精察，研之又研，窮之又窮，不可草草。〔註13〕

可知他以「喜怒哀樂之未發」爲「法塵之細分別」，離「空劫以前自己」尚有一段距離。這是從佛教思想來判攝儒家境界，充分表現出袾宏大師以佛攝儒的意趣。綜上所述，可知袾宏大師雖認爲儒佛可以互資，但另一方面也強調儒佛不可濫同，並且有以佛教立場融攝儒家的傾向。關於袾宏大師，蕅師在〈十八祖像贊〉中說道：

> 旭少爲邪師所誤，力詆三寶，聞大師〈自知錄序〉，始轉邪心。廿四出家，入山作務，見規約中，有學戒式，遂發菩提心，胡跪大師像前，然香頂受二種戒本，以附私淑之科。〔註14〕

蕅師年幼時，曾站在儒家立場仿程朱闢佛，直到讀了袾宏大師的〈自知錄序〉才轉變態度，終於皈依佛門。此一轉變，袾宏大師給了他很大的影響。且在戒律方面，蕅師是私淑袾宏，以袾宏爲法屬的。可以說袾宏大師是蕅師由儒入佛的啓蒙導師。

眞可大師，字達觀，晚號紫柏，俗姓沈，蘇州吳人。他亦蘊釀出三教同源的思想，並將佛教的五戒與儒家的五常解釋爲名異實同的內涵。他說：

> 我得仲尼之心而窺六經，得伯陽之心而達二篇，得佛心而始了自心。雖然，佛不得我心不能說法，伯陽不得我心二篇奚作，仲尼不得我心則不能集大成也。且道末後一句如何播弄：自古群龍無首去，門牆雖異本相同。〔註15〕

他站在自心的立場，作爲三教的根源，並以爲儒釋道三教只是門牆的差異，其根本是相同的。又說：

〔註13〕袾宏大師：《竹窗二筆·喜怒哀樂未發（一）》，同註9，頁3840、3841。

〔註14〕蕅師：《靈峰宗論》卷九之四，收於《蕅益大師全集》（以下簡稱《全集》）第十八冊（臺北：佛教書局，民國78年），頁11619。

〔註15〕《紫柏尊者別集》卷一〈題三教圖〉，《大藏新纂卍續藏經》第七十三卷406頁下。

> 不殺即孔之仁，不盜即孔之義，不邪淫即孔之禮，不妄語即孔之信，不飲
> 酒即孔之智。〔註16〕

以佛之五戒比擬儒之五常，由此表達其儒釋調和的主張，他甚至將五常這五種儒家提倡的美德，放在佛教信仰的層次來說，如他說：

> 南無仁慈佛，愛人如愛己，此心常不昧，如來即出世。
> 南無義氣佛，愛人必得所，臨事不苟且，立地成正覺。
> 南無禮節佛，事事要明白，長幼序不亂，世尊即是你。
> 南無智慧佛，變通無停礙，扶正不扶邪，化苦而爲福。
> 南無信心佛，眞實無所改，一念與萬年，始終常若一。〔註17〕

「南無」就是「皈依」的意思，是將儒家的道德情感轉化爲佛教的宗教信仰，由此見其調和儒釋的態度。眞可大師的思想以融匯儒釋道三家、及性、相、禪宗爲特色，而以禪宗爲其立場。他對於理學家喜歡探究的心性問題，常以性、心、情、理四者加以排比論述，甚至摻雜陰陽五行之說，或易經六十四爻的理論，但儘管他使用了許多假借自中國哲學的名詞或觀念，眞正的思想內涵並沒有離開佛法〔註18〕。此外，眞可大師在會通禪、教，融合性、相二宗，及理論與實踐兼具等方面，受到蕅益大師極度的推崇，蕅師曰：

> 予每謂紫柏大師，重繼永明芳軌，宗說俱通，解行具足，撤性、相之藩籬，
> 指歸一轍；懲禪、講之流弊，導使尋源。……今天下宗主，能如紫柏之徹
> 法源底乎？今天下律主，能如紫柏之頭陀勝行乎？〔註19〕

由於在性相融會，禪教律合一這方面，蕅師眞正尊敬的人，只有永明延壽與達觀眞可兩位而已〔註20〕，可見眞可大師對蕅師的啓發，而其調和儒釋的思想傾向，也對蕅師起了一定的影響。

德清大師，字澄印，別號憨山，俗姓蔡，金椒人。他也是一位三教融合論者，而用以融合的理論依據，乃在於「三界唯心」、「萬法唯識」。他在〈觀老莊影響論〉說：

> 余幼師孔不知孔，師老不知老，師佛不知佛，退而入於深山大澤，習靜以
> 觀心焉，由是而知三界唯心，萬法唯識。則一切形，心之影也；一切聲，
> 心之響也。是則一切聖人，乃影之端者；一切言教，乃響之順者。由萬法

〔註16〕《紫柏尊者全集》卷七，《大藏新纂卍續藏經》第七十三卷200頁上。
〔註17〕《紫柏尊者全集》卷二十，《大藏新纂卍續藏經》第七十三卷315頁中。
〔註18〕見釋果祥：《紫柏大師研究》（臺北：東初出版社，民國76年），頁70～73。
〔註19〕同註14，卷八之二，頁11453、11454。
〔註20〕聖嚴法師著，關世謙譯：《明末中國佛教之研究》（臺北：臺灣學生書局，民國77年），頁126。

唯心所現，故治世語言資生業等，皆順正法；以心外無法，故法法皆眞，

迷者執之而不妙；若悟自心，則法無不妙。心法俱妙，唯聖者能之。〔註21〕

由此看來，三教本來一理，甚至天地萬物皆由此心建立。他說：

或問：三教聖人，本來一理，是果然乎？曰：若以三界唯心，萬法唯識而

觀，不獨三教本來一理，無有一事一法，不從此心之所建立。〔註22〕

由於從此「三界唯心」的「心」來建立萬法，所以，儒釋道三教，其差異者只是
外表的「跡」罷了。如果爲了隨機度生，三者終須兼通。德清大師〈道德經解發
題〉曰：

愚嘗竊謂孔聖若不知老子，決不快活；若不知佛，決不奈煩。老子若不

知孔，決不口口說無爲而治；若不知佛，決不能以慈悲爲寶。佛若不經

世，決不在世閒教化眾生。愚意孔老即佛之化身也。後世學佛之徒，若

不知老，則直管往虛空裡看將去，目前法法，都是障礙，事事不得解脫。

若不知孔子，單單將佛法去涉世，決不知世道人情，逢人便說玄妙，如

賣死貓頭，一毫沒用處。故祖師亦云：說法不投機，終是閒言語。……

然隨俗以度生，豈非孔子經世之心乎。又經云：五地聖人，涉世度生，

世閒一切經書技藝，醫方雜論，圖書印璽，種種諸法，靡不該練，方能

隨機。故曰：世諦語言資生之業，皆順正法。……佛豈絕無經世之法乎？

由孔子攘夷狄，故教獨行於中國，佛隨邊地語說四諦，故夷狄皆從其化。

此所以用有大小不同耳。是知三教聖人，所同者心，所異者跡也，以跡

求心，則如蠡測海；以心融跡，則似芥含空。心跡相忘，則萬派朝宗，

百川一味。〔註23〕

以佛菩薩之應機說法，隨處度生爲佛教的經世之法，這和孔子隨俗度生的經世之心
是一樣的，只是「用有大小不同耳」。事實上，憨山大師是將孔子視爲釋迦所遣先來
中土行化的「儒童菩薩」的，其〈觀老莊影響論〉云：

原彼二聖，豈非吾佛密遣二人，而爲佛法前導者耶？……是以孔子欲人不

爲虎狼禽獸之行也，故以仁義禮智援之，姑使捨惡以從善，由物而入人……

吾意中國，非孔氏而人不爲夷狄禽獸者幾希矣。雖然，孔氏之跡固然耳，

其心豈盡然耶？況彼明言之曰：毋意、毋必、毋固、毋我。觀其濟世之心，

豈非據菩薩乘，而說治世之法者耶？經稱儒童，良有以也，而學者不見聖

〔註21〕《憨山老人夢遊集》第四冊(臺北：新文豐出版股份有限公司，民國81年)，頁2407。

〔註22〕同註21，頁2413、2414。

〔註23〕同註21，頁2450～2452。

人之心，將謂其道如此而已矣。〔註24〕

可見德清大師相信《清淨法行經》說的：「佛遣三弟子教化震旦：儒童菩薩，彼謂孔丘；淨光菩薩，彼謂顏回；摩訶迦葉，彼稱老子。」〔註25〕的說法，將孔子放在佛教中定位其身分，成為助佛弘化的菩薩。從這個角度來看，德清大師所謂三教本同，是立足在佛教立場來融攝儒道的。若要究竟，則仍須歸本於佛。〈觀老莊影響論〉云：

> 古德嘗言：孔助於戒以其嚴於治身；老助於定以其精於忘我。二聖之學，與佛相須而為用，豈徒然哉？據實而論，執孔者涉因緣，執老者墮自然，要皆未離識性，不能究竟一心故也。佛則離心意識，故曰：本非因緣，非自然性。方徹一心之原耳。〔註26〕

這是將儒道二家，就其可以與佛教相須為用處，比擬為三無漏學中的戒學與定學；而就其不究竟處，據《楞嚴經》分判「執孔者涉因緣，執老者墮自然」，而均不達《楞嚴經》「本無因緣，非自然性」的教旨，故均未臻究竟。可見這仍是以佛攝化儒道的立場。

蕅師在〈十八祖像贊〉中說道：

> 憨山大師……次住匡山五乳峰，閉關念佛，晝夜六時，各課萬聲。庚申雪嶺峻師登山問安。旭寄香一瓣，蒙大師慈札獎導，偈語開示。辛酉大師復住曹谿。壬戌，旭決志出家，三夢大師接引，恨駑劣不能遠趨，乃求峻師剃髮，以是大師所讚許也。〔註27〕

雪嶺峻師是憨山德清的弟子，也是蕅師的剃度師。蕅師透過他和德清大師之間有了書簡的往還，並且曾在夢中三次出現德清的影像來接引他，從而蕅師便成為德清的再傳弟子，亦即所謂法屬〔註28〕。

綜上所述，從三位大師的思想傾向中，不難看出在晚明佛教界中調和儒釋的思潮，蔚為一種風氣。且這三位大師，或為蕅師的啟蒙導師、或為他極度推崇尊敬的理想之師、或為他有法屬傳承關係的師長，都和蕅益大師有著密切的關係。在這樣的風氣之中，自然也就給予蕅師一定程度的影響。《四書蕅益解》這部調和儒釋的著作，就是在這樣的時代背景、思潮之下，應運而生的產物。

〔註24〕同註21，頁2417、2418。

〔註25〕轉引自王煜：〈釋德清（憨山老人）融攝儒道兩家思想以論佛性〉，收於《明清思想家論集》（臺北：聯經出版事業公司，民國73年），頁174。

〔註26〕同註21，頁2434、2435。

〔註27〕同註14，頁11621、11622。

〔註28〕同註20，頁122。

第二節　蕅益大師儒釋思想的演進

　　《四書蕅益解》一書，雖然是明末儒釋調和論盛行的風氣之下，應運而生的產物，反映了當時的思潮，但是就蕅益大師來說，是另具有一層意義的。它之所以被寫成，固然是時代思潮所趨，但更重要的是它體現了蕅益大師據儒排佛，然後由儒歸佛，再到以佛攝儒的思想進程。也就是說，這部書的寫成，從蕅益大師幼年時的際遇及其後隨著他成長歷程的思想演變，就可以發其端倪，而見其軌跡。據弘一大師的《蕅益大師年譜》[註29]就可以看出蕅師幼年時即與儒家特別有緣。他十二歲時：

> 就外傅，聞聖學，即以千古道脈爲任，囂囂自得。天子不得臣，諸侯不得
> 友，於居敬慎獨之功，致知格物之要，深究之。開葷酒，作論數十篇，闢
> 異端，夢與孔顏晤言。

這正是據儒排佛的階段，日後卻成爲他很深的「罪報感」的一個心結，因爲在佛教來說，毀謗三寶的罪愆是很重的[註30]，之後，在他十七歲時，思想有了轉變：

> 閱〈自知錄序〉及《竹窗隨筆》，乃不謗佛。取所著闢佛論焚之。

這是讀了袾宏大師的手著之後，不再以儒、佛爲相對立；更在二十歲時因爲孝道思想，在他父親過世之後，聞地藏本願而皈依佛門[註31]。二十三歲時：

> 聽《大佛頂經》，謂「世界在空，空生大覺」。遂疑何故有此大覺，致爲空
> 界張本，悶絕無措。但昏散最重，功夫不能成片。因決意出家，體究大事。

因此走上了出家之路。這段期間，正是蕅師由儒歸佛的階段。此後蕅師致力於佛教教內諸宗思想的吸收與融通，一直到他撰述儒、釋調和的作品如《四書蕅益解》，初稿是在三十五、六歲時，完稿是在四十九歲時；而《周易禪解》初稿是在四十三歲時，完稿是在四十七歲時，到了這個時期，蕅師的思想已經趨於定型，他的「現前一念心」爲中心的性相融會與三教同源思想也已經圓熟，他正是以此「現前一念心」的獨特思想進行儒、釋調和的工作，實則是想要「以禪入儒，務誘儒以知禪」[註32]，此時正是蕅師積極地以佛攝儒的階段，表現了佛法應世度生的悉檀善巧。我們可以從〈四書蕅益解序〉中，回顧蕅師思想發展的軌跡，並看到他終於無所執著的體悟：

> 蕅益子年十二，談理學而不知理。年二十，習玄門而不知玄。年二十三，

[註29] 以下所引《年譜》資料，俱見於《全集》目錄冊，同註14。
[註30] 同註20，頁210～216。
[註31] 同註20，頁206。
[註32] 蕅師：〈周易禪解自序〉，同註14，卷六之二，《全集》第十七冊，頁11119。

參禪而不知禪。年二十七，習律而不知律。年三十六，演教而不知教。逮大病幾絕，歸臥九華，腐滓以爲饌、糠粃以爲糧，忘形骸、斷世故，萬慮盡灰，一心無寄，然後知儒也、玄也、佛也、禪也、律也、教也，無非楊葉與空拳也，隨嬰孩所欲而誘之。誘得其宜，則啞啞而笑；不得其宜，則呱呱而泣。泣笑自在嬰孩，於父母奚加損焉？顧兒笑，則父母喜；兒泣，則父母憂。天性相關，有欲罷而不能者。伐柯伐柯，其則不遠。今之誘於人者，即後之誘人者也。倘猶未免隨空拳黃葉而泣笑，其可以誘他乎？維時徹因比丘，相從於患難顛沛，律學頗諳，禪觀未了，屢策發之，終隔一膜。爰至誠請命於佛，卜以數鬮，須藉《四書》，助顯第一義諦。遂力疾爲拈大旨，筆而置諸笥中……佛祖聖賢，皆無實法繫綴人，但爲人解粘去縛，今亦不過用楔出楔，助發聖賢心印而已。〔註33〕

父母嬰兒之喻，正表現出菩薩救度眾生的慈悲情懷與善巧方便，「佛祖聖賢，皆無實法繫綴人」的無所執著，恰與蕅師年幼時以儒闢佛，將儒佛鮮明對立的情形，成了強烈對比，而其中間歷經了一段爲時不短的思想歷程。《四書蕅益解》之成書，從蕅師的思想進程看來，有其內發的動力，從這個角度而言，徹因比丘的「禪觀未了」，反倒成了成書的助緣。

〔註33〕此處所引蕅師《四書蕅益解》之原文，乃以民國江謙居士補註本爲主，見於臺北佛教出版社刊行，石君卓（釋思慧）發行，釋廣定倡印，但未註明出版年月之單行本，頁1、2。下文所標《四書蕅益解》原文頁碼皆同此，不另加註。

第三章 《四書蕅益解》的思想

　　蕅益大師的《四書蕅益解》一書，採取中國學者傳統的注經解經的方式，依章句逐節注解之，並且就從注解的文字中，發揮佛教的義理、思想，使得儒、佛二家的思想，透過蕅師此一注解的過程而得以會通。本章即對此一注解文字的思想內容進行研究，探索蕅師《四書蕅益解》的思想；而這一部分的研究，主要是以此書注解文字所呈現的佛教義理、思想爲主，而旁及蕅師著書時所採用的版本或參考的底本等與《四書蕅益解》一書相關的外緣研究。至於其詮釋的方法，或儒佛思想會通的部分，則待於他章討論。

　　《四書蕅益解》一書，除了《孟子擇乳》因兵燹亡佚外，實際上包含《論語點睛》、《中庸直指》、《大學直指》三個部分；而其次第，據蕅師〈四書蕅益解序〉云：

　　　首《論語》，次《中庸》，次《大學》，後《孟子》。《論語》爲孔氏書，故
　　　居首；《中庸》、《大學》，皆子思所作，故居次。子思先作《中庸》，《戴禮》
　　　列爲第三十一；後作《大學》，《戴禮》列爲第四十二。（頁1、2）

可見本來蕅師先以孔子、子思爲前後次第的標準，復以子思先作《中庸》、後作《大學》的先後爲標準，排定《四書蕅益解》之次第，故知原來的次第，應爲《論語點睛》、《中庸直指》、《大學直指》。但就蕅益大師的思想來說，《大學直指》首先發明蕅師的「現前一念心」的獨特之哲學思想，此「現前一念心」爲蕅師所獨創，且成爲其思想中心﹝註1﹞，若能了解此句法彙，則較能掌握蕅師的整體思想架構；復就《大學》、《中庸》在理論結構上較《論語》嚴密而言，如欲闡述蕅師整體之思想架構，則先研究《大學》、《中庸》當較能有系統、有條理地掌握蕅師的思想。基於以上二種因素，筆者則採取《大學直指》、《中庸直指》、《論語點睛》的次第，序列於後。

〔註1〕見聖嚴法師著，關世謙譯：《明末中國佛教之研究》（臺北：臺灣學生書局，民國77
　　　年）第五章有關「現前一念心」部分。

第一節 《大學直指》研究

壹、《大學直指》與陽明之釋《大學》

蕅益大師的《大學直指》，是依照《大學》古本為底本的。在〈四書蕅益解序〉中，他提道：

> 子思先作《中庸》，……後作《大學》，……所以章首「在明明德」承前章末「予懷明德」而言，本非一經十傳，舊本亦無錯簡，王陽明居士已辨之矣。（頁1、2）

由這段序文可知，蕅師以為：

一、《大學》是子思所作。

二、《大學》是承《中庸》「予懷明德」一語而作，故次《中庸》之後。

三、古本無錯簡，故不依朱熹《大學章句》一經十傳的編排方式，而依王陽明
　　復古本之舊而注解之。

蕅師依古本《大學》而不依朱熹《大學章句》一經十傳的編排方式，是值得探究的。朱熹重訂《大學》之章句並為之補傳〔註2〕，最重要的意義，在於透過對「格物致知」的詮釋，將《大學》融攝入自己的思想體系。其後王陽明據《大學》古本來論難朱子，以為朱熹「補之以傳而益離」（〈大學古本序〉）〔註3〕，亦是陽明自己有一套格物致知的思想系統，對「格物致知」一義有所發揮。故在於古本《大學》或朱熹《大學章句》兩種版本的背後，實潛含著兩套不同思想系統〔註4〕，而蕅師作《大學直指》，他對於依古本《大學》或朱注《大學章句》之版本的取擇，實亦可

〔註2〕朱熹據程頤之意，將《大學》分為經一章，傳十章。其言曰：「經一章，蓋孔子之言，
　　　而曾子述之；其傳十章，則曾子之意，而門人記之也。舊本頗有錯簡，今因程子所
　　　定，而更考經文，別為序次。」並曰：「傳之五章，蓋釋格物致知之意，而今亡矣，
　　　閒嘗竊取程子之意以補之。」（《大學章句》）見於朱熹：《四書集註》（臺北：學海出
　　　版社，民國78年），頁4～5、7～8。

〔註3〕見於《王陽明全集》上冊（上海：上海古籍出版社，1992），頁243。

〔註4〕正如唐君毅先生所言：「朱子之論格物窮理，陽明之言致良知，……雖皆恆自謂不過
　　　發明古人之遺意，實亦諸賢之謙德使然。就中朱子與陽明二家之釋《大學》之爭，
　　　若各還歸於二家之思想以觀，皆自有千古，而各在儒學史上，樹立一新義，亦未嘗
　　　不與《大學》之思想，有相銜接之處。然若視之為《大學》一文文義之直接註釋，
　　　則皆不免於枘鑿。而其思想與《大學》相銜接之處，亦皆不在《大學》之明文，而
　　　惟在其隱義。此隱義之提出，亦實一思想之發展，而非必即《大學》本文或《大學》
　　　著者之心中之所有，實不當徒視為其註釋。」（〈原格物致知上：《大學》章句辨證及
　　　格物致知思想之發展〉），見於唐氏：《中國哲學原論·導論篇》（臺北：臺灣學生書
　　　局，民國82年），頁302。

見其思想意趣之認同與指向。

想要探索由這兩種版本而來的思想體系問題，以及蕅師捨朱注本而從古本《大學》的意義，最方便而直接的方法，莫過於探求「格物致知」一義。朱熹為《大學》補「格物致知」傳，於「格物致知」一義多所發揮，故由此著手，可以看出朱子釋《大學》的特色；而陽明「致良知」之學，另成一套格、致之教，於「格物致知」亦別有見地，自成體系；至於蕅師《大學直指》，亦時時強調「格物致知」的重要。因此，「格物致知」一義的探討，便成為三家釋《大學》的重點，究竟三家所格何物，所致何知，藉由彼此的同異差別，以彰顯出蕅師《大學直指》依於古本大學的深層意義。

朱熹《大學章句》所補「格物致知」傳云：

> 所謂致知在格物者，言欲致吾之知，在即物而窮其理也。蓋人心之靈，莫不有知，而天下之物，莫不有理；惟於理有未窮，故其知有不盡也。是以大學始教，必使學者即凡天下之物，莫不因其已知之理而益窮之，以求至乎其極。至於用力之久，而一旦豁然貫通焉，則眾物之表裡精粗無不到，而吾心之全體大用無不明矣。此謂格物，此謂知之至也。〔註5〕

朱熹以「窮理」釋「格物」，則首先應要弄明白他所謂的「物」為何指。據上引文，朱子曰：「蓋人心之靈，莫不有知，而天下之物，莫不有理」，又云：「是以大學始教，必使學者即凡天下之物……」如何如何，可見朱子「窮理」的對象，是廣泛的指涉到天地間的萬事萬物，因此，他是循著事物之理，以「即物而窮其理」的方式來「格物」的。朱子這樣來說解「格物」，乃是扣緊物之理而言，以「人之心」與「物之理」為對，並指出人「惟於理有未窮」，所以「知有不盡」。此則肯定人於初時有所不知〔註6〕，故歸向於「對一一具體特殊者，而初為人所未知之應物感物之道」之尋求〔註7〕；而其所要致之知，則在於「使人由知之真而達於行之切」，亦即使人由知抽象普遍之道以進而求具體特殊之道〔註8〕。這樣的「格物致知」雖不離「德性之知」，但由於它要落實在一一具體的情境之中，故同時也凸顯了「聞

〔註5〕同註2，頁8。
〔註6〕如唐君毅先生云：「陽明喜言良知之無不知，此乃將良知流行之全程一滾說。實則良知之流行，亦自有節奏與段落。在每一段落上，皆有所不知，人亦可知其有所不知。而朱子則正是就人知其所不知處，教人以格物窮理。」（〈原格物致知下：《大學》章句辨證及格物致知思想之發展〉），同註4，頁343。
〔註7〕唐君毅先生以為，原則性之孝慈忠敬之類，並非不知，而是落實到一一具體特殊的表現上時，對此一一具體之情境亦有特殊之表現的忠孝之理，為吾人先自認於此無知或未知，而思慮以求者。同註4，頁337。
〔註8〕同註4，頁335～336。

見之知」的一面〔註9〕。

　　承上所論，朱子言「窮理」之「理」的內涵，實兼含有「當然之理」與「實然之理」，故其「致知」之「知」的內涵，亦兼含有「德性之知」與「聞見之知」，而「聞見之知」的受到重視，有其重要的意義與價值。朱子既是以「人之心」與「物之理」相對言，則物之「理」的兩層含意，相應於其相對之「心」，則爲道德心與認知心。也就是說，朱子在重道德心的儒家思想體系中，凸顯了認知心，而他所謂的「人心之靈，莫不有知」就含有濃厚的認知作用，這和王陽明的「良知」爲道德心，有很大的區別〔註10〕。

　　王陽明反對朱子之分判經傳，重訂章句，以及新作補傳，他以爲這樣是離析古本，皆不合聖人之意。所以他在〈大學古本序〉中說：「聖人懼人之求之於外也，而反覆其辭；舊本析而聖人之意亡矣……合之以敬而益綴，補之以傳而益離。吾懼學之日遠於至善也，去分章而復舊本……庶幾復見聖人之心。」〔註11〕

　　又，他在〈大學問〉中，答德洪「定、靜、安、慮、得」之問時，針對朱子「即物而窮其理」之說，反駁之曰：「人惟不知至善之在吾心，而求之於其外，以爲事事物物皆有定理也，而求至善於事事物物之中，是以支離決裂，錯雜紛紜，而莫知有

〔註9〕唐君毅先生以爲朱子對於當然之理與實然之理並未嚴加區別，因而朱子於「德性之知」與「聞見之知」亦平等加以重視。他說：「聞見之知，始於感覺之見聞，而及於外界之自然、社會、歷史中之事物之實然，與其所以然之理。德性之知，始於自覺吾人之一切意念、情慾、心志、行事之善惡，以及一切內在外在之行爲之當然之理……朱子承程子，以《大學》爲入德之門，則歸宗仍在德性之知。唯伊川已言窮理，朱子更重此義。窮理固以當然之理爲要，而知當然之理者，固唯是德性之知也。然吾人應具體事物，以何者爲當然，恆有待於吾人先知事物之實然及其所以然，由是而吾人知實然與其所以然之理，亦可助成吾人之知種種具體行爲上之當然之理。此即朱子言窮理，而於當然之理與實然之理，未嚴加分別，而其注《大學》，唯統之以一「理」字之故。緣是而朱子于德性之知與聞見之知，亦平等加以重視。」同註4，頁351、352。

〔註10〕王陽明〈大學問〉云：「致知者，非若後儒所謂充廣其知識之謂也，致吾心之良知焉耳。」此明言「良知」非與物有對的認知心，乃是「不待慮而知、不待學而能」者。見於《王陽明傳習錄及大學問》（臺北：黎明文化事業股份有限公司，民國81年），頁190、191。又，「致良知」的「致」字，依牟宗三先生說，在致良知中，此「致」字不單表示吾人作此行爲之修養工夫之一套，且亦表示須有知識之一套以補充之。此知識之一套，非良知天理所可給，須知之於外物而待學。知識待於吾心之領取，領取是了別作用，此了別心乃吾心之良知在「致」字上決定自己轉化而爲了別。此即良知的自我坎陷。（〈致知疑難〉，收於《從陸象山到劉蕺山》（臺北：臺灣學生書局，民國79年））準此，則牟先生已將心的認知作用融攝進「致」字中，並此認知作用乃由道德心的「良知」自我坎陷轉化而來。

〔註11〕同註3。

一定之向。今焉既知至善之在吾心，而不假外求，則志有定向，而無支離決裂錯雜紛紜之患矣。」〔註12〕以爲朱子求理於事物之中，是析心與理爲二〔註13〕。可見陽明並不贊同朱子的「格物致知」之說，那麼陽明對「格物致知」一義又如何詮釋呢？他以爲：

> 若鄙人所謂「致知、格物」者，致吾心之良知於事事物物也。吾心之良知，即所謂「天理」也。致吾心良知之「天理」於事事物物，則事事物物皆得其理矣。致吾心之良知者，致知也。事事物物皆得其理者，格物也。是合心與理而爲一者也。〔註14〕

據上引文，則陽明標舉出他的「致良知」之教，並強調此乃「合心與理爲一者也」，以判明和朱子「析心與理爲二」之不同。又〈大學問〉云：

> 致知云者，非若後儒所謂充廣其知識之謂也，致吾心之良知焉耳。良知者，孟子所謂「是非之心，人皆有之」者也。是非之心，不待慮而知，不待學而能，是故謂之良知。是乃天命之性，吾心之本體自然靈昭明覺者也。……然欲致其良知，亦豈影響恍惚而懸空無實之謂乎？是必實有其事矣，故致知必在於格物。物者，事也；凡意之所發，必有其事，意所在之事謂之物。格者，正也；正其不正，以歸於正之謂也。正其不正者，去惡之謂也；歸於正者，爲善之謂也。〔註15〕

可見陽明的「格物致知」之教，實乃「致知格物」之教也，乃「致吾心之良知於事事物物」，使事事物物皆得其正之謂也。〔註16〕

至於蕅益大師的「格物致知」又爲何指呢？《大學直指》是就唯識來說的，在『物有本末，事有終始』一節中，蕅師釋云：

〔註12〕同註10，頁189。

〔註13〕陽明〈答顧東橋書〉中云：「朱子所謂格物云者，在即物而窮其理也。即物窮理是就事事物物上求其所謂定理者也，是以吾心而求理於事事物物之中，析心與理而爲二矣。……夫析心與理而爲二，此告子義外之說，孟子之所深闢也。」收於《傳習錄》中，見同註10，頁68。

〔註14〕同註10，頁69。

〔註15〕同註10，頁190、191。

〔註16〕對於致良知之工夫，唐君毅先生有一段精闢的解說，茲錄於後以供參考：「故良知之工夫，賴於知此良知之『好善而惡不善』之本體；而真能知此良知本體之好善而惡不善者，則良知本體之至善，即已呈於前，而不善則漸自銷化於無形。故此知本體之自身，亦爲工夫。夫然，故致良知之工夫，亦非以另一心，去致良知，而實只是良知本體之自致，而自呈顯，以爲工夫。致良知，實即良知本體之自己流行爲工夫或用。」又，唐先生以爲陽明乃就人之所已知而更親切於其所已知，而不同於朱子之重知其所不知，以更擴大其所知之說者。同註4，頁344、345。

> 蓋迷明德，而幻成身及家國天下，名之爲物。既已迷德成物，且順迷情，
> 辨其本末，返迷歸悟之功，名之爲事。（頁10）

約「物」說，則明「唯識無境」；約「事」說，則返迷歸悟，即是「轉識成智」。如
『古之欲明明德於天下者』一節的釋文中，蕅師解曰：

> 致其知者，轉第六識爲妙觀察智也；格物者，作唯心識觀，了知天下國家、
> 根身器界，皆是自心中所現物，心外別無他物也。是故若欲格物，莫若觀
> 所緣緣：若知外所緣緣非有，方知內所緣緣不無。（頁10）

蕅師於此處即是以「唯識無境」及「轉識成智」〔註17〕來解說，據江謙居士補註，
「外所緣緣，是所緣之境；內所緣緣，是能緣之心」，外所緣緣非有，內所緣緣不無，
則是「唯識無境」，若於境上起執著，以爲天下國家等皆爲實有，是爲妄執，故須作
唯心識觀，了知此等幻境皆心中所幻現，心外別無他物也，此則爲「格物」；又「轉
識成智」即爲「致知」，在『物格而后知至』一節的釋文中，蕅師曰：

> 我法二執破，則物自格；猶《大佛頂經》所云：不爲物轉，便能轉物也。
> 知至者，二空妙觀無間斷也。（頁11）

又在『所謂誠其意者』一節的釋文中，蕅師曰：

> 今知二執之惡而不力破，知二空之善而不力修，豈可謂致知乎？（頁14）

又在『湯之盤銘曰』一節的釋文中，蕅師曰：

> 我法二執，是無始妄習，名之爲舊；觀我法空，是格物致知，名之爲新。
> （頁16）

綜合以上諸處，可知蕅師所謂的「格物」，乃指「破我法二執」；「致知」，則爲「修
二空妙觀」，如二觀成就，則能「轉識成智」，此蕅師之「格物致知」義也〔註18〕。

綜觀上述三家「格物致知」義，不難發現，蕅益大師的思想型態較合於陽明，
而異於朱子。陽明言「良知」，乃自其本有處言，而致之於事事物物；而蕅師明唯識，
以萬法唯一識性，心外無實法，闡發「唯識無境」之理，二者都是由內心出發，來

〔註17〕此中雖然只提到「轉第六識爲妙觀察智」，但同節釋文末，蕅師以爲「又祇一明德，
分心、意、知三名；致知即明明德」，故「正其心者，轉第八識爲大圓鏡智也；誠其
意者，轉第七識爲平等性智也。」（同節釋文）可見蕅師「致知」一義，不單約轉第
六識講，同時亦轉七、八識，故可據此言「轉識成智」。

〔註18〕蕅益大師《靈峰宗論》卷四之三，有〈致知格物解──約佛法爲唐宜之說〉一文，文
中明釋「知」爲「中道第一義妙心，非空非假而實離一切相，即一切法者」；「物」
者，則是「迷此知體，而幻現之身心家國天下」也。且「一心三觀名格物」，「一境
三諦不令隱晦名致知」，接著亦以「轉識成智」爲說，同於《大學直指》。（《蕅益大
師全集》（以下簡稱《全集》）第十七冊，（臺北：佛教書局，民國78年），頁10904
～10906）。

範圍、融攝萬事萬物，故較能契合。且陽明不拿心與物相對，反對析心與理爲二，而是合心與理爲一，這和薀師「轉識成智」的智心，遠離能取所取的分別，及我我所的執著，在精神上是較能相應而契合的。至於朱子「即物而窮其理」，則不免落於萬事萬物之中，「支離決裂，錯雜紛紜」，乃至「析心與理爲二」而爲陽明所責難。

事實上，若拿《大學直指》與陽明之〈大學問〉對看，則將更能發現薀師之契合於陽明之處。茲歸納如下：

一、《大學直指》中數次提到「良知」字樣，如『所謂誠其意者』一節釋文中，薀師曰：

> 夫臭必知臭，色必知色，可喻良知……斷意中我法二執，斷無不盡；修良
> 知二空妙觀，修無不圓，名之爲愼也。（頁 14）

此中「良知」之義未必同於陽明，但可見薀師對陽明學說之重視，此外，又有直取陽明〈大學問〉之釋義者，如『小人閒居爲不善，無所不至，見君子而后厭然，揜其不善而著其善。人之視己，如見其肺肝然，則何益矣。此謂誠於中，形於外，故君子必愼其獨也。』，關於這段原文，陽明釋曰：「故雖小人之爲不善，既已無所不至，然其見君子，則必厭然揜其不善，而著其善者，是亦可以見其良知之有不容於自昧者也。」〔註 19〕而薀師釋之曰：

> 此明小人亦有良知，但不能致知，故意不得誠也。……爲不善者，即是妄
> 起我法二執。二執，爲眾惡根本，故一有二執，便無所不至，見君子而后
> 厭然，正是良知不可昧處。（頁 15）

此處皆言良知有不可昧者，而薀師以爲「小人亦有良知」，在〈大學問〉中，陽明亦曰：「大人者，以天地萬物爲一體者也，其視天下爲一家，中國猶一人焉。……豈唯大人，雖小人之心亦莫不然，彼顧自小之耳。」〔註 20〕此亦其相契合處。

二、《大學直指》十分強調「心外無法」之理，如釋『其本亂，而末治者否矣』一節，薀師曰：

> 會萬物而爲自己故，謂之知本，自己之外，別無一物當情故，可謂知之至
> 也。（頁 14）

又在釋『詩云：周雖舊邦，其命維新』一節，薀師云：

> 只一日新又新，便使民亦自作，命亦維新，可見心外無民，心外無命。
> （頁 17）

凡此類彰顯「心外無法」的論述，貫通在整部《大學直指》之中，皆是以一心來

〔註 19〕見於王陽明：〈大學問〉，同註 10，頁 191。
〔註 20〕同註 10，頁 187。

統攝萬法，納萬法於一心之中。而陽明之言曰：「大人之能以天地萬物爲一體也，非意之也，其心之仁本若是」，其「仁」之與孺子、鳥獸、甚至草木、瓦石皆爲一體也〔註21〕。此二人之思想型態又一契合之處。

三、《大學直指》常有所謂「本具」、「性具」〔註22〕者，如『大學之道在明明德』一節的釋文中，蕅師曰：

性中本具三義，名之爲德。……自覺本具三德。（頁8）

性是本覺之性。三義者，般若德、解脫德、法身德。此三德爲此覺性所本有，故名本具。又如釋『未有上好仁而下不好義者』一節，蕅師云：

由悟法身，方知性具緣了二因。（頁28）

據江謙居士補註，三因佛性者，「一、正因佛性，離一切邪非之中正眞如也，依之成就法身之果德，故名正因佛性。二、了因佛性，照了眞如之理之智慧也，依之成就般若之果德，故名了因佛性。三、緣因佛性，緣助了因，開發正因之一切善根功德也，依之成就解脫之德，故名緣因佛性。」故知「三者皆性所具」。這樣的「性具」、「本具」思想，亦相契於陽明。〈大學問〉云：「故夫爲大人之學者，亦惟去其私欲之弊，以自明其明德，復其天地萬物一體之本然而已耳，非能於本體之外而有所增益之也。」又云：「至善之發見，是而是焉，非而非焉，輕重厚薄，隨感隨應，變動不居，而亦莫不自有天然之中，是乃民彝物則之極，而不容少有議擬增損於其間也。」〔註23〕「性具」在佛教天台宗來說，雖然有其特別的意義，是「本性具足九法界之惡」的省語〔註24〕；但在不容有所增損，只是復其本然如此這一意義上，二者是相契的。由於本然如此，非別有所得，故在修行功夫論中，就衍化出「無漸次」的思想。於『知止而后有定，定而后能靜，靜而后能安，安而后能得』這段原文，陽明釋曰：「蓋其功夫條理，雖有先後次序之可言，而其體之惟一，實無先後次序之可分。其條理功夫雖無先後次序之可分，其用之惟精，固有纖毫不可得而缺焉者。」〔註25〕而《大學直指》則釋云：

《圓覺經》云：知幻即離，不作方便，離幻即覺，亦無漸次。當與此處參

看。《大佛頂經》云：以不生不滅爲本修因，然後圓成果地修證。（頁9）

「亦無漸次」、「不生不滅」，二人對於「定、靜、安、慮、得」的詮釋，不能不說有

〔註21〕同註10，頁187。

〔註22〕天台宗言「性具」，或謂體具、理具。指本覺之性，眞心眞性或佛性，具足菩薩界以下九界的惡法及佛界的善法，即總具十界的三千善惡諸法。

〔註23〕同註10，頁188。

〔註24〕楊惠南：《佛教思想發展史論》（臺北：東大圖書股份有限公司，民國82年），頁335。

〔註25〕同註10，頁191～192。

其相契合之處。

　　由上所述，可以見到蕅益大師《大學直指》之思想與陽明釋《大學》之精神相契合處。關於蕅師和陽明學的關係，時賢已有論述〔註26〕，事實上，蕅師對陽明的「良知」心學是予以肯定的。蕅師對於儒教的聖人孔子與顏回是寄以相當尊敬的，而他認爲王陽明能超漢宋諸儒，直接「孔顏心法」，而能紹承儒家的正統道脈〔註27〕；但這並不是說就此能混同佛教的義理與陽明的學說，在蕅師心中，陽明可資爲佛法漸階者，但未及佛法之廣大〔註28〕。其實，就陽明學的「良知」是本於道德心來看，佛教講「心」是不從道德義而言的；講道德心多約善、惡講；而佛教講迷、悟，是約眞、妄講，譬如講「無明」，無明就是無知，但它不是木石般的無知，它確是能知的心用，不過因它所見的不正確，反而障礙了眞實的智慧，不能通達人生的眞諦〔註29〕。無明是根本的妄執，是不正確的認識；而反過來說，若是對諸法有了正確的認識，澈見了諸法實相，那就是覺，就是般若了〔註30〕。這是儒、佛兩家著眼點的不同，也是其根本精神的差異所在。由此觀之，蕅師的「大覺之道」（蕅師訓學爲覺）和陽明的良知之教之間，仍必須判別清楚，不可一概而論〔註31〕。

貳、《大學直指》的思想內容

〔註26〕同註1，第一章第二節第三目〈智旭的思想與陽明學〉，又，荒木見悟：《明代思想研究》（東京：創文社，1972年）第十二章亦有所述。

〔註27〕蕅師《靈峰宗論》卷二之四，〈示李剖藩〉的法語：「王陽明奮二千年後，居夷三載，頓悟良知，一洗漢宋諸儒陋習，直接孔顏心學之傳。予年二十所悟，與陽明同，但陽明境上鍊得，力大而用廣；予看書時解得，力微而用弱。由此悟門，方得爲佛法漸階。」（同註18，《全集》第十六冊，頁10535～10536）案：蕅師二十歲時，「詮《論語》『顏淵問仁章』，竊疑『天下歸仁』語。苦參力討，廢寢忘餐者三晝夜，忽然大悟，頓見孔顏心學。」（見於弘一大師：《蕅益大師年譜》，《全集》目錄冊，頁9）。

〔註28〕蕅師自言少時所悟與陽明同，乃以此爲佛法漸階。又云：「今於佛法所窺，較昔所悟，猶海若之於河伯；而佛法海中，尚未盡一滴之量。」同註18，《全集》第十六冊，頁10536。

〔註29〕印順法師：《唯識學探源》（臺北：正聞出版社，民國81年），頁22。

〔註30〕此處只是約道德心與認知心的性格來說，並不就是說佛教是不重視善惡的，相反的，在三十七菩提分法中，「四正勤」——一、斷除已生之惡事，二、使未生之惡事不致生起，三、使未生之善事得以生起，四、增長已生之善事；即是十分重視「諸惡莫作，眾善奉行」的教義。且就行菩提道來說，廣行善事正是積聚菩提資糧，爲成佛的必要過程。

〔註31〕如印順法師說：「儒者重於道德的良知；佛法雖也是道德的，但更富於理智的成分。這所以佛法從道德的確認，而進入『如所有性』、『盡所有性』的事理正覺。」見於印順法師：《我之宗教觀》（臺北：正聞出版社，民國81年），頁90。

　　《大學直指》中所陳述的「格物致知」義，已見於前文，今再就《大學直指》本文之釋題、脈絡及思考模式等，更進一步加以探索。何謂「大學」？蕅師云：

> 大者，當體得名，常遍爲義，即指吾人現前一念之心，心外更無一物可得。無可對待，故名當體；此心前際無始，後際無終，生而無生，死而不死，故名爲常；此心包容一切家國天下，無所不在，無有分劑方隅，故名爲遍。學者覺也，自覺覺他，覺行圓滿，故名大學。大字即標本覺之體，學字即彰始覺之功。本覺是性，始覺是修，稱性起修，全修在性，性修不二，故稱大學。（頁7）

這段文字，涵蓋了整部《大學直指》的意趣。蕅師曰：「學者，覺也。」以覺訓學，則所謂「大學之道」，即成爲「大覺之道」，而《大學直指》的宗旨，也就即著這個成就究竟大覺的過程來舖陳發揮，換言之，《大學直指》乃是就著《大學》這部儒家的典籍，開示「成佛的大道」。然而吾人應如何邁向成佛的大道呢？就從吾人之「現前一念心」著手。蕅師所謂：「現前一念心」，與天台宗所說的「一念三千」、「介爾一心」差不多，都是在當下的一念之中，具足十法界的性質。這一念心，同樣都是指當下第六意識刹那變異的妄念心〔註32〕，但相對於天台宗強調的「具足」義，蕅師的「現前一念心」卻更強調即此一念心中，即妄即眞，即眞即妄的呈顯。這是依於《起信論》的本覺隨染，無明、覺性不相捨離說〔註33〕，及《楞嚴經》的眾生心、見聞覺知本如來藏，如來藏隨眾生心應所知量〔註34〕而來。因爲，我們如果認爲第六意識只是單純的妄心，那就是唯識宗的解釋；假若理解到眞如心只是單純不變的眞實心，這又成了性宗的觀念。蕅師的「現前一念心」說，本著眞如是妄念心的隨緣不變與妄念心是眞如的不變隨緣的理路，圓融地將二者統一起來〔註35〕。

〔註32〕同註1，頁424。又，天台宗的「一念三千」，這一念心爲妄，是天台宗的原義，其後山家派亦沿用此意。山外派則以此一念爲眞心，這是受了華嚴宗的影響，以華嚴思想來說天台。見同註24，頁346、347。

〔註33〕《起信論》曾以風動大海水波爲喻，說明本覺隨染相，云：「此義云何？以一切心識之相皆是無明，無明之相，不離覺性，非可壞，非不可壞。如大海水，因風波動，水相風相不相捨離，而水非動性。若風止滅，動相則滅，濕性不壞故。如是眾生自性清淨心，因無明風動，心與無明俱無形相，不相捨離。而心非動性，若無明滅，相續則滅，智性不壞故。」《大正藏》第三十二卷576頁下。

〔註34〕《楞嚴經》卷三：「阿難，汝性沈淪，不悟汝之見聞覺知，本如來藏。……汝曾不知如來藏中，性見覺明，覺精明見，清淨本然，周遍法界，隨眾生心，應所知量。」《大正藏》第十九卷118頁下、119頁上。

〔註35〕同註1，頁424，有關「現前一念心的定義」部分。

　　理解了蕅師「現前一念心」的定義之後，我們可以發現，這「現前一念心」具有雙重性格：

　　一、「常」、「遍」為義的當體，也就是「本覺之性」，前際無始，後際無終，生而無生，死而不死（常）；而又包容一切家國天下，無所不在，無有分劑方隅（遍）。這相當於《起信論》中的「心真如門」。

　　二、自覺覺他的菩提道，由此向上一直到達覺性圓滿的「始覺之修」，這相當於《起信論》中的「心生滅門」，如蕅師釋『物有本末，事有終始』一節云：

> 蓋迷明德，而幻成身及家國天下，名之為物；既已迷德成物，且順迷情，辨其本末，返迷歸悟之功，名之為事。既向生滅門中，商榷修證，須知有終始。（頁10）

而此二門，又統攝之於一心，所謂「現前一念心」是也。並由此「心真如門」稱「性」，由「心生滅門」起「修」，在統攝於一心的意義下，「稱性起修」而「全修在性」。無明、覺性不相捨離，因此彰顯蕅師「性修不二」之教，由此邁向「大學（覺）之道」。

　　掌握了這個思考模式後，綜觀《大學直指》，亦依此模式進行舖排。《大學》的三綱領八條目，即成為蕅師開悟的「妙悟之門」及「妙修之敘」〔註36〕了。以下具引其文，以疏理蕅師之思想脈絡。『大學之道，在明明德，在親民，在止於至善。』蕅師釋云：

> 道者，從因趨果所歷之路也。只一在明明德，便說盡大學之道。上明字，是始覺之修；下明德二字，是本覺之性。性中本具三義，名之為德，謂現前一念靈知洞澈，而未嘗有形，即般若德；現前一念雖非形象，而具諸妙，舉凡家國天下，皆是此心中所現物，舉凡修齊治平，皆是此心中所具事，

〔註36〕蕅師自述之《大學》綱領，整理如下：
　　甲一、統示性修旨趣（從初至『天下平』）。
　　　　乙一、初二節示妙悟之門（三綱）。
　　　　　　丙一、直示境觀。
　　　　　　丙二、點示悟修。
　　　　乙二、次三節示妙修之敘（八目）。
　　甲二、詳示妙修次第（從『自天子』至終）。
　　　　乙一、的示格物，須從本格。
　　　　乙二、詳示誠意，必先致知。
　　　　乙三、更示修齊治平，必有次第。
　　　　　　丙一、以心身合釋。
　　　　　　丙二、以身家合釋。
　　　　　　丙三、以家國合釋。
　　　　　　丙四、以國與天下合釋。

即解脫德；又復現前一念莫知其鄉，而不無；位天育物，而非有，不可以有無思，不可以凡聖異，平等不增不減，即法身德。我心既爾，民心亦然。度自性之眾生，名爲親民；成自性之佛道，名止至善，親民止至善，只是明明德之極致，恐人不了，一一拈出，不可說爲三綱領也。此中明德、民、至善，即一境三諦；明、親、止，即一心三觀；明明德即自覺，親民即覺他，止至善即圓滿。自覺本具三德，束之以爲般若；覺他令覺三德，束之以爲解脫；至善自他不二，同具三德，束之以爲法身。不縱不橫，不並不別，不可思議，此理名爲大理，覺此理者，名爲大學，從名字覺起觀行覺，從觀行覺得相似覺，從相似覺階分證覺，從分證覺歸究竟覺，故名大學之道。（頁7、8）

所謂「明德」，指本覺之性，而如何來「明」（上明字）此一本覺之性，便成了修行工夫所在，此即其始覺之修。就本覺之性來說，本自具足一切功德善法——法身、般若、解脫三德。就始覺之修來說，依天台六即的說法，「覺此（不可思議之）理者，名爲大學（覺）」，乃「從名字覺起觀行覺，從觀行覺得相似覺，從相似覺階分證覺，從分證覺歸究竟覺」，此上成佛道之階，名爲「大學（覺）之道」。其次，親民者，乃「度自性之眾生」也；止至善者，「成自性之佛道」也；而「明明德即自覺，親民即覺他，止至善即圓滿」。蕅師在此，透過自覺（明明德）、覺他（親民）、圓滿（止至善）的配對，以及「自他不二」的思想，將「明明德」、「親民」、「止至善」這一次第性的過程，融攝爲一體，故曰：「親民止至善，只是明明德之極致，恐人不了，一一拈出，不可說爲三綱領也」，由此可見，始覺之修的次第性，透過蕅師「現前一念心」的思考模式，都消融於本自具足的本覺之性中了。修並不是另外修成什麼，而是此心中所本有，不增不減。又曰：「現前一念雖非形象，而具諸妙，舉凡家國天下，皆是此心中所現物，舉凡修齊治平，皆是此心中所具事」，既是此心中所具，則眾生者此心所具之眾生，所度者自性之眾生。此處非常重要，在消泯了自他的分別而攝爲一心之後，自、他之間的倫理關係也就成爲一己心中之事〔註37〕，由此而釋之親民的意義便大不相同，所以儒、佛在此判然分爲兩途。又，既以此外境之事物皆爲自心之中所呈現，故蕅師順以「唯識無境」之說來解釋八條目，並開示「轉識成智」的教理。『古之欲明明德於天下者，先治其國；欲治其國者，先齊其家；欲齊

〔註37〕自、他之間的倫理關係，在《四書蕅益解》一書中，多是從「自他不二」的立場來闡發。譬如在《中庸直指》中，蕅師在『在上位不陵下』一節，解釋到『正己而不求於人』一句時，即曰：「知十法界即我之本性，故正己而不求人。」表現了將自、他之間的倫理關係收攝到一己之本心、本性的思想傾向。

其家者，先修其身；欲修其身者，先正其心；欲正其心者，先誠其意；欲誠其意者，先致其知；致知在格物。』蕅師釋云：

> 說個明明德於天下，便見親民、止至善，皆明德中事矣。正其心者，轉第八識爲大圓鏡智也；誠其意者，轉第七識爲平等性智也；致其知者，轉第六識爲妙觀察智也。格物者，作唯心識觀，了知天下國家、根身器界，皆是自心中所現物，心外別無他物也。是故若欲格物，莫若觀所緣緣：若知外所緣緣非有，方知內所緣緣不無。若知內所緣緣不無，方能力去內心之惡，力行內心之善，方名自謙，方名慎獨。又祇一明德，分心、意，知三名，致知，即明明德。（頁10、11）

「格物致知」，詳於前文所述，茲不贅。蕅師此處但釋格、致、誠、正的修身功夫，而家、國、天下不過是自心中所現物而已，故爲物之末。如『自天子以至於庶人，壹是皆以修身爲本』一節，蕅師曰：

> 蓋以天子言之，則公卿乃至庶人，皆是他明德中所幻現之物，是故自身爲物之本，家國天下爲物之末；若以庶人言之，則官吏乃至天子，亦皆是他明德中所幻現之物，是故亦以自身爲物之本，家國天下爲物之末。須知上自天子，下至庶人，名位不同，而明德同；明德既同，則親民、止至善亦同，故各各以修身爲本也。（頁13）

可知家、國、天下都是明德所幻現之物，故此自身爲物之本，於是蕅師直指下手方便，明示應以修身爲本。（此處明「唯識無境」）至於如何修身呢？關於格、致、誠、正的修身功夫，在前引蕅師的釋文中，蕅師將一明德析爲心、意、知三名，相應於第八識、第七識與第六識；而正心、誠意、致知的修身功夫，則相應於「轉識成智」：「正其心者，轉第八識爲大圓鏡智也；誠其意者，轉第七識爲平等性智也；致其知者，轉第六識爲妙觀察智也。」（此處明「轉識成智」〔註38〕）明德是

〔註38〕由八識轉成四智，此即轉依四義中「所轉得」之所生得的大菩提。轉依即轉所依，即轉染（迷）得淨（悟）之義。據《成唯識論》立轉依四義：
　　1、能轉道：（即無分別智，以無漏種爲因緣。）
　　　（1）能伏道：伏二障隨眠，令不起二障現行之智。
　　　（2）能斷道：永斷二障隨眠之智。
　　2、所轉依：
　　　（1）持種依：即第八根本識。
　　　（2）迷悟依：即眞如。
　　3、所轉捨：
　　　（1）所斷捨：斷二障種子，捨遍計所執。
　　　（2）所棄捨：捨棄二障之餘的有漏善，與十地所生的劣無漏種。

本覺之性，所以心、意、知約迷妄面來說是三種識，若能轉識成智，則是明明德的功夫成就，復還其本然清淨、不增不減的本覺之性。此處仍是蕅師思考模式的路子，只是約唯識學來說解罷了。又，此處雖明示須得「轉識成智」，但並未具體的說明其方法，而在下一節中，蕅師即更進一步的開示：『物格而后知至，知至而后意誠，意誠而后心正，心正而后身修，身修而后家齊，家齊而后國治，國治而后天下平。』蕅師釋云：

> 我法二執破，則物自格，猶《大佛頂經》所云：不爲物轉，便能轉物也；知至者，二空妙觀無間斷也；意誠者，由第六識入二空觀，則第七識不復執第八識之見分，爲內自我法也。心正者，由六、七二識無我執故，第八識捨賴耶名；由六、七二識無法執故，第八識捨異熟名，轉成菴摩羅識，亦名大圓鏡智相應心品也。身修者，第八識既成無漏，則一切五陰、十二處、十八界皆無漏也。家齊國治天下平者，一身清淨故，多身清淨，乃至十方三世圓滿清淨也。（頁 11、12）

此段釋文中，蕅師則明示了具體的修身之道。從破我法二執，到第八識成無漏清淨，

4、所轉得：
　　（1）所顯得：斷煩惱障得大涅槃。
　　（2）所生得：斷所知障得大菩提。
由以上，所謂「轉依」可以這樣説，寄存於阿賴耶識内的無漏種子（能轉道），依照賴耶眞如（所轉依）迷悟的道理，轉捨二障種子及有漏善法和劣無漏種（所轉捨）最後轉得大涅槃的境界和大菩提的智慧（所轉得）。
依《唯識三十論頌》的意思，乃取第四義的「所轉得」作爲轉依果。第二十九頌云：「無得不思議，是出世間智。捨二粗重故，便證得轉依。」（《大正藏》第三十一卷61 頁中）轉依果即是涅槃與菩提這二「所轉得」；而由八識轉成四智，即所生得的大菩提：
　　1、大圓鏡智：由第八識轉得，此時已遠離一切我我所執，及能所取的分別。亦即遠離了一切虛妄雜染。它攝持無漏種，能變現佛果的現行，且爲其所依。能現起自受用的佛身和自受用土，更能現出其他三智的影相，而且「無間無斷窮未來際，如大圓鏡現衆色像」（《成唯識論》，《大正藏》第三十一卷56 頁上）。
　　2、平等性智：由第七末那識轉得。在凡夫位時，是我執的根源，無法生出平等的大悲。今轉得此智，即能内證一切諸法的平等理性；外緣一切諸法等，自他皆平等平等。
　　3、妙觀察智：由第六意識轉得。善觀諸法的自相和共相，無礙自在，又能於大衆中巧轉法輪，斷諸疑惑，這樣的智慧叫妙觀察智。
　　4、成所作智：由前五識轉得。爲欲利樂衆生，於是普遍於十方示現種種變化三業，以此三業成就本來願力所應作的利他事業。以上所述俱見於徐典正：《唯識思想要義》（高雄：佛光出版社，民國 82 年）第六章「論轉依——唯識學派的涅槃觀」。

有一具體的、次第的修證過程。其中，「由第六識入二空觀」這點非常重要，由第六識著手修行，正相應於蕅師中心思想的「現前一念」妄心。至於「一身清淨故，多身清淨，乃至十方三世圓滿清淨」，則見於《圓覺經》，而類同於華嚴宗的「一即一切，一切即一」相攝相融無盡無礙的法界緣起觀。

　　值得注意的是，此處提到了「菴摩羅識」。「菴摩羅識」或譯「阿摩羅識」，譯義為無垢識。這是真諦所傳的唯識學的特色〔註39〕。本來，瑜伽學系的根本立場是以阿賴耶識為一切法的所依，而如來藏學立如來藏為生死、涅槃的依止，其基本立場是不同的，但真諦所立的阿摩羅識，其實是真如的異名；真諦依阿賴耶種子界及心真如界為依止，不違反瑜伽學的定義，總攝種子與真如——二依止於同一「識界」，而會通了如來藏學。這並非真諦的自出機杼，是多少有根據的，如宋譯《楞伽經》中的「如來藏藏識心」，就將如來藏與阿賴耶識統一起來了。

　　蕅師的「現前一念心」是融通了性、相二宗的〔註40〕，他的性相融會說，有來自《楞伽經》與《起信論》處〔註41〕因此，在解讀蕅師引用唯識思想的部分，就不得不特別注意到真常唯心系的潛在意義。事實上，蕅師的唯識觀實在是融會了如來藏學的，從《大學直指》中就能體會出這樣的思想傾向。在『心不在焉，視而不見，聽而不聞，食而不知其味，此謂修身在正其心。』一節，蕅師釋云：

> 第八識體〔註42〕，本自無所不在，亦無所在；唯其受染法熏，持染法種，隨彼染法所起現行，為視，為聽，為食，而見聞知之妙性，遂為彼所覆蔽矣。蓋其光圓滿，得無增愛者，名之為見；既有所視，便不名見。十方擊鼓，十處齊聞者，名之為聞；既有所聽，便不名聞。舌根不動，淡性常在

〔註39〕以下所述真諦會通瑜伽學系與如來藏學的部分，詳見印順法師：《如來藏之研究》（臺北：正聞出版社，民國81年）第七章。

〔註40〕聖嚴法師認為，蕅師由《楞嚴經》的如來藏妙真如性理念所轉出的「現前一念心」的性體說，能將真心與妄心、心性與心相、性與修、真如心與八識心、唯心與唯識，乃至儒教的無極與太極，甚至種種異名異說的心體與心相，或者本體論與現象論，甚至本體論與修道實踐論加以統一，並用以發展所謂性相融會與三教同源的思想。同註1，頁438。

〔註41〕請參考聖嚴法師前揭書，第五章第四節第二目：「《楞伽經》、《起信論》與智旭」。聖嚴法師以為蕅師之融會性相二宗，實在是站在性宗唯心派的立場。

〔註42〕第八識體，即阿賴耶識。事實上，在蕅師的《中庸直指》一書，即在『天命之謂性』一節的釋文中提到：「生滅與不生滅和合，而成阿賴耶識，遂為萬法之本，故謂之性。」蕅師在此明確的提到了他的「阿賴耶識」觀，是具有「生滅」與「不生滅」雙重意義的，這是沿自《起信論》的說法，《起信論》云：「心生滅者，依如來藏故有生滅心，所謂不生不滅和合，非一非異，名為阿梨耶識」（《大正藏》第三十二卷576頁中），此說近於真諦的第八識通二分說。印順法師以為，真諦此說是受到《攝大乘論》的啟發，同註39。

者，名為知味；既有所食，便不知味。……此一節，深明種子生現行之失。
（頁 19）

此處雖明言「深明種子生現行之失」，又從第八識體來陳述，在表面上雖以唯識學的種子、現行來解說，但事實上，這是本著《圓覺經》「覺性遍滿清淨不動圓無際故」，而六根、六塵等亦遍滿法界的義理，及《楞嚴經》「見聞覺知之妙性」來說解的。據蕅師上引文中釋見、聞、知味三者，質之《圓覺經》與《楞嚴經》，則可見其思想之來源處。引文中「其光圓滿，得無憎愛者，名之為見」，這是引自《圓覺經》的經文中說明「覺性遍滿」的譬喻：「譬如眼光曉了前境，其光圓滿得無憎愛。何以故？光體無二，無憎愛故。」〔註43〕此義如同《楞嚴經》卷二，佛告阿難：「阿難，若無明時名不見者，應不見暗；若必見暗，此但無明，云何無見？阿難，若在暗時不見明故，名為不見；今在明時不見暗相，還名不見；如是二相，俱名不見。若復二相自相陵奪，非汝見性於中暫無，如是則知二俱名見，云何不見？」〔註44〕這是說，開眼見明，閉眼見暗，無論開眼閉眼，見明見暗，見性常在不變。如同上述《圓覺經》所云「光體無二，無憎愛故」，不論外境如何，是方是圓是長是扁、為黑為白為紅為綠，眼光俱能曉了，覺性圓滿，不會因憎愛而有所差別。這是在說明見性乃本如來藏常住妙明不動周圓妙真如性的，所以《楞嚴經》卷二，在開示「見」義後，小結云：「殊不能知生滅去來，本如來藏常住妙明，不動周圓，妙真如性，性真常中求於去來迷悟生死，了無所得。」〔註45〕因此蕅師本此說發明常住真心之妙理，而如果是「既有所視」，則為分別迷執，故「便不名見」，因為見性是圓滿常住無所分別的，非有所視，非有所不視。可知蕅師釋「見」之意，乃本此二經而來，為真常唯心一系者。

又《楞嚴經》卷三，經云：「阿難，汝更聽此祇陀園中，食辦擊鼓，眾集撞鐘，……何況其中一千二百五十沙門，一聞鐘聲同來食處。」〔註46〕這正是蕅師「十方擊鼓，十處齊聞，名之為聞」之所本，意思是說，鐘鼓音聲前後相續，並非聲來耳邊；因為若是聲來阿難耳邊，其他人應不俱聞，更何況一千二百五十沙門同聞？亦非耳往彼聲邊；因為若是阿難耳往彼聲邊，則鼓聲出已往擊鼓處，鐘聲後出便應不俱聞，更何況其中象、馬、牛、羊之聲一時俱聞？亦非聲與聽無來往；若無來往，亦復無聞。可見聽與音聲，俱為虛妄；可知此乃聲於聞性之中，自有生滅，

〔註43〕《大正藏》第十七卷915頁上。
〔註44〕《大正藏》第十九卷113頁上。
〔註45〕《大正藏》第十九卷114頁上。
〔註46〕《大正藏》第十九卷115頁下。

而非人聞聲生聲滅，而令聞性爲有爲無。這是說，聞性是本如來藏常住妙明不動周圓妙眞如性的，因此如果「既有所聽」，便是惑聲爲聞，昏迷顛倒，把生滅的聲塵惑爲常住的聞性，故蕅師曰如此則「便不名聞」。可見蕅師釋「聞」之意仍是本眞常唯心一系者。

又《楞嚴經》卷三，經云：「阿難，譬如有人以舌舐吻，……不動之時，淡性常在。」〔註47〕這是蕅師「舌根不動，淡性常在者，名爲知味」之所本。此知味性非甜苦來，非因淡有，又非根出，不於空生。如果這知味性由甜苦來，那麼就不應知非甜非苦的淡味；反之亦然，故亦非因淡有。亦非根出，若由舌根自己生出，就不會有甜、苦、淡諸塵象；亦不於空生，若它是由空無中產生，則虛空自味，與口無涉。可知此知味性亦本如來藏妙眞如性，常住妙明，不動周圓，因此若是「既有所食」，則或甜或苦，而不知甜苦塵象畢竟無體，則「便不知味」。可見蕅師釋「知味」之意仍是本眞常唯心一系者。綜上所述，蕅師的唯識思想，其實是以眞常唯心系的如來藏思想爲根基而加以會通的。

《大學直指》全書之中，通貫著蕅師「現前一念心」的思想，即妄即眞，即眞即妄，類同於《起信論》「一心開二門」的思想架構，而又攝歸於「現前一念」，同時又表現出具足了三千法的「具足」義。因此，蕅師「現前一念心」的思想，實爲最圓熟的佛教思想的融會，以此思想架構，開示了全性起修，而又全修在性的「性修不二」教法，使一部《大學》成爲修成無上佛道的指南。之中，對於《大學》三綱、八目的說解，仍一貫其思考模式來呈顯，在常住不動的本覺之性中，開出具體的修持法，由開示「唯識無境」的教理中，更進一步地強調「轉識成智」的修證，俾使學者不致流於空談理性之浮陋；另一方面，在次第漸進的始覺之修中，亦歸本於本覺之性，而銷融其修證之過程、次序，呈現出本性的常恆與具足，勿令學者以爲別有所得，致起增上慢。《大學直指》一書，正如〈四書蕅益解序〉中所謂：

> 解《庸》、《學》者，曰直指〔註48〕，談不二心源也。（頁2）

此一不二心源之教，蕅師確已明白而完滿的開示出來。

〔註47〕《大正藏》第十九卷115頁上。

〔註48〕蕅師所謂「直指」之意，江謙居士在〈中庸直指補註序〉中有詳細的闡述：「所謂直指，即直指爾我乃至一切眾生各各本具之現前介爾一念，而又無量無邊，不生不滅，清淨圓遍，圓具三諦、三觀、三德之妙眞如心也。」（頁31）此段文字能掌握蕅師在《大學直指》中關於「三綱領」一節釋文之文意。

第二節 《中庸直指》研究

　　《中庸》一書，原本是儒家重要的典籍，它爲儒家建立了一套道德的形上學〔註49〕，使得孔孟所開啓的心性論與道德學，與《中庸》之形上學得以應合的發展，而圓滿的展示出來。牟宗三先生稱此爲「內在的遙契」，這種「內在的遙契」，不是「把天命、天道推遠」，而是「一方把它收進來作爲自己的性，一方又把它轉化而爲形上的實體」〔註50〕，依《中庸》卷頭開宗明義一語：「天命之謂性」來說，則天道爲既超越又內在〔註51〕，如孟子所謂「盡其心者，知其性也，知其性，則知天矣。」（〈盡心〉），超越的「天」與內在的「性」由「天命之謂性」這樣向下貫注而成爲一體，人與天的距離也就消弭於無形了。從這裡來談「天人合一」、談「內聖外王」，而以一「誠」字作爲樞紐〔註52〕，乃至極成人格的圓滿——合天地之道的聖人。儒者的理想境地，便由《中庸》揭示出來。

　　《中庸》一書的綱領，就在卷頭三句話：「天命之謂性，率性之謂道，修道之謂教」。人既秉受天命而有性，而此性又能自循自率而自成，所謂「誠者，自成也」、「誠者，天之道也」是也。此爲道德實踐的超越根據——本體論；然吾人在現實中既有不率性之可能，是以人亦即有不誠之可能，因此率性與誠皆同具工夫義，此即所謂「誠之者，人之道」的展開，也就是道德實踐的超越根據之證成——工夫論〔註53〕，亦即「修道之謂教」一義的呈現。因此，綜觀一部《中庸》，既有道德的超越的形上根據，亦須由道德實踐來證成，也就是本體論與工夫論兼備，二者不可偏廢。由文中「誠者」、「誠之者」的相對言，以及「天之道」、「人之道」的相對言，二者透過「誠」字來通貫，人乃能上契於天，合聖人之道於天地之道，這便是《中庸》一書的思想綱領及脈絡。由上所述《中庸》思想的脈絡綱要，再來看蕅益大師《中庸直指》一書的思想架構，則較能清晰掌握。蕅師的《中庸直指》，全書所欲陳述者，乃在一「性修不二」之教，蕅師以爲性德本具十方三世一切諸法，而性德之珍貴須由

〔註49〕此爲牟宗三先生的說法，見牟宗三：《心體與性體》第一冊（臺北：正中書局，民國68年），頁35。

〔註50〕牟宗三：《中國哲學的特質》（臺北：臺灣學生書局，民國76年）第六講。

〔註51〕同註50，第四講。

〔註52〕如高柏園：《中庸形上思想》（臺北：東大圖書股份有限公司，民國77年）第四章第四節；又如鄭琳：《中庸翼》（臺北：文史哲出版社，民國71年）第七、八章；又如吳怡：《中庸誠字的研究》（臺北：華岡出版部，民國63年）第四、五章，都討論到以「誠」作爲融貫樞紐而帶出的天與人的關係（上、下），及人與萬物的關係（內、外）。

〔註53〕見高柏園前揭書，第四章第三節。

修方顯，由此強調修德之重要。由修顯性，而全修在性也。這是蕅師順著《中庸》一書形上理路與心性學的關連性這一架構，以天台宗的教義，《法華》開顯之旨來說明，開展出佛教的教理。所以蕅師在卷頭釋題之文字中，即曰：

> 然既秉開顯之旨，則治世語言，皆順實相，故須以圓極妙宗，來會此文，俾儒者道脈，同歸佛海。（頁 35）

此則爲蕅師《中庸直指》一書思想綱要開展鋪陳之所由。又，在方法上，蕅師仍秉《起信論》「一心開二門」之理路以爲性、修融貫之旨，如卷末述云：

> 章初『天命之謂性，率性之謂道』，是明不變隨緣，從眞如門而開生滅門也；『修道之謂教』一語，是欲人即隨緣而悟不變，從生滅門而歸眞如門也，一部《中庸》，皆是約生滅門，返妄歸眞。（頁 72）

這段文字，可以說是蕅師自敘其《中庸直指》之綱要與闡述之宗旨。以下就釋題、思想脈絡及其強調、偏重處，探索《中庸直指》一書之大要。什麼是「中」？蕅師云：

> 中之一字，名同實異，此書以喜怒哀樂未發爲中，若隨情解之，只是獨頭意識邊事耳。老子「不如守中」，似約第七識體，後世玄學，局在形軀，又非老子本旨矣。藏教所詮眞理，離斷離常，亦名中道；通教即物而眞，有無不二，亦名爲中；別教中道佛性，有名有義，而遠在果地，初心絕分；惟圓人知一切法，即心自性，無非中道，豈得漫以世間中字，濫此極乘。
>
> （頁 35）

蕅師認爲就儒家、老子、玄學、藏教、通教、別教、圓教皆各言其中，而「惟圓人知一切法，即心自性，無非中道。」「中道」，在龍樹菩薩的《中觀論頌‧觀四諦品》云：

> 眾因緣生法，我說即是無，亦爲是假名，亦是中道義。〔註54〕

不落常、斷兩邊，合於佛法的中道。但值得注意的是，龍樹學的特色，並非如後來天台宗所發揮的三諦論〔註55〕，由於中國人喜歡圓融，認爲天台的思想、理論圓融，但天台的離妄顯眞，統合一切之空有無礙，事實上是更與眞常唯心系雜糅的〔註56〕。蕅師在釋「中庸」的「中」字時，事實上是以天台學爲立場的，所以他不直接以「中道」來說解「中」字，卻說：

〔註54〕《大正藏》第三十卷 33 頁中。

〔註55〕印順法師以爲天台宗的三諦說是影取本頌，而不合《中論》體系的。見印順法師：《中觀論頌講記》（臺北：正聞出版社，民國 81 年），頁 474、475。

〔註56〕印順法師以爲「三論」與「三論宗」是不同的。《中論》、《百論》、《十二門論》爲龍樹宗風的性空唯名系；而中國的「三論宗」卻仍是綜合學派，是融合了眞常的，而天台學者比起三論宗，受眞常思想的影響還要濃厚。見同註 55，「懸論」四、《中論》在中國〉一文，頁 36～41。

> 中者,性體;庸者,性用,從體起用,全用在體。量,則豎窮橫遍;具,
> 乃徹果該因。(頁35)

從體用關係上來闡明,無疑的,從「性具」、「本具」的立場,融攝涵蓋了一切法,
使得「中」字不僅是不落兩邊的中道正見,更使「中」字蘊含了一切本有功德善法,
而能夠「從體起用,全用在體」,全體大用無不明,表現出如來藏思想的特色。此點
亦可由下述釋文中講明,如在『子曰:道不行矣夫』一節的釋文中,蕅師曰:

> 執兩端而用中,方是時中,若離兩端而別談中道,便爲執一矣。兩個其字
> 〔案,即『(舜)執其兩端,用其中於民』〕,正顯兩端中道,原只一體。
> (頁40)

事實上,中道是不落兩邊的,緣生而無自性空,空無自性而緣起,緣起與性空交融
無礙,所以稱之爲中道義,即是恰當而確實的,不是離空有外,另有一第三者的中
道〔註57〕,這是龍樹學的本義。而蕅師雖亦云:「若離兩端而別談中道,便爲執一
矣」,似也不贊同另有一「中道」可言,但實際上,他的重點是放在「兩端中道,原
只一體」的圓義上,這是天台宗的「即空、即假、即中」的三諦論思想,是糅合了
眞常論者的。三諦圓融的思想,在蕅師的《中庸直指》中隨處可見,如『唯天下至
誠,爲能經綸天下之大經』一節的釋文中,蕅師云:

> 涅槃,名祕密藏,圓具三諦:大經是俗諦,大本是眞諦,化育是中諦:經
> 綸之、立之、知之,是一心三智也。舉一即三,言三即一,不著兩邊,不
> 著中道,故無所倚。(頁70)

而一而三,而三而一,故三諦圓融。特別值得注意的是,「不著兩邊,不著中道,故
無所倚」,這是在三諦圓融之後,更進一步,再把「而三而一」這個「一」也化去了,
所以事實上,蕅師的思想中,仍把握住了空宗龍樹學的要義,只是經由天台宗,多
了一層轉折;但在強調面上確有不同,他是凸顯了眞常學者的如來藏本具功德這一
義的。

　　《中庸》原書謂『喜怒哀樂之未發,謂之中,發而皆中節,謂之和』,這是《中
庸》的中和思想。蕅師《中庸直指》卷頭釋題文字曰:「此書以喜怒哀樂未發爲中,
若隨情解之,只是獨頭意識邊事耳。」(頁35)「獨頭意識」是指不伴隨前五識而起,
只單獨地在定中、夢中、獨散狀態中生起的意識而言〔註58〕,蕅師認爲若以此解釋
「中庸」的「中」字,實不能窮究其深蘊,故在此節的釋文中,闡明曰:

〔註57〕同註55,頁474。
〔註58〕參考吳汝鈞:《佛教思想大辭典》(臺北:臺灣商務印書館股份有限公司,民國81年),
　　　　頁527。

熾然喜怒哀樂時，喜怒哀樂不到之地，名之爲中；非以無喜怒哀樂時，爲
未發也。無不從此法界流，故爲大本；無不還歸此法界，故爲達道。（頁38）

此則直以「法界」來解釋「中」，故爲大本，呼應卷頭「中者，性體」之說；而從此
流出，復歸於此，則呼應卷頭「庸者，性用」之意，全體大用，由此顯明。而這體
用的關連性，是「體用不二」的，如何的「體用不二」？在『如此者，不見而章，
不動而變，無爲而成』一節的釋文中，蕅師曰：

內證誠之全體，外得誠之大用，則全體即用，全用即體。（頁59）

「全體即用」，「全用即體」，這是「全性起修、全修在性」的語法，可知蕅師仍是以
此「性修不二」的圓教思想，來貫通《中庸》一書，也就是前面所提到的《中庸直
指》的思想架構。在書中其它地方，亦有類似之用語，如「全眞是妄」、「全妄是眞」
（頁61），這如同「體」、「用」一樣，只是語詞變化，而其架構卻是同一個的。

　　至於這個架構的具體描述，即是卷末所言，《起信論》「一心開二門」的架構。
在《中庸》一書的綱領：『天命之謂性，率性之謂道，修道之謂教』一節，蕅師云：

不生不滅之理，名之爲「天」；虛妄生滅之原，名之爲「命」；生滅與不生
滅和合，而成阿賴耶識，遂爲萬法之本，故謂之「性」。蓋天是性體，命
是功能，功能與體，不一不異，猶波與水也。（頁35、36）

「天」、「命」、「性」之關係，撐開了《中庸直指》一書的思想架構。「天」是不生
不滅之理，是心眞如門，是不變，是性體；「命」是虛妄生滅之原，是心生滅門，
是生滅變化，是功能；生滅與不生滅的關係，透過眞如的不變隨緣，從眞如門而
開出生滅門，由此貫通起來，統合在「生滅與不生滅和合」的阿賴耶識中〔註59〕，
而謂之「性」（天命之謂性）〔案：此「性」字指阿賴耶識，與「性修不二」的「性」
字指的是功德本具的眞如之體不同，須辨明。「性修不二」的「性」字，約相當於
「天命之謂性」的「天」字〕既以阿賴耶識爲「性」，則從種子立說，有善種，也
有惡種；率善種而行便成君子之道，率惡種而行便成小人之道（率性之謂道），故
需修此性，要能即隨緣而悟不變，從生滅門而歸眞如門也（修道之謂教）。蕅師這
「一心開二門」，是本著《起信論》本覺隨染來說的，故其解釋「從生滅門而歸眞
如門」的「修道之謂教」之一義，即是從「以始覺合本覺」來說。在『自誠明，
謂之性，自明誠，謂之教』一節的釋文中，蕅師曰：

但有性德，而無修德，凡聖平等，不足爲貴；直須以始覺合本覺，自明而
誠，則修德圓滿，乃爲修道之教。（頁56）

〔註59〕蕅師的阿賴耶識是通染、淨二分，融合了眞常說的。見前節所述。

以始覺合本覺，並非別有本覺可合，如《起信論》所說：「本覺義者，對始覺義說，以始覺者，即同本覺」〔註60〕。這是由於「性具」的思想，故在末章『詩云：予懷明德』一節，蕅師解釋『上天之載，無聲無臭，至矣』時，曰：

> 此總結示位天育物之中和，即是性具之德；雖復修至究竟，恰恰合於本性，不曾增一絲毫也。（頁72）

「不曾增一絲毫也」即是無所得，此乃在「性具」上說「修道之教」，而此修道之教之極成，卻只「恰恰合於本性」罷了，這就是蕅師「性修不二」之教旨。理解了這層意義，便能知道《中庸直指》一書的思想架構了。蕅師既以「率性之謂道」的「性」字為阿賴耶識，故有雜染成分，是以率性而行，不免有惡種而發為惡行，故須設教以修除之。然而這如同鏡子一般：

> 譬如鏡體非妍非媸，而光能照現妍媸，今性亦爾：率其善種而發為善行，則名君子之道；率其惡種而發為惡行，則名小人之道。……然善種發行時，性便舉體而為善；惡種發行時，性亦舉體而為惡，如鏡現妍時，舉體成妍；鏡現媸時，舉體成媸，妍媸非實，善惡亦然。無性緣生，不可思議。（頁36）

「無性緣生」，則蕅師設教之目的，並非以除惡存善為最終的價值取向，因為「妍媸非實，善惡亦然」，善惡仍是無實性的，故蕅師曰：

> 除其修惡，惡性元無可除；習其修善，善性元無可習，故深達善惡之性，即是無性者，名為悟道，斷無性之惡，惡無不盡；積無性之善，善無不圓者，名為修道也。（頁36）

善、惡元無可習可除，可習可除者，修善修惡也，而非善性、惡性也。不斷性惡，乃天台宗的思想。故實言之，蕅師的價值取向在於返妄歸真，只要能斷染窮妄，就能彰顯本自具足的如來藏性自體。順便附帶一提的是，若就本文一開始從《中庸》的儒家道德性格之理路來說，其「天命之謂性」之「性」字則是純善的道德主體，故其「修道之謂教」一語便落在「能不能率性而行」之上，倘能率此純然之善性，便能上契天道，而達天人合一境界。此與蕅師的「教」的著落處有所不同。蕅師的「教」是著落在「即隨緣而悟不變，從生滅門而歸真如門」的「返妄歸真」上的（頁72）。這是由於他對「天命之謂性」之「性」字的詮釋，是落在「生滅與不生滅和合」的阿賴耶識上，並非如儒家以「性」為純善者，所以必須「即妄顯真」，也就是所謂「即隨緣而悟不變」、「以始覺合本覺」，而非以「率性」為其工夫，這是蕅師和《中庸》之儒家道德理路不同之處。蕅師《中庸直指》雖然彰顯了「性修不二」的教理，

〔註60〕《大正藏》第三十二卷576頁中。

但恐後之學者徒說性具，懸空口耳，致空疏之流弊，故十分強調「修德」之重要，也就特別發揮「修道之謂教」一義。他說：

> 夫天命之謂性，真妄混而難明；率性之謂道，善惡紛而雜出；研真窮妄，斷染育善，要緊只在「教」之一字，全部《中庸》，皆修道之教也，故曰：『自明誠，謂之教』。（頁 36）

可見在蕅師來說，他對『天命之謂性』、『率性之謂道』二語的解法，正如同講無明的起源一般，是無始以來忽爾一念不覺即是如此的，其起源正如《勝鬘經》所說的：「自性清淨心而有染者，難可了知。」因此，蕅師不像儒家之《中庸》在一開始即肯定了創生不已的天道，及相契於天道的人之內在善性，二者一從負面講，一從正面講，在此處又表現出蕅師和儒家的差異。由於『天命之謂性』與『率性之謂道』根據蕅師的解法，是「真妄混而難明」、「善惡紛而雜出」的，是處在一種未修的狀態，故此二語便將蕅師的理路全然推向『修道之謂教』一語了。在『君子之道，費而隱』一節的釋文中，蕅師曰：

> 道不偏屬君子，而君子方能合道，可見一部《中庸》，只重修道之教也。（頁 44）

又在『誠者，天之道也；誠之者，人之道也』一節，釋曰：

> 此非以天道人道並陳，乃歸重於人道合天耳。謂除非不勉不思，方是天然聖人。世間決無天然之聖，必須擇善固執，只要修到極則，自然徹證本性矣。……問曰：如伏羲等聖、惠能等祖，豈不是天然之聖？答曰：《宗鏡》云：直饒生而知之，亦是多生聞熏成種，或乃諸聖本願冥加。（頁 54）

「世間絕無天然之聖」，若有，即如伏羲、惠能等，亦乃多生聞熏成種，或其本願冥加。可見蕅師所重並非偏在天然性德，而是強調後天「全性起修」的修德。又如在『自誠明，謂之性；自明誠，謂之教，誠則明矣，明則誠矣』一節的釋文中，特別強調「自明誠，謂之教」一義，曰：

> 自明而誠，則修德圓滿，乃為修道之教。此下二句〔案：即『誠則明矣，明則誠矣』二句〕，皆承此句說去……故此二句，皆約教說，不取但性，為誠則明也。蓋但性無修，不免妄為明覺，卻成生滅之始矣。（頁 56）

有性無修，流弊可知。又在卷末述云：

> 『修道之謂教』一語，是欲人即隨緣而悟不變，從生滅門而歸真如門也。一部《中庸》，皆是約生滅門，返妄歸真。（頁 72）

一部《中庸》，皆是從生滅門說起，而必須「返妄歸真」，回歸到真如門也。此外，又如『誠者，自成也；道者，自道也』一節中釋曰：

前明致曲，乃到至誠，恐人謬謂誠是修成，不是性具，故今明誠者自誠，
即所謂天然性德也。又恐人謬謂性德只有正因，不具緣了二因，故今明道
亦自道，所謂全性起修，全修在性也。……有性無修，性何足貴，貴在修
能顯性耳。（頁58）

可見蕅師在「性具」的基礎上，十分強調「修德」的重要，也就是「修道之謂教」
的開展；並且又統攝以「性修不二」之旨，所謂「全性起修」而又「全修在性」也。

至於修的具體工夫呢？在於「慎獨」，「慎獨」，就是「直心正念真如」，在『莫
見乎隱，莫顯乎微，故君子慎其獨也』一節的釋文中，蕅師曰：

問曰：何須向不睹不聞處用功？答曰：以莫現乎隱，莫顯乎微故也。隱微，
就是不睹不聞，就是慎獨，就是戒慎恐懼。此與《大學》誠意工夫一般，
皆須直心正念真如。（頁37）

《壇經》以無念為宗，「無者無二相，無諸塵勞之心；念者，念真如本性，真如即是
念之體，念即是真如之用。真如自性起念，非眼耳鼻舌能念」、「真如自性起念，六
根雖有見聞覺知，不染萬境，而真性常自在。」〔註61〕故「直心正念真如」，不離
見聞覺知，體會常自在的真性，由此捨妄歸真，轉迷成悟，便是「慎獨」工夫。《中
庸》講慎獨，即如《大學》誠意工夫一般；而《中庸》又以一「誠」字通貫全書，「誠」
就是真實無妄，就是不自欺，所以在不睹不聞處下功夫。這個「誠」字，蕅師用「直
心」來闡釋。「誠」是不自欺，而「直心」亦然，須無半點虛偽習氣，故《淨名經》
云：「直心是道場，直心是淨土。」〔註62〕，這不能不說二者有其相類之處〔註63〕。

「慎獨」的工夫（亦即「誠」的工夫），在《中庸直指》一書中時時強調，如『仲
尼曰：君子中庸，小人反中庸』一節，釋曰：

小人亦要修因證果，亦自以為中庸，但不知從慎獨處下手，便至於無忌憚，
便是錯亂修習，猶如煮砂，欲成嘉饌。（頁39）

「慎獨」是下手處，小人不知故迷失而無成。又如『子曰：天下國家，可均也』一
節，釋曰：

若源頭不清，則毫釐有差，天地懸隔，且道如何是源頭？慎獨是也，倘不
向慎獨處討線索，則管仲之一匡天下，不似大舜乎？原憲之貧，不似簞瓢

〔註61〕《大正藏》第四十八卷353頁上、中。
〔註62〕轉引自《壇經‧定慧品》，《大正藏》第四十八卷352頁下。
〔註63〕蕅師以「直心」來闡釋「誠」，這是約工夫義而言，若約「誠體」來說，則即「真如
之性」也。在『君子之道，辟如行遠必自邇』一節，蕅師的釋文末曰：「誠字，雙就
感應上論，一誠無二誠，即是真如之性」（頁48）則「直心正念真如」，實在是性德
與修德二義合而為一的。正如《中庸》一書，以「誠」字通貫本體論與工夫論一般。

陋巷乎？子路之死，不似比干乎？思之。（頁43）

失之毫釐，謬以千里，「慎獨」正是源頭處。又如『故君子居易以俟命，小人行險以徼幸』一節，釋曰：

> 居易，即是慎獨；不慎獨，便是行險。（頁47）

「慎獨」與否，便是君子與小人分別處。值得注意的是。《中庸直指》一書所謂的「小人」，多指修習錯亂者而言，如『詩曰：「衣錦尚絅」，惡其文之著也，故君子之道，闇然而日章，小人之道，的然而日亡』一節，釋曰：

> 若不向眞妄源頭悟徹，不向圓通本根下手，而泛濫修習，即所謂的然而日亡也。（頁71）

此處亦從修習來判別君子小人，此點正可呼應蕅師設教之最終價值取向在於眞妄，而非如《中庸》以儒者理路的道德之善惡區別君子小人也。「慎獨」的工夫，可與「圓解」、「圓行」、「圓證」的修行次第綰合來看。在『詩曰：「衣錦尚絅」，惡其文之著也』一節，蕅師釋『知遠之近，知風之自，知微之顯』時云：

> 介爾有心，可謂至近也；三千具足，可謂遠矣。成佛而名聞滿十方界，可謂道風遐布也；由悟圓理，圓修、圓證，以爲其本，可謂風所自矣。初心一念修習三觀，可謂至微也；即能具足一切究竟功德，可謂顯矣。此節重在三個知字，正是妙悟之門。（頁71）

這一層是講「妙悟」的重要。緊接著在下一節『詩云：「潛雖伏矣，亦孔之昭。」故君子內省不疚，無惡於志。君子之所不可及者，其唯人之所不見乎！』釋云：

> 此結示從妙悟而起妙修，即慎獨工夫也。（頁71）

這一層是講從「妙悟」起「妙修」，而「妙修」即「慎獨工夫」。又緊接著在下一節，『詩云：「相在爾室，尚不愧於屋漏。」故君子不動而敬，不言而信。詩曰：「奏假無言，時靡有爭。」是故君子不賞而民勸，不怒而民威於鈇鉞。詩曰：「不顯惟德，百辟其刑之。」是故君子篤恭而天下平。』釋曰：

> 此三節，結示由慎獨而致中和，遂能位天地，育萬物也。（頁72）

這一層是結示由「慎獨」到「致中和」、「位天地」、「育萬物」，展現慎獨工夫的成效。又緊接著在下一節，『詩云：「予懷明德，不大聲以色。」子曰：「聲色之於以化民，末也。」詩曰：「德輶如毛。」毛猶有倫；「上天之載，無聲無臭。」至矣。』釋云：

> 此總結示位天育物之中和，即是性具之德；雖復修至究竟，恰恰合於本性，不曾增一絲毫也。（頁72）

這一層是講修到至極，卻只恰恰合於本性，便是將「修德」的次第融攝在「性德」之中，而其成效則爲本具也，非別有所得。這幾節的釋文，一層高過一層，由「妙

悟」到「妙修」（即「慎獨」），再到「致中和，位天地，育萬物」，隱隱然開展出一個修道的次第，而相當於「圓解」、「圓行」、「圓證」這個過程，然後又歸結到本性具足，不增一毫，回應「全性起修」、「全修在性」的「性修不二」之旨，正如卷末蕅師述云：

> 修道之事，雖有解、行、位三，實非判然三法，一一皆以眞如理性，而爲所悟，所觀、所證，直至今文，結歸無聲無臭，可謂因果相符，性修不二矣。（頁72）

蕅師於此文字出沒，絕無痕跡，在「性具」的前提下，強調「修德」的重要，甚至將整部《中庸》，皆視爲「修道之教」〔註64〕，而此一修德的完成，歷經「圓解」、「圓行」、「圓證」之次第而達於究竟，卻又本性所具，天然性德，雖修至究竟而實無所得，由此開顯其「性修不二」之旨。整部《中庸直指》的思想脈絡，由是明矣。

至於「慎獨」的內容，則在於「觀心」。在『其次致曲，曲能有誠』一節，蕅師釋曰：

> 須觀介爾有心，三千具足，方是致曲，曲能有誠的工夫……致字，是妙觀之功；曲字，是所觀事境；誠字，是所顯理諦。（頁57）

觀心，可以作「唯心識觀」，亦可作「眞如實觀」，舉飲食爲例，蕅師在『人莫不飲食也，鮮能知味也』一節，釋曰：

> 味，是舌識之相分，現量所得，非心外法，智愚賢不肖者，那能得知。唯有成就唯心識觀之人，悟得味非心外實法；成就眞如實觀之人，悟得味即

〔註64〕詳前文。事實上，蕅師以一般釋佛經的科判方式，將《中庸》一書的章節段落區分爲序分、正宗分與流通分。而其正宗分中，又分爲「圓解」、「圓行」、「圓位」三段落。此三者實爲「修道之教」的次第，此一次第是在「性具」的前提之下開展的，所以依此次第而修至究竟時，卻只恰恰合於本性，不曾增一絲毫。「全性起修」、「全修在性」，而圓成其「性修不二」之旨，蕅師自己擬定的綱要，實亦本於其思想架構。今整理其自擬《中庸》之綱要如下：
> 甲一、總示性修因果，堪擬序分。
> 甲二、詳辨是非得失，擬開圓解。
> 甲三、確示修行榜樣，擬起圓行。
> 　　乙一、舉大道體用，以示所修。
> 　　乙二、指忠恕素位自邇自卑，以爲能修。
> 　　乙三、引舜文武周，以作標榜。
> 　　乙四、引答哀公問，結成宗要。
> 甲四、廣陳明道合誠，擬於圓位。
> 甲五、結示始終奧旨，擬於流通。

如來藏耳。(頁40)

「唯心識觀」，要點在心外無實法，唯識無境；「眞如實觀」，要點在即妄顯眞，本性具足。「心外無法」，《中庸直指》多所發揮，如『致中和，天地位焉，萬物育焉』一節，釋云：

> 嗟嗟！四凶居堯舜之世，不能自全；顏子雖簞瓢陋巷，不改其樂。誰謂心外實有天地萬物哉！天地萬物皆心中影耳。(頁38)

又如『君子素其位而行，不願乎其外』，釋云：

> 一切富貧等位，皆是自心所現境界，故名其位。心外別無少法可得，故不願其外。(頁46)

凡此，皆明唯識無境之理也。而「本性具足」一義，《中庸直指》亦時有所見，如『子曰：道不遠人，人之爲道而遠人，不可以爲道』一節，釋云：

> 世人安於卑陋，妄以君子之道爲遠，猶眾生妄以佛道爲遠，而高推聖境也。詎知十法界不離一心，何遠之有。(頁46)

「十法界不離一心」，一心本具萬法也。又如『素富貴，行乎富貴；素貧賤，行乎貧賤；素夷狄，行乎夷狄；素患難，行乎患難，君子無入而不自得焉』一節，藕師曰：

> 觀一切境，無非即心自性。富貴亦法界，貧賤亦法界，夷狄患難亦法界。
> 法界無行，無所不行，一心三觀，觸處圓明。不離境以覓心，故無境不入；
> 善即境而悟心，故無不自得。(頁47)

凡此，皆明心具萬法也。《華嚴經》云：「若人欲了知，三世一切佛，應觀法界性，一切唯心造。」亦即此義。事實上，「唯心識觀」與「眞如實觀」並非爲截然可分的二種觀法，只是其偏重點不同：前者偏重在外境的虛妄無實，後者偏重在心性的本自具足。但無論是心外無實法或心性本具足，此二者有一共同特色，就是範圍天地萬物到一心之中。從這個角度來看「天人合一」與「內聖外王」之道，在《中庸直指》的思想體系中如何開顯。『詩云：「維天之命，於穆不已。」蓋曰天之所以爲天也。「於乎不顯，文王之德之純。」蓋曰文王之所以爲文也，純亦不已。』在此節中，藕師釋云：

> 若未有修德，則迷天成命，如水成冰；既有修德，則悟命成天，如冰還成水。一則全眞是妄，一則全妄是眞也。……純，即不已；不已，即無息，以人合天，以修合性，斯之謂也(頁61)

藕師在此處仍是站在眞、妄的立場來擬喻天、人，故以人合天即是返妄歸眞，亦即以修合性之謂也。這是因爲天地都已融攝在一心之中，實無有個與人相對的天可合；而既在此心中，則僅有迷悟眞妄可說，因此以「以修合性」來解釋「以人合天」，如

前文所述:「性修不二」的「性」字與「天命之謂性」的「天」字,意義相近,這是從佛教的立場來說的。那麼「內聖外王」之道呢?在『誠者,自成也……誠者,非自成己而已也,所以成物也。成己,仁也;成物,知也,性之德也,合外內之道也,故時措之宜也。』一節,蕅師釋云:

> 性既物我所同,故誠之者,亦必物我俱成。成己,宜云是知,以成即物之己,故名爲仁;成物,宜云是仁,以成即己之物,故名爲知。若己若物,無非一性;若修若性,果皆名德;事理不二,諦智一如,物我無分,果因交徹,故名合外內之道也。四悉應物,權實隨機,盡於未來,無有窮盡,故名時措之宜。(頁58、59)

蕅師解釋「成物」一義,特重在泯除一切差別事相,使得物我無分,而自他不二,並從仁與智此二德性的性質之互攝來消融物與己,而成「即物之己」、「即己之物」,物我交融爲一,故名合外內之道也。既合外內,則所謂「內聖外王」之道,外王與內聖已無界線,成己成物,其實一也。如蕅師釋『忠恕,違道不遠,施諸己而不願,亦勿施於人。』一節時,曰:

> 忠者,無人無我,道之本體也;恕者,以人例我,以我推人,修之方便也,故曰:違道不遠。(頁46)

這仍是性修不二的架構,性中本具人我,故無人我之別;但就修德而言,則以人例我,以我推人,須得以修合性。這有如《金剛經》所言:「佛告須菩提:『若善男子、善女人,發阿耨多羅三藐三菩提心者,當生如是心:我應滅度一切眾生,滅度一切眾生已,而無有一眾生實滅度者。』」〔註65〕又如《壇經》四弘誓願之:「自心眾生無邊誓願度」〔註66〕,因此,如欲度這實無可度之眾生(或自性之眾生),則應注重善巧方便,必須「四悉〔註67〕益物,權實隨機」,方能契理而又契機,達到好的效果。如『子曰:愚而好自用,賤而好自專,生乎今之世,反古之道,如此者,災及其身者也。』一節,蕅師釋曰:

> 佛法釋者:不知權實二智,不知四悉善巧,必有自害害他之失。(頁66)

可見要自利利他,須知「權實二智」、「四悉善巧」,這都是接引眾生的方便。這正把

〔註65〕《大正藏》第八卷751頁上。
〔註66〕《大正藏》第四十八卷354頁上。
〔註67〕四悉檀者,乃佛以四種方法,開導眾生,令成佛道:(一)世界悉檀:佛順應凡夫的心情、願望,而說世界之法,使聞者歡喜。(二)各各爲人悉檀:佛順應眾生素質的深淺,而說相應於不同眾生的法,而使之向善。(三)對治悉檀:佛對多貪欲者教以慈悲心,多愚癡者教以因緣觀,務求除去眾生的惡病。(四)第一義悉檀:待眾生的能力成熟時,佛即說諸法實相,誘導彼等入真實的覺悟。見同註58,頁174。

握住《中庸》的「時中」一義,「時字,只是無執著意」(頁 39)。無所執著,乃能應機說法,對症下藥,而成就自利利他之方便。如蕅益大師之作《中庸直指》,乃「以圓極妙宗來會此文,俾儒者道脈同歸佛海」(頁 35),而「用《法華》開顯之旨,來會權文,令成實義」(頁 72)。此亦大師之悲願所致,爲接引儒者之會歸佛法,作一方便階耳。

第三節　《論語點睛》研究

壹、《論語點睛》與《四書評》

　　蕅益大師注解《論語》,而取名曰《論語點睛》。爲何叫做「點睛」?〈四書蕅益解序〉曰:

解《論語》者曰點睛,開出世光明也。(頁 2)

可見蕅師此書,乃是欲藉儒家這部經典,闡發出世思想,以世間儒書作佛教出世之階也。

　　研究《論語點睛》,不得不說到署名李卓吾的《四書評》這部書〔註68〕。《論語點睛》中,引用《四書評》之處,共有九十四處之多,引自其眉批、夾批或段後總評的都有。以上都是蕅師在《論語點睛》中,直接註明「李卓吾曰」、「卓吾曰」或「卓吾云」者;而未曾直接註明引自《四書評》的地方,也有許多處是順著《四書評》中評點的文意而加以發揮的〔註69〕,可見《論語點睛》與《四書評》關係之密切,可以說,蕅師在作《論語點睛》時,大量參考了《四書評》,甚至可以說是以《四書評》作爲底本的。因此,在本文中,《四書評》就有探究一番的必要。

〔註68〕以下筆者所引《四書評》之文字,皆出於三聯書店香港分店據明萬曆年間刊本之影印本,爲六開毛邊紙本,線裝四冊布函,政大社會資料中心收藏。另有民國六十四年上海人民出版社排印本,但筆者未見。

〔註69〕略舉兩處言之,如『子曰:德之不修,學之不講,聞義不能徙,不善不能改,是吾憂也。』(〈述而〉)蕅師解曰:「眞實可憂。世人都不知憂,所以毫無眞樂;惟聖人念念憂,方得時時樂。」(頁 128),而《四書評》同節之段後評則曰:「知聖人之憂,便知聖人之樂。」以憂、樂對辨,此處蕅師引《四書評》之文意以發揮。又如『儀封人請見,曰:君子之至於斯也,吾未嘗不得見也。從者見之,出曰:二三子何患於喪乎?天下之無道也久矣。天將以夫子爲木鐸。』(〈八佾〉)蕅師云:「終身定評,千古知己,夫子眞萬古木鐸也!」(頁 102)而核之《四書評》,則同節之段後評曰:「儀封人是仲尼第一個知己,亦是老天一個知己,異人異人。」同以「知己」來評論。諸如此類,蕅師多順《四書評》之文意而發揮者,亦隨處可見。

　　《四書評》是否爲李贄所作，歷來眾說紛紜，莫衷一是。主張非李贄所作的學者，多認爲是葉晝（文通）所僞託，其主要的根據是周亮工的《書影》一書的記載：

> 葉文通名晝，無錫人，多讀書，有才情。留心二氏學，故爲詭異之行，跡其生平，多似何心隱。或自稱錦翁，或自稱葉五葉，或稱葉不夜，最後名梁無知，謂梁谿無人知之也。當溫陵〔案：李贄號溫陵居士〕《焚》、《藏》書盛行時，坊間種種借溫陵之名以行者，如《四書第一評》、《第二評》、《水滸傳》、《琵琶》、《拜月》諸評，皆出文通手。〔註70〕

這段文字成爲《四庫全書總目提要》編者所依，而錄之曰：「相傳坊間所刻贊《四書第一評》、《第二評》皆葉不夜所僞撰。」（卷一百十九子部二十九雜家類三《疑耀》條）。周亮工的生卒年在明萬曆四十年（公元 1612 年）到清康熙十一年（公元 1672 年），距《四書評》刻行的時間（萬曆三十九年，公元 1611 年以前）較晚，而且受到持相反意見學者對引文中所提到的《四書第一評》、《第二評》，並非就是《四書評》的質疑，認爲這段記載不能作爲《四書評》是僞書的根據，於是主張《四書評》是葉晝僞託的學者，又找到了和周亮工是忘年之交，而更早於周亮工的盛于斯的說法來證明。盛的《休菴影語·〈西遊記〉誤》提到：

> 近日……又若《四書眼》、《四書評》，批點《西遊記》、《水滸》等書，皆稱李卓吾，其實皆葉文通筆也。〔註71〕

盛于斯此處明白的提到了《四書評》，且他的年代較周亮工要早，約生在萬曆二十七年（公元 1599 年）左右。此外，主張非李贄所作的學者又從《四書評》中的評語考察此書作者的思想，認爲他對《四書》是由衷的崇拜，這樣的思想傾向是和思想進步、眼光高遠的李贄是不相侔的〔註72〕。

　　對於這樣的觀點，另一派學者則針對上述的看法一一反駁，認爲周亮工的說法僅爲陳述，而無証據，且多半是從盛于斯處聽來的傳聞；至於盛于斯的說法亦不符合史實，此派學者並舉出李贄與葉晝的老師楊復所的相關資料爲證。至於思想傾向上，則認爲《四書評》的思想與李贄不牴牾，並指出有些人對李贄思想評價的誤解，認爲他們在評價李贄的思想時，「往往只重視其反道學一面而忽視其向

〔註70〕轉引自崔文印：〈李贄《四書評》眞僞辨〉，《文物》1979 年 4 期（1979 年 4 月），頁31。

〔註71〕轉引自崔文印：〈《四書評》不是李贄著作的考證〉，《哲學研究》1980 年 4 期（1980 年 4 月），頁69。

〔註72〕同註70，頁34。

道學妥協一面；只強調其批孔孟一面而忽視推崇孔孟一面；只強調其年輕時不讀經書一面，忽略其晚年批、研經書的一面。」〔註73〕另外又從文字風格來證明《四書評》確是李贄的作品。

簡述了上面兩種意見，我們再回過頭來，看看《論語點睛》這部書，它廣引了《四書評》的看法，而且蕅師在行文中亦皆直接註明了「卓吾曰」、「卓吾云」等字樣。論年代，若說最先提出《四書評》是偽書的盛于斯較接近《四書評》刊刻的年代，則蕅師恰好與盛于斯同年出生（明萬曆二十七年，公元 1599 年），而他的廣引《四書評》文字而皆稱李卓吾的情形，恰好是視此書爲卓吾作品的當時人的一個見證。若說蕅師《四書蕅益解》成書的年代在清順治四年（公元 1647 年）（〈四書蕅益解序〉），但事實上，蕅師《四書蕅益解》的初稿是大約在公元 1633、1634 年間就完成的了〔註74〕，而盛于斯的偽託說，最早也不過是在萬曆四十七年（公元 1619 年）至崇禎六年（公元 1633 年）之間提出來的〔註75〕，時代相距如此之近，竟未聞偽託說，仍大量徵引《四書評》，則至少我們可以知道，偽託說在當時並不盛行，甚至到了蕅師定稿（公元 1647 年）時都未加改動，仍直視此《四書評》之作者爲李卓吾，則當時明朝人對此書之作者爲李贄是不多懷疑的。因此，若就年代的早晚來說，盛于斯的說法實在很有商榷的餘地。

除了從年代來說之外，若就思想來看，《四書評》有些地方很能反應某些存在感受，而相應於李卓吾的。生死問題對李卓吾來說是很迫切的，他爲了解決「生死大事」，可以棄官、棄家，他對人生的苦有很深的感受，怕苦、怕生、怕死，他說：「世人唯不怕死，故貪此血肉之身，卒至流浪生死而不歇；聖人唯萬分怕死，故窮究生死之因，直證無生而後已。無生則無死，無死則無怕，非有死而強說不怕也。……怕死之大者，必朝聞而後可免于夕死之怕也。」（《焚書》卷四，〈觀音問——答自信〉）因此，卓吾以生死心切爲入道根本，以怕死爲腳跟，爲入門標準。他這種生死心切的感受，來自內在的性格，也來自當時的政治、社會及家庭境遇皆有關連〔註76〕，而這種存在感受，也在《四書評》中顯露出來：『子在川上，曰：逝者如斯夫，不舍晝夜。』（〈子罕〉）此節段後評云：

亦勸人不舍也，與道家流水不腐之語同。舍晝夜便了不得生死。

〔註73〕劉建國：〈也談李贄《四書評》的眞偽問題〉，《貴州社會科學》1983 年 3 期（1983年），頁 21、22。

〔註74〕同註1，頁 142、143。

〔註75〕同註73，頁 21。

〔註76〕林其賢：《李卓吾的佛學與世學》（臺北：文津出版社，民國 81 年），頁 213、214。

原文根本扯不上生死，但歎時光流逝如川水。但對一個生死心切的求道者來說，生死大事是何等迫切，豈能蹉跎徘徊。也因爲這種切身的感受，使他作了如此的註腳。此外，卓吾十分推崇泰州學派的健將羅近溪，近溪的平常、自然、灑脫的風格，以及不分地域、文化、人種、職業，貴賤而到處講學的親切精神，深深感動了李卓吾，使他至死猶嚮往不已〔註77〕，他亦曾拿自己來和羅近溪比對一下，以爲近溪「外面極熱，心卻冷」；而自己是「外面極冷，心卻熱」，他舉例說：「近溪與物無忤，不論高低賢愚皆與講，老婆舌，此處極熱；然播弄世人，調笑群儒，以一世爲戲場，以學問爲弄具，言不由衷，多少可怪，此處卻冷。我性不喜流俗人，見流俗人，避之唯恐不早，此處卻冷；然我遇可人，吐心傾膽，實實以豪傑待他，此處卻熱。」〔註78〕而在《四書評》中，『子曰：伯夷、叔齊，不念舊惡，怨是用希。』（〈公冶長〉）一節，段後評云：

　　　　他弟兄兩個是冷面孔、熱心腸，所以沒人怨他。

這正是卓吾自己的寫照。凡此，皆卓吾切身之存在感受，是難以在表面上模擬、僞託的。

　　至於蕅師作《論語點睛》，之所以引用卓吾的《四書評》如此多的份量，歸納起來，有幾個原因：

　　一、李卓吾從遊的幾個思想家，如浙中學派的王龍溪，或泰州學派的王襞、羅近溪，都是陽明的弟子系。陽明的致良知學說，原本就和禪學十分容易混淆，到了泰州、龍溪，在思想上比陽明更接近於禪。故黃宗羲《明儒學案・泰州學案一》云：「陽明之學，有泰州、龍溪，而風行天下，亦因泰州、龍溪而漸失其傳。泰州、龍溪時時不滿其說，益啓瞿曇之祕而歸之師，蓋躋陽明而爲禪矣。」〔註79〕王龍溪且提倡「現成良知」，更不諱言本身和禪的接近〔註80〕。而李卓吾的思想雖富個人主義色彩，較不受學派約束，表現出自由的特色，但他在思想上是認同這一學派的。加上他本人是一個以佛教思想爲核心的三教調和論者〔註81〕，而他又曾經出家，儘

<hr>

〔註77〕江燦騰：〈李卓吾的生平與佛教思想〉，《中華佛學學報》第二期（民國77年10月），頁279、280。

〔註78〕潘曾紘編：《李溫陵外紀》卷一，〈柞林紀譚〉。轉引同註76，頁37。

〔註79〕《黃宗羲全集》第八冊——《明儒學案》下（臺北：里仁書局，民國76年），頁703。

〔註80〕同註77，頁280、281，又，江氏此文〔註54〕，詳辨王龍溪與禪的關係，宜參看。

〔註81〕同註77，頁267、283。又，林其賢以爲李贄《續焚書》卷二的〈三教歸儒說〉應題作〈三教歸佛說〉，因爲文章的內容是從三教同是求聞道出世說起。且在卓吾晚年，在於對生死問題的掌握上，由佛家的解決之道獲得了自信，於是面對生死問題便由緊張趨於緩和，能以較從容的態度欣賞其他二教，這是出於以佛爲主，收攝得其他二教的一種自信使然。同註76，頁134、135。

管他的落髮是出於複雜的情緒感染（他對人說剃髮是因為天氣熱，長蝨子癢），也未受戒、不斷葷食，「形同沙彌」〔註82〕，但由於他的內心對學佛一事是十分認真的，所以他後來也認同了這個出家的身分〔註83〕。不管怎麼說，李卓吾曾在龍湖芝佛院以僧眾的導師態度出現，教諭僧眾佛法；且就嚴禁如當時瑜伽僧的趕經懺、形式化、流俗化的弊病，而積極建立起「僧格」──寧可餓死，不願追求名利富貴的態度這一點來說，李卓吾甚至受到當時蓮池大師的稱讚〔註84〕；就算他並不能算是合格的、正式的出家人，也算是一位助弘佛法的「居士」〔註85〕。在這種情形之下，蕅師之作《論語點睛》，目的既在調和儒釋，並藉此世間儒典開顯出世法，那麼對於卓吾的《四書評》自然可借重作為一種方便。

　　二、明朝自永樂十二年敕胡廣、楊榮、金幼孜等修《五經大全》、《四書大全》等，作為科舉考試之用書，其中《四書大全》僅用一年時間即完成，內容則剽劉倪士毅之《四書輯釋》，但小有增刪而已。倪士毅之《四書輯釋》，乃是取其師陳櫟之《四書發明》與胡炳文《四書通》，加以刪正而成，而更為朱子一家之學〔註86〕。由於《四書大全》乃陰據倪士毅舊本，潦草成書，而又不善剽竊，龐雜割裂，痕跡顯然；而其後流風所及，每況愈下，遂有講章一派從此而開，腐陋相仍，使朱子之書，專為時文而設，而經義於是荒蕪〔註87〕。經術的日趨功利庸俗，使得後來的四書講章，浩如煙海，這都是濫觴於《四書大全》的編纂。《四庫提要》四書類存目案語以為：

　　　案古書存佚，大抵有數可稽，惟坊刻《四書》講章，則旋生旋滅，有若浮漚，旋滅旋生，又幾如掃葉，雖隸首不能算其數。蓋講章之作，沽名者十不及一，射利者十恆逾九，一變其面貌，則必一獲其贏餘，一改其姓名，則必一趨其新異，故事同幻化，百出不窮，取其書而觀之，實不過陳因舊本，增損數條，即別標一書目，別提一撰人而已。如斯之類，其存不足取，

〔註82〕江燦騰前揭文。
〔註83〕林其賢前揭書，頁165。
〔註84〕蓮池大師《竹窗三筆‧李卓吾二》云：「卓吾負子路之勇，又不持齋素而事宰殺，不處山林而遊朝市，不潛心內典而著述外書，即正首丘，吾必以為倖而免也。雖然，其所立遺約，訓誨徒眾者，皆教以苦行清修，深居而簡出，為僧者當法也。蘇子瞻識評范增，而許以人傑，予於卓吾亦云。」（《蓮池大師全集》第四冊（臺北：中華佛教文化館，民國72年），頁3958、3959）雖然文中對卓吾有不勝惋惜之意，但「為僧者當法也」在佛教界來說，無疑是極高的評價。
〔註85〕聖嚴法師：《明末佛教研究》（臺北：東初出版社，民國76年）第四章「明末的居士佛教」，就將李卓吾歸入於居士之列。
〔註86〕馬宗霍：《中國經學史》（臺北：臺灣商務印書館股份有限公司，民國81年），頁130。
〔註87〕《四庫提要》卷三十七。

其亡不足惜，其剿竊重複，不足考辨，其庸陋鄙俚，亦不足糾彈，今但據
所見，姑存其目，所未見者，置之不問可矣。（卷三十七）

又曰：

至明永樂中，大全出而捷徑開，八比盛而俗學熾，科舉之文名爲發揮經義，
實則發揮註意，不問經義何如也。且所謂註意者，又不甚究其理，而揣測
其虛字語氣，以備臨文之摹擬，併不問註意何如也。蓋自高頭講章一行，
非惟孔曾思孟之本旨亡，併朱子之四書亦亡矣。（卷三十六）

可知明代《四書》宗朱之著作，以《大全》這一系列之作爲夥，惜《大全》以去取
未當，抉擇不精，又因科舉以八股文章取士之不當，故明代程朱學者《四書》之作，
多爲利祿而作，而罕能於經義有所發揮，甚至使朱子之註意亦荒廢不彰〔註88〕。而
李卓吾的《四書評》，亦對當時的講章十分不滿，他的自序云：

千古善讀書者，陶淵明一人而已，何也？以其好讀書，不求甚解也。夫讀
書，解可也；即甚解亦無不可；不可者，只不可求耳。蓋道理有正言之不
解，反言之而解者；有詳言之不解，略言之而解者。世之龍頭講章之所以
可恨者，正爲講之詳，講之盡耳。此《四書評》一帙，有正言，亦有反言；
有詳言，亦有略言，摠不求甚解之語，則近之。若讀者或以爲未解也，則
有世之所謂龍頭講章在，勿謂李卓老解之不詳，講之不盡，令淵明老子笑
人也。

在這篇序文中，明顯地提到了他不喜宗程朱的《四書大全》這一系爲科舉考試時文
而作的「講章」，不僅在序文中如此，即使在正文中，也不忘隨時批評一下程、朱，
如《大學》的朱熹所補格物致知傳的段後評，只有「不必補」三個字；而《論語》
中，如『子曰：性相近也，習相遠也。』（〈陽貨〉）段後評曰：

分疏明白。原是說性善，倒爲程朱註腳看壞了近字，可恨。

又如『子張問崇德、辨惑。子曰：主忠信，徙義，崇德也；愛之欲其生，惡之欲其
死，既欲其生，又欲其死，是惑也！「誠不以富，亦祇以異。」』（〈顏淵〉）這一節，
關於「誠不以富，亦祇以異」這二句《詩・小雅・我行其野篇》的引文，朱熹引程
頤之言而註曰：「程子曰：此錯簡，當在第十六篇齊景公有馬千駟之上，因此下文亦
有齊景公字而誤也。」〔註89〕而《四書評》在此節的後段評卻曰：

就在此處，有何不好，引來證其意耳，何必字字明白。宋儒解書，病在太

〔註88〕參見王鵬凱：《歷代論語著述綜錄》（臺北：政治大學中國文學研究所碩士論文，民國
78年），頁184。
〔註89〕同註2，頁136。

明白。

這評語正呼應了序文中對「講章」的反感，同時也表現出卓吾對程朱一系的不相投。

《四書評》的思想傾向是不贊同程朱一系的，這點固然是受到陽明學的影響，與當時陽明學說的興起而蔚爲一時風尙的學風有關；而蕅師的《論語點睛》之所以大量的引用《四書評》，固然是著眼在陽明學說一系的思想性格與佛學較爲相近；但更重要的是，朱子不但是集理學之大成者，更是集闢佛之大成者〔註90〕，對蕅師來說，《論語點睛》之作不但是在調和儒釋，甚至是以世間儒書開出世光明，作爲儒者歸佛的方便階，因此，在儒學陣營的抉擇中，當然以性格較爲接近的陽明一派心學作爲考量，從而加以思想上的會通，來達到接引儒者這一目的，並且緩和程朱一系的闢佛態度。從這個角度來看，也就不難明白《論語點睛》爲何以《四書評》爲底本了。

三、從流通的廣泛面來說，卓吾的著作在當時是極受歡迎的，雖然遭官府屢禁，但禁者自禁，藏者自藏，人皆爭讀之。其時卓吾之名溢于婦孺之口，其書風靡有明一代。「無論通邑大都，窮鄉僻壤，凡操瓢染翰之流，靡不爭購；殆急於水火菽粟也已」，當時人人「全不讀四書五經，而李氏《藏書》、《焚書》，人挾一冊以爲奇貨」（朱國禎《湧幢小品》卷十六）。陳明卿亦謂：「當卓吾書盛行，咳唾間非卓吾不觀，几案間非卓吾不適，朝廷雖焚之，而士大夫相與重鋟，且流傳日本。」〔註91〕且卓吾的學生汪本鈳在〈續刻李氏書序〉中亦曰：「海內無不讀先生之書者，無不欲盡先生之書而讀之者，讀之不已或並其僞者亦讀矣。」〔註92〕在這種海內風靡的情況下，蕅師藉卓吾《四書評》而作《論語點睛》，就一位宗教家「普渡眾生」的情懷來說，無疑地是能收到普及的效果的。

四、《四書評》就其思想型態來說，確實有些地方是很能和佛教思想相會通的。以下就舉《論語點睛》中蕅師所引卓吾的評文爲例，加以說明。如『子夏曰：大德不踰閑，小德出入可也。』（〈子張〉）蕅師引曰：

　　卓吾云：最方而最圓。出入，形容其活動耳，云何便說未盡合理。（頁223）
「未盡合理」，指的是朱熹對『小德出入可也』的註解：「言人能先立乎其大者，則小節雖或未盡合理，亦無害也。」〔註93〕而卓吾針對這點，改加以圓融地解說，以

〔註90〕熊琬：《宋代理學與佛學之探討》（臺北：文津出版社，民國80年），頁6。
〔註91〕轉引自陳錦釗：《李贄之文論》（嘉新水泥公司文化基金會，民國63年），頁18、19。
〔註92〕《焚書／續焚書》（臺北：漢京文化事業有限公司，民國73年）《續焚書》部分的序文，頁4。
〔註93〕同註2，頁187。

為「出入」是形容德性活動的狀態，至於他所謂的「最方而最圓」，則有超越相對的絕對主體的意味；而在佛家來說，所謂「真如隨緣」，就是真如心此一絕對的主體性，運于一切相對的染淨法之中，而使一切染污或塵勞都依此真如心而得其存在性〔註94〕。此二者相較之下，不難發現卓吾的說法，與佛教思想型態有類似之處。又如『子曰：剛、毅、木、訥，近仁。』（〈子路〉）蕅師引曰：

> 卓吾云：剛毅木訥都是仁，仁則並無剛毅木訥矣。（頁182）

這樣的說法，是把一一具體的德行都消融到「仁」這個字中了；而就「仁」的立場來看，是無法分辨此一一具體的德行的。在佛教來說，《入法界體性經》云：

> 文殊師利！我不見法界有其分數。我於法界中，不見此是凡夫法，此是阿羅漢法、辟支佛法，及諸佛法。其法界無有勝異，亦無壞亂。文殊師利！譬如恆河，若閻摩那，若可羅跋提河，如是等大河入於大海，其水不可別異。如是文殊師利！如是種種名字諸法，入於法界中無有名字差別。文殊師利！譬如種種諸穀聚中，不可說別，是法界中亦無別名：有此、有彼、是染、是淨，凡夫、聖人及諸佛法，如是名字不可示現。〔註95〕

兩相比較之下，二者的思想型態是多麼接近！又如『子貢欲去告朔之餼羊。子曰：賜也，爾愛其羊，我愛其禮。』（〈八佾〉）蕅師引曰：

> 卓吾云：留之則為禮，去之則為羊，故云：其羊其禮。（頁99）

在這一節中，蕅師自己釋曰：「子貢見得是羊，孔子見得是禮」，並引《十輪》、《佛藏》二經以明之，曰：「二經明剃髮染衣者，不論具戒破戒，乃至不曾受戒，亦是佛弟子相，決定不可毀辱。」孔子之意，乃在以形式保障本質，而卓吾引申曰「留之則為禮，去之則為羊」，亦是以羊的去留凸顯了「禮」這一本質是否透過「羊」而得到保障；而蕅師更引申到佛教的脈絡來發揮，使佛教的莊嚴性亦透過剃髮染衣的「佛弟子相」來保持，三者在義理解說上一脈相承，這就難怪蕅師樂於採用卓吾的《四書評》作為《論語點睛》的底本了。

以上就李卓吾的思想是以佛學為核心而融通三教、與卓吾《四書評》在儒家陣營裡是反對闢佛最力的程朱學派、以及卓吾著作的流通面是十分廣泛、和《四書評》中的思想與佛學有方便會通之處等四個角度，來探索蕅師《論語點睛》之採用李卓吾《四書評》為底本的原因，作為探討《論語點睛》一書的外緣研究，期能有助於對《論語點睛》之認識，並以之為其思想內容探索之助緣。

〔註94〕同註58，頁363 「真如隨緣」條。
〔註95〕《大正藏》第十二卷234頁下。

貳、《論語點睛》的思想內容

　　蕅師的《論語》注解，命名為「點睛」者，固然如〈四書蕅益解序〉中所云：「開出世光明也。」（頁2）而「點睛」一詞，亦正有點出關鍵所在，而能由此掌握住整體境界、整體精神之意，正所謂「畫龍點睛」之謂，亦即透過此一關鍵的點出，使全篇之精神昭然若揭，躍然紙墨之上。楊倫《杜詩鏡銓》凡例云：

> 詩貴不著圈點，取其淺深高下，隨人自領。然畫龍點睛，正可使精神愈出，不必以前人所無而廢之。〔註96〕

這是說評點有時如畫龍點睛，正可使境界全出。此處說的雖然是詩，但對蕅益大師藉《論語》發揚佛教思想來說，理則同然。且評點之學，在當時是一種風氣，曾國藩〈經史百家簡編序〉云：

> 自六經燔於秦火，漢世掇拾殘遺，徵諸儒能通其讀者，支分節解，於是有章句之學。劉向父子勘書祕閣，刊正脫誤，稽合同異，於是有校讎之學。梁世劉勰、鍾嶸之徒，品藻詩文，褒貶前哲，其後以丹黃識別高下，於是有評點之學。三者皆文人所有事也。前明以《四書》經藝取士，我朝因之，科場有勾股點句之例，蓋猶古者章句之遺意；試官評定甲乙，用硃墨旌別其旁，名曰圈點，後人不察，輒仿其法，以塗抹古書，大圈密點，狼藉行間。故章句者，古人治經之盛業也，而今專以施之時文；圈點者，科場時文之陋習也，而今反施之古書，末流之遷變，何可勝道。〔註97〕

這段記載說明了評點之學的由來與流變，評點之學到了明朝，因為以《四書》經藝取士，所以成為科場時文影響下的一種風氣，而反過來施於《四書》等經書。每鄉會試，主司喜於文卷之佳者，圈點標示其旁，又加評語於其上，以別妍媸，影響所及，書肆所刻《四書》文，莫不有評點〔註98〕，而蕅師《論語點睛》所參考的李卓吾的《四書評》正是這一風氣之下的著作。在《論語點睛》中，也有不少饒富評點意味的注解，如『子在齊聞韶，三月不知肉味，曰：不圖為樂之至於斯也！』（〈述而〉）蕅師曰：

> 讚得韶樂，津津有味。（頁131）

從一「味」字著眼，以聞韶樂之津津有味，呼應前文的不知肉味，文筆神妙，極富巧思。又如『子曰：臧文仲，其竊位者與？知柳下惠之賢，而不與立也。』（〈衛靈

〔註96〕轉引自郭正宜：《方東樹詩學源流及其美感取向之研究》（臺南：成功大學歷史語言研究所碩士論文，民國82年），頁94。

〔註97〕轉引同前註，頁90。

〔註98〕尤信雄：《桐城文派學述》（臺北：文津出版社，民國78年），頁113。

公〉〉蕅師曰：

　　誅心在一知字。（頁 198）

蕅師在此點出一「知」字，作為此節的關鍵，讀者若能心領神會，便知其意蘊無窮。此外，又如『子溫而厲，威而不猛，恭而安。』（〈述而〉）及『子夏曰：君子有三變：望之儼然，即之也溫，聽其言也厲。』（〈子張〉）蕅師的注解皆僅「像贊」兩個字（頁 138、223），文字雖少卻餘蘊無窮，頗有卓吾《四書評》的風格。臧否人物，即事論理，使得一部《論語點睛》，亦洋溢著當時評點之學的風氣。這種不完全循傳統從正面一一詳細註解經文章句的方式，卻同時也有許多僅下一二評語去讓讀者自己心領神會的地方，這正如同李卓吾在《四書評》的自序中所說的：「此《四書評》一帙，有正言，亦有反言；有詳言，亦有略言，摠不求甚解之語，則近之。」的著作態度是相似的，同時也看得出蕅師的《論語點睛》亦受到當時坊間評點《四書》文的風氣所影響。

　　《論語》一書，多記載孔子和他的弟子之間的生活言談舉止等事，較沒有嚴密的理論架構，異於《大學》、《中庸》之有三綱八目及天命與心性的遙契貫通作為其思想骨架。如就佛家的典籍來說，《論語》的性格較像經，而《大學》、《中庸》較像論。經是佛所說，呈顯出來的性格是較為具體、活潑、舒朗而開擴的心胸；而論是菩薩所造，目的在闡明佛經之義理，故理論性較強〔註99〕。因此，在探索《論語點睛》的思想時，如順著蕅師「點睛」之述作宗旨，從書中臧否人物、即事論理處著手，當較能掌握此書之思想。在《論語點睛》一書中，有好幾處都提到曾子、子思等人，不能傳得孔子出世道脈，唯顏回能之，如『季康子問弟子孰為好學？孔子對曰：有顏回者好學，不幸短命死矣，今也則亡。』（〈先進〉）蕅師曰：

　　說了又說，深顯曾子子思，不能傳得出世道脈。（頁 161）

又在『子曰：參乎，吾道一以貫之。』（〈里仁〉）一節中，蕅師曰：

　　此切示下手工夫，不是印證……然不可便作傳道看。顏子既沒，孔子之道
　　的無正傳。（頁 108）

在此節中，蕅師明言顏回、曾子境界的高下，唯顏回方能得孔子真傳。事實上，蕅師對於儒教的人物，最尊崇的就是孔子、顏回。在〈八不道人傳〉中，蕅師自述曰：

　　二十歲，詮論語，至「天下歸仁」，不能下筆，廢寢忘餐三晝夜，大悟孔
　　顏心法。〔註100〕

「孔顏心法」究竟指的是什麼呢？蕅師二十歲所悟的孔顏心法的內容，今日難加考

〔註99〕牟宗三：《中國哲學十九講》（臺北：臺灣學生書局，民國 80 年），頁 287。
〔註100〕同註18，《全集》第十六冊，頁 10220、10221。

證，但在〈示李剖藩〉的法語中，蕅師認爲他二十歲所悟與陽明同，只是陽明境上鍊得，力大而用廣；他則從看書解得，力微而用弱而已。陽明是蕅師認爲能直承孔顏心學之傳的人，而蕅師二十歲所悟者，則成爲他學習佛法的階漸〔註101〕，可知此「孔顏心法」，是與陽明思想頗爲相類的。只是蕅師後來由儒入佛，沈浸佛法數十年之久，在他四十九歲所修定的《論語點睛》中，對「天下歸仁」一語，又是如何解釋的呢？〈顏淵篇〉顏淵問仁一節，今具引如下，加以分析說明。中括弧內乃蕅師於本文中所加之夾注，並錄之：

『顏淵問仁。〔僧問和尚：如何是佛？〕子曰：克己復禮爲仁。一日克己復禮，天下歸仁焉。爲仁由己，而由人乎哉？〔和尚答曰：只你便是。〕顏淵曰：請問其目。〔僧又問曰：如何保任？〕子曰：非禮勿視，非禮勿聽，非禮勿言，非禮勿動。〔和尚答曰：一翳在目，空華亂墜。〕顏淵曰：回雖不敏，請事斯語矣！〔僧拜禮。〕』
蕅師釋曰：

克，能也。能自己復禮，即名爲仁。一見仁體，則天下當下消歸仁體，別無仁外之天下可得。猶云：十方虛空，悉皆消殞，盡大地是個自己也，故曰由己。由己，正即克己己字，不作兩解。夫子此語，分明將仁體和盤托出，單披上根。所以顏子頓開妙悟，只求一個入華屋之方便。故云：請問其目。目者，眼目。譬如畫龍，須點睛耳。所以夫子直示下手工夫，正所謂流轉生死，安樂涅槃，惟汝六根，更非他物。視聽言動，即六根之用，即是自己之事。非教汝不視、不聽、不言、不動，只要揀去非禮，便即是禮。禮復，則仁體全矣。古云：但有去翳法，別無與明法。經云：知見立知，即無明本。知見無見，斯即涅槃。立知即是非禮，今勿視、勿聽、勿言、勿動，即是知見無見也。此事人人本具，的確不由別人，只貴直下承當，有何利鈍可論，故曰回雖不敏，請事斯語。從此三月不違，進而未止。
方名好學，豈曾子子思所能及哉！（頁167、168）

「一見仁體，則天下當下消歸仁體，別無仁外之天下可得。」這個「天下歸仁」的「仁體」指的究竟是什麼？「仁體」者，就是「本覺之體」，也就是如來藏眞如自性〔註102〕。在『哀公問弟子孰爲好學？孔子對曰：有顏回者好學，不遷怒、不貳過，不幸短命死矣，今也則亡，未聞好學者也。』（〈雍也〉）一節，蕅師釋曰：

〔註101〕同註18，頁10535、10536。
〔註102〕聖嚴法師即主張蕅師是把「天下歸仁」的「天下」，解爲十方虛空的；而「仁」，則是以如來藏性或常樂我淨的眞常佛性作解的。「天下歸仁」，也就是「滅塵合覺」。說見同註1，頁306。

> 無怒無過，本覺之體。不遷不貳，始覺之功。此方是真正好學。曾子以下，
> 的確不能通此血脈。孔子之道，的確不曾傳與他人。（頁118、119）

此節再一次辨明孔子道脈唯顏回得傳，而另一方面，則引用《起信論》之「本覺之
體」與「始覺之功」來註解，可知蕅師仍是依此一隨緣不變、不變隨緣的思想架構
來處理顏淵所問的「仁」，所以「一見仁體」而「盡大地是個自己」也。這猶如《華
嚴經》所云：「若人欲了知，三世一切佛，應觀法界性，一切唯心造。」一切唯心造，
所以「天下當下消歸仁體，別無仁外之天下可得」也。而此一如來藏性，本自具足
一切萬法，這種「本具」、「性具」的思想恰巧給「為仁由己，而由人乎哉」作一註
腳，蓋返迷歸真，由生滅門歸真如門的工夫，也只是復此本自具足的真如本性而已，
要作工夫，就從自己這現前一念下手，所以說「此事人人本具，的確不由別人。」
但是只管說復此真如自性，卻沒個入門方便，所以夫子「直示下手工夫」，「譬如畫
龍，須點睛耳」，而這個下手工夫，入門方便，不在別處，卻正是從見聞覺知，從六
根六識處下手。在『吾十有五而志于學，三十而立，四十而不惑，五十而知天命，
六十而耳順，七十而從心所欲，不踰矩。』（〈為政〉）一節，蕅師曰：

> 只一學字到底。學者，覺也。念念背塵合覺，謂之志。覺不被迷情所動，
> 謂之立。覺能破微細疑網，謂之不惑。覺能透真妄關頭，謂之知天命。覺
> 六根皆如來藏，謂之耳順。覺六識皆如來藏，謂之從心所欲不踰矩。（頁
> 88、89）

即六根六識而覺如來藏真如自性，這正是個下手工夫處。但這並非別修個什麼工夫，
正如《壇經》所說：「善知識！真如自性起念，六根雖有見聞覺知，不染萬境，而真
性常自在。」〔註103〕，所以蕅師解曰：「非教汝不視不聽不言不動，只要揀去非禮，
便即是禮。」如同燈光破暗，明無所從來，暗亦無所從去，「但有去翳法，別無與明
法」，從「非禮」處而「勿視勿聽勿言勿動」，用遮詮的方式說明，只是個「不染萬
境」，故能「真性常自在」。而這個工夫的用力處，也只在於不惰而已。如何的「不
惰」？『子曰：語之而不惰者，其回也與！』（〈子罕〉）蕅師解曰：

> 後一念而方領解，即是惰。先一念而預相迎，亦是惰。如空谷受聲，乾土
> 受潤，大海受雨，明鏡受像。隨語隨納，不將不迎，方是不惰。（頁150）

這段話可以說是闡明了「去翳法」，於學者裨益良多。明鏡受像，不將不迎，恰如《金
剛經》所謂的「應無所住而生其心」，心無所住，知見無見，斯即涅槃。蕅師在本文
章句間的夾注，引到了芙蓉靈訓初參歸宗智常的公案〔註104〕，「只你便是」，本自具

〔註103〕《大正藏》第四十八卷353頁中。
〔註104〕《景德傳燈錄》卷十，《大正藏》第五十一卷280頁下。

足，豈假外求？「如何保任」，但此一念，知見立知，即無明本，故曰「一翳在目，空華亂墜」。文字章句之間配合得非常巧妙，把蕅師的思想大要「和盤托出」。

　　蕅師之解《論語》，仍是《起信論》一心開二門的路子。『子曰：性相近也，習相遠也。』（〈陽貨〉）蕅師曰：

　　　　性近習遠，方是不變隨緣之義。（頁210）

正是「真如門」與「生滅門」對辨並舉。《論語點睛》中，乃多發明「心外無境」、「境由心生」之意。在『愛之欲其生，惡之欲其死，既欲其生，又欲其死，是惑也！』（〈顏淵〉）一節，蕅師云：

　　　　四個其字，正顯所愛所惡之境，皆自心所變現耳，同是自心所現之境。
　　　　而愛欲其生，惡欲其死，所謂自心取自心，非幻成幻法也，非惑而何。
　　　　（頁171）

正以唯心識觀，教人解惑也。又如『子曰：賢哉回也！一簞食，一瓢飲，在陋巷，人不堪其憂，回也不改其樂，賢哉回也！』一節，蕅師解曰：

　　　　樂不在簞瓢陋巷，亦不離簞瓢陋巷。簞瓢陋巷，就是他真樂處。惟仁者可
　　　　久處約。約處，就是安處利處。若云：簞瓢陋巷非可樂，則離境談心，何
　　　　啻萬里。（頁121）

蕅師不但闡明「心外無境」之理，更警惕學者不可離境談心，以免學者墮於空談而不自知。又，《論語點睛》中，諸如以覺訓學者，（如『子曰：學而時習之』（〈學而〉，頁79）、『子曰：吾十有五而志于學』（〈為政〉，頁88）……等處），或詳自他不二者（如『子貢曰：如有博施於民而能濟眾』（〈雍也〉，頁126、127）、『子曰：古之學者為己，今之學者為人』（〈憲問〉，頁189）……等處），或強調開權顯實者（如『子曰：民可使由之，不可使知之』（〈泰伯〉，頁141）……等處），或接引方便，悉檀益物者（如『子曰：可與言而不與之言，失人』（〈衛靈公〉，頁196）……等處）……等等，其思想理路俱詳於本章前二節，此處不一一贅述。以下茲就書中幾點較特別的地方，略述於後：

　　一、肯定孔子積極用世：蕅師由於自己學習佛法乃由孔顏心法處悟入，所以他尊崇孔子與顏回，稱孔子為「夫子真萬古木鐸也」（頁102），又以悲天憫人的菩薩心腸來形容孔子，而稱他為「木鐸之任、菩薩之心」（頁116），來讚美他的積極用世之行徑〔註105〕。然而蕅師雖盛讚孔子為「至聖」（頁149），但並非視如佛之究竟，如『子曰：述而不作，信而好古，竊比於我老彭。』（〈述而〉）蕅師引卓吾

〔註105〕林政華：〈蕅益祖師之論語教〉，《華梵佛學年刊》第六期，（民國78年），頁45。

云：「都是實話，何云謙詞。」（頁127）又如『子曰：我非生而知之者，好古敏以求之者也。』（〈述而〉）仍引卓吾云：「都是實話」（頁133）又如『子曰：君子之道者三，我無能焉。仁者不憂，知者不惑，勇者不懼。子貢曰：夫子自道也。』（〈憲問〉）蕅師曰：

> 夫子自省，真是未能。子貢看來，直是自道。譬如《華嚴》所明：十地菩薩，雖居因位，而下地視之，則如佛矣。（頁190）

細觀此言，蕅師似有將孔子擬爲地上菩薩之意，又在『子貢曰：如有博施於民而能濟眾，何如？可謂仁乎？子曰：何事於仁，必也聖乎！堯舜其猶病諸！……』（〈雍也〉）一節，蕅師曰：

> 堯舜猶病，正是欲立欲達處。仁，通因果；聖，唯極果，堯舜尚在因位，惟佛方名果位耳。（頁127）

可見蕅師心中，仍以成佛爲究竟，正如在《中庸直指》中，釋『雖聖人亦有所不知焉』、『雖聖人亦有所不能焉』、『天地之大也，人猶有所憾』時，他解爲「聖人不知不能，天地猶有所憾，所以唯佛與佛，乃能究盡諸法實相」（頁45），其立場是一致的。而蕅師又以顏回尚在學地，未登無學（如『顏淵喟然歎曰：仰之彌高……』（〈子罕〉，頁147）及『子謂顏淵曰：惜乎，吾見其進也，未見其止也。』（〈子罕〉，頁150）等處）。無學位，即阿羅漢果，是小乘的極果。蕅師這樣評斷孔子與顏回，筆者以爲他的態度是認眞的，一來由他幼時的「大悟孔顏心法」而成爲他階漸佛法的因緣來看，孔顏與佛法確有相當的關聯性，再者，在『曾子曰：士不可以不弘毅，任重而道遠：仁以爲己任，不亦重乎！死而後已，不亦遠乎！」（〈泰伯〉）一節，蕅師謂：

> 弘毅二字甚妙，橫廣豎深，橫豎皆不思議。但死而後已四字，甚陋。孔子云：朝聞道，夕死可矣！便是死而不已。又云：未知生，焉知死？便是死生一致。故知曾子只是世間學問，不曾傳得孔子出世心法。孔子獨歎顏回好學，良不誣也。（頁140）

此處判曾子爲世間學問，未曾傳得孔顏的「出世心法」，這段文字更可使我們了解蕅師所謂「孔顏心法」的內涵，同時從蕅師的判別孔顏與曾子爲出世與世間學的差等來看，蕅師的立場與態度應是一致而且認眞的。

　　二、重實學〔註106〕、反空談：蕅師當時的禪者，是以「教外別傳」和「不立文

〔註106〕「實學」一詞，在不同的時代與環境中，各有其特定的涵義。如何佑森〈明末清初的實學〉，《臺大中文學報》第四期，頁1～15一文中指出：「……即使在同一時代，因學問的趨向不同，也有幾種不同的解釋。宋明理學家，即自認他們所講的『理』

字」的理義，來否定教理義學，應對於此，蕅師則以「離經一字，即同魔說」的論據，加以反駁〔註107〕。在《論語點睛》中，也表現出蕅師這種重實學、反空談的思想傾向，如『子貢曰：賢賢易色，事父母能竭其力，事君能致其身，與朋友交，言而有信，雖曰未學，吾必謂之學矣！』（〈學而〉）蕅師釋曰：

> 賢賢，不但是好賢，乃步步趨趨之意。蓋自置其身於聖賢之列，此即學之本也。事親、事君、交友，皆躬行實踐，克到聖賢自期待處，所以名為實學。（頁82）

實學乃對未學言，皆躬行實踐，方可謂之實學；反而言之，若僅空談禪理，則為未學。如『宰我問曰：仁者，雖告之曰：井有仁焉。其從之也？子曰：何為其然也？君子可逝也，不可陷也；可欺也，不可罔也！』（〈雍也〉）一節，蕅師云：

> 此問大似禪機。蓋謂君子既依於仁，設使仁在井中，亦從而依之乎？夫子直以正理答之，不是口頭三昧可比。（頁125）

要學者不流於口頭三昧也。又如『子曰：莫我知也夫！子貢曰：何為其莫知子也？子曰：不怨天，不尤人，下學而上達，知我者，其天乎！』（〈憲問〉）一節，蕅師曰：

> 今人離下學，而高談上達，譬如無翅，妄擬騰空。（頁192）

又如『子謂子夏曰：女為君子儒，無為小人儒。』（〈雍也〉）一節，蕅師曰：

> 即下學而上達，便是君子儒；滯於下學，便是小人儒。若離下學而空談上達，不是君子儒，亦不是小人儒，便是今時狂學者。（頁121、122）

凡此，皆呈顯出蕅師重實學，反空談的態度。

三、教導學者儒佛相參〔註108〕：如『子曰：君子之於天下也，無適也，無莫也，義之與比。』（〈里仁〉）蕅師節末解曰：

> 當與趙州使得十二時，《壇經》悟時轉《法華》並參。（頁107）

又如『子釣而不綱，弋不射宿』（〈述而〉），蕅師曰：

> 現同惡業，曲示善機，可與六祖吃肉邊菜同參。（頁135）

又如『子曰：予欲無言。子貢曰：子如不言，則小子何述焉？子曰：天何言哉？四時行焉，百物生焉，天何言哉？』（〈陽貨〉）一節，蕅師曰：

是『實理』，道德的知識是『實學』。而清代的經學家和史學家卻說宋明人所講的『理』是『虛理』，『學』是『空虛之學』，強調只有經史中的制度人事才是『實學』。」又認為「實學」所關涉到的虛實之辨，包括三大課題：一即儒佛道之爭；二即朱陸之爭；三即漢宋之爭。本文此處所標「實學」二字並不牽涉這種種的涵義，僅是就蕅師注文中「躬行實踐」之義而「名為實學」的引文，摘出作為標題而已。

〔註107〕同註1，頁80。
〔註108〕此點所引例皆參見林政華：〈蕅益祖師之論語教〉，同註105，頁52。

　　　　無言，豈是不言？何言，卻是有言！說時默，默時說，參！（頁215）
這是在正面的教理義學的注解之外，另以禪宗參公案的方式，接引學者悟入的方便
法門也。由此益可見薀師的隨機說法，悉檀益物的善巧與慈悲。

第四章　《四書蕅益解》的詮釋方法

第一節　「以述爲作」以顯其思想之創發性

　　蕅益大師之注解《四書》，雖然他採用的方式是傳統學者隨經文章句逐文注解的經學形式，但這並非所謂「注不悖經，疏不悖注」的嚴謹的守著先儒說法，不違師說的舊有注疏之學的傳統。所謂「注不悖經，疏不悖注」的原則，其實是反映了一種「神聖的作者觀」，也就是作者是神聖的，聖者作，其他人便來傳述之、彰明之〔註1〕。因此，在傳統學者的人文箋釋活動中，一直存在著追求「作者本意」的觀念〔註2〕，由於經書是載聖人之道的，聖人之道有其神聖性、超越性、普遍性，故經書只有聖人才能創作，而其箋釋者最主要的工作，是在追求「作者本意」，對箋釋經書來說，就是發明「聖人本心」。因此，箋釋者的地位都是「述者」，「述而不作」成爲傳統學者箋釋經書的態度。

　　「注不悖經，疏不悖注」的原則，反映了傳統學者的解經活動中追求「作者本意」的基調，同時由於經書是聖人所作，具有神聖性，因此引發了尊經思想，這種尊經思想說明了何以傳統的解經模式是採取跟隨原典逐章逐句的加以注釋疏解，而不是解經者以範疇、命題爲中心而建立有系統、有組織的思想體系之部分原因。因爲就一個「述者」的立場來說，前者的模式無疑是較能照顧到「述而不作」的宗旨，同時箋釋經書仍是以經書爲主，箋釋者不過是附於經文之後加以說明、傳述而已，

〔註 1〕龔鵬程：《文化符號學》（臺北：臺灣學生書局，民國 81 年），頁 12。
〔註 2〕顏崑陽：《李商隱詩箋釋方法論》（臺北：臺灣學生書局，民國 80 年），頁 165、166，他認爲追求「作者本意」的觀念，始於經學，而延及史學，終而詩學。也就是說，這個觀念瀰漫在傳統中國學者的箋釋活動中。

由此達到了尊經的效果。

在另一方面，先秦的典籍經過秦火，到了漢代形成一個文化斷層，所以漢代學者對先秦典籍很重要的一部分工作在於考訂、整理，並就典籍之字詞加以訓詁，以求恢復作品原貌。作品的原貌即是作者寫此一作品時的樣子，確定了作品的原貌，才能使讀者安心的閱讀此一作品，享受作品所提供的訊息，因為這個訊息是作者透過作品傳達給讀者的〔註3〕。因此，這仍是前述的掌握「作者本意」的詮釋態度。只是漢代的學者面臨了秦火之後這個比較具有特殊歷史背景的環境，故而整理舊有的典籍，考訂章句、訓詁字詞的含意就成了當時釋經活動的特色。在這種情形之下，隨文夾注的解經模式，當較能方便學者對經籍章句字詞的考訂與訓詁，因此，這種箋釋經書的型態便成為中國學者治經學的詮釋特色，而延續下來。

到了宋代，學者對於「注不悖經，疏不悖注」的箋經活動有了反省，以為漢代支離於詁訓，魏晉幽沈於老、佛，皆未得聖學之大要，因而毅然捨漢唐，而建立新的治學方法，意欲跨越傳注而直接孔孟，探求聖人本心〔註4〕。王應麟《困學紀聞》云：

> 自漢儒至於慶曆間，談經者守訓詁而不鑿。《七經小傳》出而稍尚新奇矣。
> 至《三經義》行，視漢儒之學若土梗。

陸游也說：

> 唐及國初，學者不敢議孔安國、鄭康成，況聖人乎！自慶曆後，諸儒發明
> 經旨，非前人所及；然排《繫辭》，毀《周禮》，疑《孟子》，譏《書》之
> 〈胤征〉、〈顧命〉，黜《詩》之序，不難於議經，況傳注乎！〔註5〕

這都說明了宋儒撥棄傳注，使得「注不悖經，疏不悖注」的注疏傳統受到了動搖。但此處必須仔細辨明：宋儒之撥棄傳注，並非否定孔子之為「作者」的神聖性，而是想要跨越先儒舊說、跨越傳注，直接從經典本身著手，來直接孔孟、直求聖人本心的。因此，宋儒所撥棄的，是前一批「述者」的意見，而非撥棄孔子之為「作者」的立場，好讓自己來當「作者」。亦即，同樣是「述而不作」的「述者」立場，但是在「述」的方法上，撥棄了傳注，而改採直接聖人本心的方法。但無可否認的，宋代儒學在和佛學、老莊的思潮相激盪之下，已經萌發出新的儒學型態，而產生所謂「理學」，或稱「道學」，在形上思維的架構上已有很好的成績，而這些範疇，是先前的儒學中所未曾面臨或未曾強調的。在宋儒自己認為，這些性命、天道等形上思想是原本就具足在聖人之心中的，是「吾道自足」的，只是

〔註3〕同註1，頁24。
〔註4〕汪惠敏：《宋代經學之研究》（臺北：師大書苑有限公司，民國78年），頁8
〔註5〕轉引自皮錫瑞：《經學歷史》（臺北：藝文印書館，民國76年），頁237、238。

孔子少提罷了，所以現在就從經典中來尋求，如胡瑗在太學任職時以「顏子所好何學？」的問題考學生，這在傳統的注疏訓詁中是找不到答案的，必須直接體會經文裡的本心的。歸根究柢的說，宋人反省了「注不悖經、疏不悖注」的注疏舊學，而提倡直接聖人本心，其視孔子為「作者」之神聖性依然保存，而探求「作者本意」的企圖依然如故，只是在途徑上，捨棄了傳注詁訓的支離，而著重在整體義理上的融通與發揮。但是雖然宋儒跨越傳注而重義理，然其理學義理的闡發卻依然維持著原有的隨文夾注的經學形式的傳統，這是因為理學家的思想須有一處植根，而尊經的傳統依然存在，孔子之為「作者」的神聖性不變，所以闡發理學的義理仍須以經典為依歸，只是所闡發者非如漢儒的支離於章句訓詁，而是闡發經書中的微言大義。同時在傳統的中國社會中，儒家的經書有其崇高的地位，也含有教化的功能，而理學家們雖然發展了新的形上思想、新的哲學範疇，但為借重經書的權威性，於是透過注解經書的活動，把自己的思想觀點用隱晦的方式通過注文和解經言論曲折的反映出來。這在理學家自己看來，自己只是在代聖人立言，替聖人說清、說透經文奧義，所表達的觀點，都是經中固有的聖人原義，非自己所杜撰，自己只是一個「述者」的立場。但通過注解經書來傳達理學思想，在客觀效果上不僅能使理學思想戴上「聖人之道」的神聖光環，也有助於使眾多尊孔習經的文人儒生從感情上接受理學，理學就是這樣與經學密切結合在一起，而使得思想學說與經學形式互為表裡〔註6〕。

　　宋儒雖然亦自認自己不過是發明聖人本心，也都只是「述而不作」，但從上述理學家能將理學思想藉著經學形式來闡發，使新的思想能與經學形式結合這點來看，這樣子的藉著注解經書曲折委婉的表達了理學家新範疇的哲學思想，雖然都自認為「述而不作」，其實正都是「以述為作」〔註7〕。這種「以述為作」的詮釋方式，很能幫助我們理解蕅師《四書蕅益解》的詮釋模式。蕅師所要進行詮釋的對象——《四書》，除了《論語》在南朝劉宋時已與《孝經》合為一經，而唐代「開成石經」沿稱為經且分《論》、《孝》為二經之外，至於《大學》、《中庸》雖原本為《禮記》之篇

〔註6〕李曉東：〈經學與宋明理學〉，收入林慶彰編：《中國經學史論文選集》下冊（臺北：文史哲出版社，民國82年），頁6。

〔註7〕如龔鵬程認為：「孔子以後的儒家，也多採取述而不作的態度，祖述六經、宗師仲尼，一切意見，均以闡述經典或注釋經典的方式來表達。這在表面上看起來，是擁抱聖人之糟粕；是依傍前人；是仰企聖人，以為不可超越。其實猶如一闋歌謠，傳唱者你添了一段、我改了一句；或者用了舊調子，唱著我的新歌詞；或則旋律變動了、節拍不一樣了。每個人、每個時代其實都唱著自己的歌哩！創作活動，即在傳述之中進行。」同註1，頁20。

章，但其受重視而凸出其地位則是在宋代，程頤以《大學》論三綱、八目爲初入德之門；《中庸》言性命、天道，廣大精微，與《大學》相發明，而謂之爲孔門傳授心法之書；到了朱熹便取此二篇別出單行，並配《論語》、《孟子》稱爲「四子書」。可見《四書》的經學地位的確立與宋儒的理學發達有密切的關係，尤其《孟子》一書由子書升格爲經書，在宋代躋於十三經之列，更加說明了理學與經學的密切關連。到了明朝，雖然《五經大全》與《四書大全》並頒，但「當時程式以《四書》義爲重，故《五經》率皆庋閣，所研究者惟《四書》，所辨訂者亦惟《四書》」（《四庫提要》卷三十六），所以經學研究的重心，到了明代，實在是從《五經》而移轉到《四書》的。蕅師要進行詮釋的對象，既是當時經學的重鎮──《四書》，因而採用經學模式，隨文夾注的型態，也是時勢所趨；更重要的，是在於蕅師所要詮釋的內容，主要是他「現前一念心」的佛學思想，若要藉著經學模式來闡發其思想學說，則宋代理學家的解經模式很能作爲其借鏡。因此，蕅師的《四書蕅益解》，在「四書」的部分是隨經文，是詮釋的對象；而在「蕅益解」的部分是夾注，是詮釋的內容，就這樣，透過此種詮釋模式，將經學形式與其思想內容統一起來了，在表面上仍是「述者」，但就和宋代理學家一樣，都是「以述爲作」，來顯其思想的創發性。

在這裡還要探究一個問題，亦即：宋代理學家在詮釋態度上，自認是在探求「聖人本心」，仍是追求「作者本意」的傾向。至於蕅師的《四書蕅益解》，是否亦自認爲是探求作者的本意？筆者認爲，蕅師對於孔顏的「出世心法」的理解，其態度是認眞的，例如《論語點睛》中對「顏淵問仁章」的詮釋，在蕅師自己來說，認爲這是孔顏師徒傳授「出世心法」的對話，而此一出世心法的微言大義，即是蕅師所詮釋的那樣。在這一部分，蕅師與宋代理學家的態度是一致的，亦即皆自認爲是在探索「聖人本心」、追求「作者本意」的；至於宋代理學家的注解不失儒者情懷，而蕅師卻使之成爲佛教如來藏觀點的詮釋，這樣的差異僅是詮釋角度的不同而已，至於其詮釋態度則並無差別；亦即宋代理學家心目中的孔顏，與蕅師心目中的孔顏，自不必同，但在詮釋者立場的自我認定上，二者皆自認是在發明孔、顏本心，這點卻是一致的。至於《中庸》及《大學》，蕅師以爲皆子思所作，且以爲子思不能傳孔子出世心法，所以蕅師在作《中庸直指》與《大學直指》時，是不打算探求「作者本意」的，又因爲蕅師作《四書蕅益解》，其用意原在「藉《四書》，助顯第一義諦」（〈四書蕅益解序〉），目的既在闡發佛教教義，因此在這一部分，便與上述詮《論語》「顏淵問仁章」有所不同，由於詮釋態度不一樣，蕅師在此採取的詮釋方法也就不一樣，已非直契孔、顏本心那樣的方式，而是運用《法華》「開權顯實」的教旨，如其《中庸直指》卷末語所云：

> 但此皆用《法華》開顯之旨，來會權文，令成實義，不可謂世間儒學，本
> 與圓宗無別也。（頁72）

可見在此處，蕅師只是權作方便，以《中庸》等世間儒書作出世階耳，並非探求「作者本意」的，這種解經的立場，蕅師在另一談論儒釋同異差別的文章──〈性學開蒙答問〉一文中，即表示得很清楚：

> 既知宣聖祕密微談，兼秉《法華》開顯妙旨，即此《中庸》，便可作圓頓
> 佛法解釋……然此是智旭之《中庸》，非子思之《中庸》也。〔註8〕

這正是蕅師有這樣的述作宗旨的自覺，在「開權顯實」這一詮釋方法的運用上，是和宋代理學家的直探「聖人本心」，以及傳統人文箋釋活動中追求「作者本意」的態度，有很大的差別。蕅師既不打算追求作者本意，自也不會居於「述者」的立場來發明「作者」本心，因此「開權顯實」的方式，其「述」的成分便很少，而只是寄託於經學形式的表面，好像仍是在解《中庸》、解《大學》，但實則「作」的成分便增大了許多，使得《中庸直指》與《大學直指》充滿了佛學的內容，由這裡表現出它和傳統經學很大的歧異。

蕅師《四書蕅益解》的詮釋模式，既如同宋代理學家一般，是將自己的思想透過隨文夾注的經學形式表現出來，那麼這種「以述為作」的方法有什麼樣的特色呢？和理學家所遭遇的問題一樣，由於蕅師自己有一套「現前一念心」的哲學思想，及《起信論》「一心開二門」的思想架構，這是一套有系統、有組織、整體完備的思想體系，但在經學形式的框架中，隨文夾注的型態下，勢必將此一整體完備的思想內容分散到各相關的經文之下，此時理論體系的各個環節不是依據其內在有機聯繫和邏輯順序排列，而是根據經文的順序，毫無規律的排列著，並淹沒在大量無關的言論之中，在經學框架的制約下，被迫以零亂的、鬆散的形式存在，而且很難避免重複，因為每條內容相近的經文都要按同一觀點去解釋。這樣容易造成理論思維的不連貫性，使讀者必須自己去組織其間的各個環結，而較不容易掌握住其整體的思想〔註9〕。這一點自然對闡揚蕅師的思想有其表現形式上的局限。但如上文所述，蕅師的目的既然是在會通世間儒書同歸佛法大海，則此種

〔註8〕蕅師〈性學開蒙答問〉，見於《蕅益大師全集》第十六冊（臺北：佛教書局，民國78年），頁 10714～10716。

〔註9〕同註6，頁 16、17，此處僅是就隨文夾注的經學模式而言。在《四書蕅益解》中，《論語點睛》鬆散的情形最為明顯，而《大學直指》、《中庸直指》則因為有三綱八目及天命與心性的遙契貫通作為其思想骨架，所以在形式上雖然也節節分隔，而同一觀點的表達也多重複分散在各節段落中，但就整體來說，仍有一脈絡可尋。不過終究不如直接以主題或範疇為中心而開展的專文來得清楚明晰。

形式的選取，也就具有目的上的意義了。

第二節　《四書蕅益解》的詮釋體式

　　蕅益大師既然藉著注解儒家的經書——《四書》來闡發其佛教的義理，則其會通儒佛、調和儒釋的主張，也就十分明顯。蕅師之作《四書蕅益解》一書，其終極的目標雖在於引儒歸佛，但若要達到此一目標，則會通儒佛乃成為其不可缺少的步驟。《四書》原本是儒家的經典，蕅益大師選擇了這部最具儒家根本精神的代表作品，從而以佛家的觀念、思想來疏解它，則蕅師是如何經由儒家這部經典找出發揮佛教思想的空間？或者說，《四書》這部作品是如何向蕅師這位詮釋者，開放它自身，在新的詮釋中得到新的生命？本節擬從《四書蕅益解》這部書中，探討蕅師會通儒佛的關鍵，這關鍵是詮釋體式上的，偏重在語言形式或思想形式上的轉換，也就是，蕅師藉著中國文字多義性的特徵，或是對語境制約的忽略，或是思考架構、思考模式的類似性等途徑，作為儒佛轉換、會通的關鍵。以下茲從此三個方向，對應《四書蕅益解》原文，逐一加以討論。

壹、文字多義性之運用——以語詞的別解符應儒釋

　　蕅師的《四書蕅益解》中，常運用文字多義性的特徵，作為符應儒釋的關鍵。文字的意義是建立在前後文的關係之中的，而沒有一個字能有兩次意義完全相同，這是因為沒有兩個前後文是完全相同的〔註10〕。所以，在《四書蕅益解》中，蕅師便運用這種文字多義性的情形，對某一語詞訓為別解，從而順著這個別解，將原本屬於儒家的義理，滑動、轉換而成為佛教的解釋。如在《論語點睛》中，『子曰：人而無信，不知其可也。』（〈為政〉）一節，蕅師對「信」字的解釋，云：

　　　　不信自己可為聖賢，如何進德修業？（頁95）

此正如同在『子曰：君子不重則不威……主忠信……』（〈學而〉）一節中，蕅師對此「忠信」之「信」字的解釋，云：

　　　　信，則的確知得自己可為聖賢，正是自重處。（頁82）

由此二節引文可知，蕅師把原先儒家作為德行項目的「信」字，作為「信用」、「信實」等言而有徵的用法（如〈學而〉：『與朋友交而不信乎？』、『與朋友交，言而有信。』等），在此滑脫過去，而轉換成「自信」、「相信」、「信仰」的意義，這樣的說

〔註10〕早川著，柳之元譯：《語言與人生》（臺北：文史哲出版社，民國70年），頁49。

法，是傾向於佛教的「信、解、行、證」的「信」字的含義的。蕅師在此處，充分運用了文字的多義性，而以語詞之別解來會通儒釋。

此外，又如在『子曰：回也，其心三月不違仁，其餘，則日月至焉而已矣。』（〈雍也〉）一節，對於「其餘」的理解，一般是指「其餘的弟子」而言（如何晏《論語集解》），但是蕅師則解為：

> 「其心」、「其餘」，皆指顏子而說。只因心不違仁，得法源本；則其餘枝葉，日新月盛，德業並進矣。（頁120）

此處蕅師將「其餘」的內容，解釋成相對於法的源本的「枝葉」，使得「其餘」二字，竟也落在顏回一人身上講。這段引文從佛法來解釋，法的源本，大約就是指吾人自性清淨的如來藏心，而「其餘」之枝葉，就是本自具足的功德善法。僅此「其餘」二字的解釋不同，就使得儒典的原文，匯入佛法的觀念之中，從而達到會通儒釋的效果。

再舉一例，如『愛之欲其生，惡之欲其死。既欲其生，又欲其死，是惑也！』（〈顏淵〉）一節，蕅師曰：

> 四個其字，正顯所愛所惡之境，皆自心所變現耳。同是自心所現之境，而愛欲其生，惡欲其死，所謂自心取自心，非幻成幻法也。非惑而何？
> （頁171）

在原文的含義，「惑」字的解釋，是指如果一任吾人好惡無常的私心，作為評斷人的標準，就會一時因愛而欲其生，又會忽然因惡而欲其死，自相矛盾，難免令人感到疑惑了。我們也可以從上文的文意脈絡來理解：『子張問崇德、辨惑。子曰：主忠信、徙義，崇德也。』（〈顏淵〉）可知「惑」字是相對「德」字而言，也就是說，在評斷人的時候，應該以忠信為標準，這樣才能遷善而歸向道義；反過來說，若以私己之好惡為標準來評斷人，則難免既欲其生，又欲其死，自相矛盾而令人疑惑了。至於蕅師對「惑」的解釋，則從引文中，我們可以知道這是「境由心生」的佛家講法，所謂「自心取自心」，是套在「惑──業──苦」的脈絡裡說的，眾生因對自心所現之境不能了達其皆自心所變現，不明「唯識無境」之理，此則為惑；而又於此自心所現之境，妄起愛惡，造種種業，自心取自心，此則為由惑造業；因造業故，而感苦果，此則為由業感苦，再於此苦果上，不明所以，不知此如幻之境，其實皆自心所變現，此則為由苦生惑；如是惑、業、苦三者，循環往復，如環之無端，而為輪迴之本。對於此一「惑」字的解釋，蕅師便將之從儒典原文的含義，移轉滑脫，放到佛家的脈絡來引申發揮，從而會通了儒釋，而成為他符應儒釋的方法之一。這是蕅師充分地運用了文字的多義性，透過此一多義性的關鍵，將某些字詞轉換而為別

解，再從這個別解出發而加以引申發揮，匯入佛教的觀念脈絡裡，而達到符應儒釋的目的。

貳、以佛解儒——以佛教觀念詮釋儒典文句

在這一部分，蕅師會通儒釋的方式，乃是對於所詮釋的對象——《四書》的文句，忽略其語境，而將儒典文句所呈顯的事件或狀態，予以佛教觀念的說明。語境從內容上來說，有其文化制約，這包括整個言語活動所處的社會環境，如政治的、經濟的、思想的、風俗習慣等的影響，同時也包括言語使用者個人的文化教育修養、性格、志趣、能力等條件〔註11〕，就儒家的《四書》來說，我們在理解其文句的意義時，自然會將之放在儒家體系的背景下來理解，這是有其文化上的制約的，而不是單獨地將某句話孤立起來看。但就蕅師的會通儒釋來說，取消、忽略儒典中某句話的儒家文化背景，然後再從佛教的角度來發揮，便可達到以佛解儒的效果，如在《論語點睛》中，『季路問事鬼神。子曰：「未能事人，焉能事鬼。」「敢問死？」子曰：「未知生，焉知死。」』（〈先進〉）一節，蕅師解曰：

> 季路看得死生是兩橛，所以認定人鬼亦是兩事。孔子了知十法界不出一
> 心，生死那有二致，正是深答子路處。（頁162）

就原文來說，我們在理解孔子答季路的話時，通常會把儒家人文主義的精神作為背景來看，而認為孔子對鬼神採取的態度是「敬鬼神而遠之」，所以「子不語怪力亂神」，都是依於人文主義的立場。這在儒家有其思想的源流及整體的精神取向。但如果把這背景、這語境中的文化制約忽略過去，把這段引文孤立起來看，則蕅師圓融的解釋，用生死齊一，人鬼通貫的立場來解說孔子的答話，卻也不失為一種高明的解說，而使孔子的生死觀變成佛教式的了。再如『子曰：民可使由之，不可使知之。』（〈泰伯〉）一節，蕅師曰：

> 若但讚一乘，眾生沒在苦，故不可使知之。機緣若熟，方可開權顯實。不
> 可二字，正是觀機之妙。（頁141）

這句原文，就儒家的背景來說，是從施政、教化上來說的，因為王者制法宜民，則自無不順，能使民各得其性，天下日用而不知；若必事事家喻戶曉，則離析其耳目，惑蕩其心思，非但勢有所不能，且天下於是多故矣。但蕅師則忽略掉儒家教化、施政的文化背景，而將此句原文孤立起來看，於是這句話就成為救渡眾生的權實二智

〔註11〕西禎光正：〈語境與語言研究〉，收入西禎光正編：《語境研究論文集》（北京：北京
語言學院出版社，1992年），頁31。

的運用，或說三乘、或說一乘，依眾生根性，隨機異說，本著悉檀益物的方便善巧，到了機緣成熟，方可開權顯實。這樣的詮釋是忽略了語境中的儒家文化制約，從而予以佛教觀念的解說的。此外，如『子曰：古之學者為己，今之學者為人。』（〈憲問〉）藕師曰：

> 盡大地是個自己，所以度盡眾生，只名為己。若見有己外之人可為，便非
> 真正發菩提心者矣。（頁189）

這段原文所呈顯的意含，學者所學的內容，是學先王之道，自善善他之方也，而且重點放在為己者成己而已，而為人者但求人知，有求名之心，故此二者之差別須明辨之。而藕師的解文，不但忽略儒家文化的背景，而且把為人、為己的差別也建立在「自他不二」的思想脈絡中，所以說「度盡眾生，只名為己」，成為佛教「心外無法」的解說。又如『子曰：有教無類。』（〈衛靈公〉）藕師解曰：

> 佛菩薩之心也。若使有類，便無教矣。（頁204）

儒家教育普及的觀念，成為佛教普渡眾生的思想。又如《中庸直指》，『博厚，所以載物也；高明，所以覆物也；悠久，所以成物也。博厚配地，高明配天，悠久無疆。』一節，藕師曰：

> 用處既皆豎窮橫遍，所以覆載成物，能與天地合德。此言與天地合德，亦
> 且就人間分量言耳，實則高天厚地，皆吾依報之一塵。（頁59）

儒家天地的觀念，被藕師放在佛教中的宇宙觀來看，成為過去宿業召感得來在環境方面的果報（依報），就佛教的說法，小世界之上有中世界，中世界之上有大世界，乃至二十重華藏世界、無窮盡之十方世界海，真是廣大無邊，不可思議；又天界來說，共分三界（欲界、色界、無色界）二十八層天〔註12〕，在這種世界觀下，難怪藕師要說「高天厚地，皆吾依報之一塵」了。

　　諸如此類，儒典的文句，其語境中的儒家文化背景的制約被忽略了，從而對其文句所呈顯的事件或狀態，用佛教的觀念來加以說明，而成為「以佛解儒」的模式，這樣的詮釋方式，在藕師的《四書藕益解》中，比比皆是，不一而足。至於這種詮釋方式，和前項所述的「文字多義性」的運用，嚴格來說，其道理是一樣的。如前文所述，文字的意義是建立在前後文的關係之中，並不能孤立地固定某一字詞的涵義；而同樣的，對一個句子或一段話所呈顯出來的意含，也必須放在事實的前後文、社會風俗的前後文、歷史文化的前後文中來理解〔註13〕，也就因為如此，在儒家的

〔註12〕佛教的宇宙觀，可參考熊琬：《宋代理學與佛學之探討》（臺北：文津出版社，民國80年）第四章相關部分之整理，十分明晰。

〔註13〕戴華山：《語意學》（臺北：華欣文化事業中心，民國71年），頁79。

文化背景被抽離或忽略時，便可以代之以佛教的脈絡和觀念，從這個關鍵來轉換，蕅師便是如此地「開權顯實」，從儒典的語詞文句作為轉化點，遮撥點化，而順以佛教義理的解說，以此來會通儒釋。

參、以佛況儒——思考模式的類比

對於同樣的一個有理路、有層次的思考模式或思考架構，其內在的邏輯排列有類似性者，可以用在儒家，同樣也可以用在佛教。譬如同樣就修行、修養來說，在儒者是希望能成聖賢，而在佛教則願能解脫成佛。雖然其修養內容並不一致，各有自己的一套工夫論；而其終極目標也不一樣，但二者同樣須經過一番努力，朝著各自的目標前進，其基本精神是相同的，在佛教稱之為「精進」，在儒者叫做「自強不息」。在這類屬於「共法」（一種可以通用的思考模式）的地方，蕅師發掘了會通儒佛的契機。在儒家是如此，在佛教亦莫不然，人情之所同處，此心同也，此理同也。所以在《四書蕅益解》中，有時會發現蕅師註明「佛法釋者」或「觀心釋者」或「猶如……」等字眼，在這些地方，蕅師就是把儒典原文的思考模式，其內在的邏輯架構析出，而套在佛法上說，或是套在觀心的修行上來講。此種詮釋方式仍是忽略儒者在言語活動中，說這句話時的立場與文化背景等，但與前項「以佛解儒」則有一點點小差別，即是「以佛解儒」的方式，是較為直接地就儒典文句所呈顯出來的事件或狀態，直接用佛法來詮釋；而此項詮釋方式——思考模式的類比，則是析出儒典原文的思想結構之骨架，而比擬於佛教觀念中思考模式的邏輯排列和它相似的部分，有「比喻」、「譬喻」的性質，而讀者在閱讀這一類詮釋方式的解文時，會覺得原文中儒家的說法並未被轉換掉，只是同一種道理，放在儒家或佛教，都可以講得通，而呈現出儒、佛並列地存在的情形，所以是一種「以佛況儒」的詮釋方式。例如《大學直指》中，『湯之盤銘曰：苟日新，日日新，又日新。』一節，蕅師曰：

> 欲誠其意，莫若自新。自新者，不安於舊習也。我法二執，是無始妄習，
> 名之為舊；觀我法空，是格物致知，名之為新。苟者，斬然背塵合覺也；
> 日日新者，不肯得少為足；又日新者，不肯半途而廢。（頁16）

所謂「不肯得少為足」、「不肯半途而廢」，正是「日新又新」的寫照。雖然蕅師是將之放在「背塵合覺」的佛教脈絡來說，但並不妨礙原文的意含，因為原文只是提出「日新又新」這樣一個原則性的看法而已，並沒有落實到具體的內容上說。同節釋文中，蕅師又說：

> 又，苟日新者，斷分別二執；日日新者，斷俱生二執；又日新者，斷二障
> 種子。（同上）

江謙居士補註曰:「分別二執者,由無始以來,種子內熏,兼隨外緣邪見分別之粗執;俱生二執者,全由種子內熏,不待外緣邪教,無始以來,與身俱生之細執也;粗執易斷,細執難斷。我執又名煩惱障,障大涅槃故;法執又名所知障,障大菩提故。二障種子斷,則現行不生。」這裡蕅師另從斷二執、除二障來解說,解說的角度不同,但取其「日新又新」的道理卻是一樣的。日新又新,精進不已,不論在儒在佛,都是提撕學者的箴言,此即所謂心同理同,人情之所同處,天下莫不同也。又如在《中庸直指》中,『在下位不獲乎上,民不可得而治矣。獲乎上有道,不信乎朋友,不獲乎上矣。信乎朋友有道,不順乎親,不信乎朋友矣。順乎親有道,反諸身不誠,不順乎親矣。誠身有道,不明乎善,不誠乎身矣!』一節,對於這段原文前後相次型的次第性論述,蕅師便將之放在佛教的脈絡中,而曰:

> 佛法釋者:不得佛道,不能度生;不合菩薩所行之道,不成佛道;不以持
> 戒,孝順父母師僧三寶,不合菩薩所行之道;不信一體三寶,不能持無上
> 戒;不悟本來佛性,不能深信一體三寶也。(頁53、54)

將原文的語法,套上佛教的觀念來比擬,這種「以佛況儒」的詮釋方式,便成為蕅師會通儒釋的另一種方法。同樣的方法,也可以運用在佛教修行的「觀心法門」上面,如『天地之道,可一言而盡也,其為物不貳,其生物不測。』一節,蕅師曰:

> 誠理,全體即具大用;人證之而內外一如,天地亦得此理,而體用不二。
> 為物不貳,即是體;生物不測,即是用,由攬全體,故具全用。觀心釋者:
> 觀一念中所具國土千法,名為天地為物不貳;正是一切惟心,若非惟心,
> 則天是天,地是地,安得不貳。(頁59、60)

蕅師先用「誠理」之精一來解說「不貳」,若人能體會此精一之誠,則「內外一如」;若天地得此精一之誠,則「體用不二」矣。緊接著,蕅師便將之放在佛教修行的「觀心法門」上來比擬,以「一切惟心」的「惟心」來掌握精一不貳的道理,此精一不貳之理,放在佛教的觀心脈絡來說,講法雖然不同,但重要性卻無二致,不論在儒在佛,同樣被強調著,在這裡,蕅師又從這種思考模式的類似性上,「以佛況儒」地來會通儒釋二者。此外,又如《論語點睛》中,『子曰:仁遠乎哉?我欲仁,斯仁至矣!』(〈述而〉)一節,蕅師釋曰:

> 欲二〔案,當作「仁」〕即仁,仁體即是本來至極之體,猶所云念佛心即
> 是佛也。(頁136)

此節江謙居士補註曰:「仁之量,豎窮橫遍,可謂遠矣;然不出我現前介爾一念之心,則遠近一如也。幽溪大師《淨土生無生論》偈曰:『法界圓融體,作我一念心,故我念佛心,全體是法界。』」孔子以為仁並不遠,欲仁則仁至,猶如佛教所謂的「念佛

心是佛」，佛亦不遠，念佛心即是。在這兩種相似的思考模式下，藕師便以佛教的講法來比擬，來解說儒典文句，從而會通了儒佛。此外，如『子夏爲莒父宰，問政。子曰：「無欲速，無見小利。欲速，則不達；見小利，則大事不成。」』（〈子路〉）藕師曰：

> 觀心者，亦當以此爲箴。（頁 179）

正說明了同一道理，運用在儒者的爲政或是佛教修行的觀心，都是一樣的，理之所同然而天下莫不同也。又如『子曰：學而不思則罔，思而不學則殆。』（〈爲政〉）藕師曰：

> 學而不思，即有聞無慧；思而不學，即有慧無聞。罔者，如人數他寶，自無半錢分也。殆者，如增上慢人，墮坑落塹也。（頁 93）

在原文，孔子只是提出一個原則性的看法，並沒有具體地落實所學的內容爲何（雖然一般在理解時會以儒家文化背景作爲語境的制約來理解），因此藕師雖然將之放在佛教聞與慧的脈絡來解說，卻也不妨礙原文之自成一原則性的意含指向。又如『子曰：人無遠慮，必有近憂。』一節，藕師曰：

> 未超三界外，總在五行中。斷盡二障，慮斯遠矣。（頁 198）

原文只是要人有遠見，有長遠的計劃，這樣才不會有眼前的憂患。這樣一原則性的箴言，不論是爲學、做人、從政、經商、讀書、修行……都能適用，幾乎涵蓋任何層面，因此，即使是藕師放在佛法脈絡來解說，仍能保存此句原文的含意，而不致有被代置、被轉換的感覺。這就是藕師另一會通儒釋的方式——「以佛況儒」，成爲《四書藕益解》的詮釋體式之一。

在以上所述的三種會通儒釋的方法中，以第三種「以佛況儒」的方式，最能妥貼的切入原文，融合無跡，而不致使讀者覺得增文解經。這是因爲這種詮釋方式，只是思考模式的類比，在儒典原文與藕師釋文中，二者的脈絡、關節，均有其貼切相似之處，且保留了原文的意含指向，不致使原文的含意隱而不彰。至於前二種「文字多義性的運用」及「以佛解儒」的類型，由於其作爲轉換之關鍵僅爲字詞或文句意義的別解這樣的一個「點」，從這個「點」出發再加以引申發揮，其符應面較小，而擴散的成分則較重。因此，容易使讀者覺得增文解經，如《論語點睛》中，『子張問仁於孔子，孔子曰：「能行五者於天下，爲仁矣。」請問之，曰：「恭、寬、信、敏、惠。恭則不侮，寬則得眾，信則人任焉，敏則有功，惠則足以使人。」』一節，藕師解曰：

> 要以此五者行於天下，方是仁，不得捨卻天下，而空言存心，以天下不在心外，而心非肉團故也。（頁 212）

子張問仁於孔子，孔子就「行」上答覆，絲毫不及居心問題，只是就「事」上來顯「仁」〔註14〕，但蕅師則把重點落在「仁」之心體上來討論，從「仁」與「天下」的對應關係轉換爲佛教的觀念，詮釋爲「心外無法」的佛教義理，並且反過來強調「不得捨卻天下而空言存心」，正是此一「心外無法」義理之引申發揮。由於與原文義理的著重點不同，使讀者有「增文解經」之感，因此，在詮釋的效果上，就不如「以佛況儒」那樣的扣緊原文脈絡來得嚴密妥當。但從另一方面來說，在介紹佛教思想給讀者時，這種引申發揮的方式，卻也不失爲一重要而方便的弘法法門。

第三節　《四書蕅益解》的詮釋理路

　　《四書》這部儒家的典籍，歷來經過許多詮釋者的注解，在其詮釋史上，呈現著多樣化的面貌。譬如在玄學盛行的魏晉時代，它就曾蒙上一層玄學的色彩，就拿《論語》來說，何晏、孫綽、郭象、顧歡等人，便多以有無虛靜等論點來注解發揮，這種以道家之學說，釋儒家之經典的方式，乃玄學家之經學也〔註15〕。而蕅師的《四書蕅益解》，不待說，是站在佛教的立場來詮釋的。也就是說，蕅師在注解《四書》時，其與《四書》這部開放的詮釋體〔註16〕所互相交流、互相投射的內容，是佛教的思想。藉由蕅師以佛教思想對儒書進行詮釋的活動，《四書蕅益解》便呈現出儒釋調和的傾向。但儒家有調和論，佛家亦有調和論，主張調和論者，雖有融合儒、釋的雄心，但往往是以某一思想體系爲基礎，而兼融他家〔註17〕，就《四書蕅益解》來說，無疑地，是以佛教爲立場來融攝儒家、調和二者的。而詮釋的理路，從佛教的思想內容出發，又可分爲三種進路——一、虛妄唯識。二、性空唯名。三、眞常唯心。這三系是近人印順法師在《契理契機之人間佛教》一書中，對大乘佛學的分法〔註18〕，就蕅師在注

〔註14〕所舉此例見林政華：〈蕅益祖師之論語教〉，《華梵佛學年刊》第六期，（民國78年），頁46、47。

〔註15〕如馮友蘭：《中國哲學史》附補編（臺北：藍燈文化事業股份有限公司，未註明出版年月），頁612～614所列舉各條。

〔註16〕蘇美文：《章太炎《齊物論釋》之研究》（臺北：淡江大學中國文學研究所碩士論文，民國82年）第三章第一節，討論到《莊子》一書爲開放的詮釋體時，認爲各式各樣與傳統經典互融的詮釋方式與內涵，方是詮釋活動最大之意義，由此不僅展現語言文字本身的開放度，更連結著詮釋者本身的心靈情境及過去、現在、未來之歷史感受，此乃詮釋體與詮釋者二者互贊相成的。（頁158）

〔註17〕蔣義斌：《宋代儒釋調和論及排佛論之演進》（臺北：臺灣商務印書館股份有限公司，民國77年），頁4。

〔註18〕印順法師：《契理契機之人間佛教》（臺北：正聞出版社，民國79年），頁16。

解《四書》之當時，或未必有此三種進路之自覺，但吾人今日就《四書蕅益解》一書的內容來看，則蕅師之思想面實可涵蓋此三系，只是偏重點有程度上的差別罷了。再者，為筆者行文說解之方便，今依此三種不同的進路，來探討《四書蕅益解》一書的詮釋理路，茲分述於後。

壹、儒釋調和之基礎──以佛為開放體來融攝儒

蕅師的《四書蕅益解》，其意趣之歸依均指向佛教的觀念、義理，因此很明顯的，這是站在佛教的立場來詮釋《四書》的。但我們無法只因為詮釋對象是儒家的典籍，而詮釋者是佛教的立場，就率爾指出《四書蕅益解》是一部儒釋調和的著作，因為這樣籠統的說法並不能釐清《四書蕅益解》是屬於哪一型的調和論？是以儒融攝佛或是以佛融攝儒？其調和又是調和到什麼程度？……等等的問題。譬如說，我們可以指出：「宗教都是勸人為善的」，因而儒教是勸人為善，佛教也是勸人為善，所以二者都是一樣的。在這個例子中，調和的基礎就是建立在「勸人為善」這個共同點上。至於《四書蕅益解》，其調和的基礎是建立在哪裡呢？《中庸直指》卷末語云：

> 但此皆用《法華》開顯之旨，來會權文，令成實義，不可謂世間儒學，本與圓宗無別也……若欲令究竟同，除是開權顯實，開跡顯本，則又必歸功《法華》，否則誰能開顯，令與實相不相違背。（頁72、73）

這是蕅師自述的注解方法，也是他調和儒釋的依據。所謂「開權顯實」者，天台宗的智顗大師認為《法華經》的作用，即在說明如何將藏、通、別三教的「權」與「粗」解說清楚，讓它們轉化為「實」與「妙」的圓教，這就稱為「開權顯實」或「開粗顯妙」。「權」是方便、權宜的意思，亦即是暫時性的方法或手段，因此最後要被永久性、真實性的「實」所取代，而藏、通、別三教，就其可以作為走向圓教的階梯這一層意義來說，它們的「權」與「粗」也可以稱為「實」與「妙」了〔註19〕。這樣的方式被蕅師運用到注解儒家的典籍上面，使《四書》的「權」，透過《法華經》「開權顯實」的宗旨，而能作為走向圓教的階梯，而開顯其「實」，終而達成會通儒釋，甚至是引儒入佛的目的。基於這個原則的運用，蕅師在《四書蕅益解》中，將天台的性具法門、一念三千、開權顯實、六即思想……等觀念，發揮得淋漓盡致。這些思想構成了《四書蕅益解》很大部分的內容，也是蕅師「現前一念心」思想體系建構的根基。而《四書蕅益解》一書，最主要最特殊的表現，即在於「現前一念心」獨特的思想及《起信論》「一心開二門」，隨緣不變，不變隨

〔註19〕楊惠南：《佛教思想發展史論》（臺北：東大圖書股份有限公司，民國82年），頁331。

緣，性修不二〔註20〕的思考架構，它們不但隨著每節可供發揮的原文，多次重複地呈現著，甚至整部《大學直指》及《中庸直指》，即是由這個架構通貫全書前後，而成為其整體之思想骨架的，這可以從蕅師在此二書中自擬之綱領看出來（詳見第三章前二節），在這裡有一個重要的意義，即是蕅師對《四書》的詮釋，不只是透過《四書》來介紹或發表他的「現前一念心」的佛教思想而已，他不但介紹了這些思想內容，同時還依據這個思想體系的模式，重新架構了《大學》和《中庸》，使得儒釋調和在《四書蕅益解》中，不是鬆散零亂的存在，而是有機的，嚴密的組合起來。因此，我們可以發現，《四書蕅益解》的儒釋調和的基礎，是建立在蕅師「現前一念心」的思想架構上的，而這個架構的特點，即在於即妄顯真，即妄即真，使一切法都被圓融地觀待了。在此一架構中，生滅與不生滅，真心與妄心，一與一切，性與修，心與境，自與他，乃至儒與佛，其相對性、差異性都被消弭了，而圓融地統一起來。由此可知，這是佛教思想中有其開放的、圓融的性格，在遭遇到其他思想時，能在自己的思想體系下將對方消融、收攝進來；而在儒家的思想，則較強調差別性，如「親親而仁民，仁民而愛物」，愛是差等有別的，一層層地擴展出去，正如《中庸》所言：『親親之殺，尊賢之等，禮所生也。』這樣的差別性，正是家庭倫理、社會倫理乃至政治倫理等倫理關係的規範所產生的根源，是以當季氏僭禮而在宗廟之庭作八佾之舞時，孔子要氣得說：「是可忍也，孰不可忍也！」了。至於儒者的態度，則亦有較強的排他傾向，如孟子的「距楊墨，放淫辭，邪說者不得作。」（〈滕文公下〉）韓愈的排佛、諫迎佛骨，及程朱的闢佛之力，都表現出強烈的排他性。李曉東〈經學與宋明理學〉就提出：「歷代都有不少極力反佛的儒生，卻幾乎沒有公開反儒的佛教徒。」〔註21〕對於這種現象，他是站在對本土文化的認同感與親切感的角度來解釋，但這何嘗不是由於儒、釋兩家思想基本性格的差異所致。《四書蕅益解》一書的儒釋調和主張，就在佛教的開放、圓融的基礎上融攝了儒家而得以完成。

貳、儒釋調和的三種進路

　　《四書蕅益解》一書中，所呈現的以佛教思想為調和基礎的調和論，就其詮釋之理路而言，從佛教思想出發，又包含了大乘佛學的虛妄唯識、性空唯名與真

〔註20〕聖嚴法師認為：蕅師的「性修不異」就是性相融會的理論依據，這是來源自《起信論》的真如隨緣說，它和天台宗的思想之間，可能有著少許的差異。蕅師之所以特別重視《起信論》，極讚它是一部「圓極一乘」的論書，這和《起信論》之為「性相總持」，可作為性相融會的根本依據，有很大的關係。說見聖嚴法師著，關世謙譯：《明末中國佛教之研究》（臺北：臺灣學生書局，民國77年），頁453、454、462、463。

〔註21〕同註6，頁3。

常唯心三系。但中國佛教的主流，可以說是如來藏說真常唯心這一系的，尤其宋末以來，中國佛教傾向於融會，如來藏說也就成為大乘的通量〔註 22〕。從《四書蕅益解》中，蕅師最主要的「現前一念心」的思想及《起信論》真如隨緣的思想架構，就可以說明這一點，甚至在《四書蕅益解》中，虛妄唯識的思想是會通了如來藏學的（詳見第三章第一節），而性空唯名的思想也是與真常雜糅的（詳見第三章第二節），可知全書的重心，仍在真常唯心一系。以下就此三系在《四書蕅益解》中所呈現的理路，分述於下：

一、虛妄唯識──這一系的思想，表現在《四書蕅益解》中，有幾個重點：

（一）唯識無境及轉識成智：此點詳於第三章第一節，此處不贅述。

（二）種子與現行：這是蕅師以唯識家說明萬法與識體相互關係的思想，作為《大學》修身與正心關係的注解。《大學直指》中，『所謂修身在正其心者，有所忿懥則不得其正，有所恐懼則不得其正，有所好樂則不得其正，有所憂患則不得其正。』一節，蕅師曰：

> 身者，前六識身也；忿懥、恐懼、好樂、憂患，即貪瞋癡等根隨煩惱也。
> 現行熏成種子，故使第八識心，不得其正。（頁 19）

此節從現行熏成種子來說，由於染法熏習，故使第八識心不得其正，而接著下一節，『心不在焉，視而不見，聽而不聞，食而不知其味，此謂修身在正其心。』蕅師曰：

> 第八識體，本自無所不在，亦無所在，唯其受染法熏，持染法種，隨彼染
> 法所起現行，為視、為聽、為食，而見聞知之妙性，遂為彼所覆蔽矣……
> 故前一節，深明現行熏種子之失；此一節，深明種子生現行之失，身心相
> 關若此。（頁 19）

此節由種子生現行來說，由染法種受熏而起現行，與前一節所述恰恰互為因果。種子生現行，現行熏種子，在本體界與現象界之間建立了此種關聯性，而以此來解說身（前六識身）與心（第八識心）關係的密切。

（三）唯心識觀：由於心外無實法，故在修行上成立唯心識觀的觀法。關於「三界唯心」與「萬法唯識」二者說法的同異問題，蕅師在〈教觀要旨答問十三則〉中，答道：

> 心識通有真妄，局則心約真，識約妄。唯心是性宗義，依此立真如實觀；
> 唯識是相宗義，依此立唯心識觀。料簡二觀，須尋《占察行法》，方知同
> 而異、異而同矣。〔註23〕

〔註22〕見印順法師：《如來藏之研究》（臺北：正聞出版社，民國 81 年），頁 3。
〔註23〕蕅師《靈峰宗論》卷三之三，同註 8，頁 10741。

這是蕅師依著《占察經》的唯心識觀配合唯識思想，再把真如實觀配合唯心思想，作為其性相融會論的依據〔註24〕。然而根據上引文，我們可以看出蕅師認為就唯識來說，是強調它虛妄的一面的；就唯心來說，是強調它真常一面的。因此，在「外所緣緣非有」的外境虛妄非實下，「作唯心識觀，了知天下國家、根身器界，皆是自心中所現物，心外別無他物也。」（《大學直指》，頁10）由此可知，蕅師運用「萬法唯識」的唯識思想配合《占察經》的唯心識觀，觀察外境的虛妄非實，在此一前提、基礎上，融會了天下國家、根身器界，乃至自與他等等的差別性。從唯識的思想出發，而成為蕅師《四書蕅益解》的詮釋理路之一，使得討論家、國、天下的這部政治學意味濃厚的儒典──《大學》，被收攝在佛法的脈絡中，達到了蕅師調和儒釋的目的。

　　二、性空唯名──《四書蕅益解》中，運用到性空學派的中觀思想時，常是所謂的「一心三觀」的「即空、即假、即中」的三諦論思想，是與真常雜糅的。然而有時亦有從「非斷非常」的「緣生正觀」來注解，掌握了龍樹學「八不緣起」的要義。在《中觀論頌・觀因緣品》中，開宗明義的一頌：

　　　　不生亦不滅，不常亦不斷，不一亦不異，不來亦不出。〔註25〕

印順法師認為八不的不，無自性的無，都是不能滯在假說相待上的，是要離執而超待的，離去自性的，這叫做「破二不著一」〔註26〕，也就是說，是一種「遮詮」的方式，而非「表詮」，這種「遮詮」的方式，《四書蕅益解》中亦間或有之，如《論語點睛》中，『子在川上曰：逝者如斯夫！不舍晝夜。』蕅師曰：

　　　　此歎境也，即歎觀也。蓋天地萬物，何一而非逝者；但愚人於此，計斷計
　　　　常。今既謂之逝者，則便非常：又復如斯不舍晝夜，則便非斷。非斷非常，
　　　　即緣生正觀。（頁149）

不落常、斷兩邊，合於佛法的中道。蕅師運用了性空唯名系的理路，在「畢竟不可得」的般若觀照之下，一切是如幻如化的緣起，一切的差別性也就消弭於無形，儒、佛亦得以調和。蕅師由此一佛教的脈絡來融攝儒家，成為他調和儒釋的另一詮釋進路。

　　三、真常唯心──這一系的理路，是《四書蕅益解》中的主流，前文已有論述。除了前文已述及的「現前一念心」及《起信論》真如隨緣模式之進路外，天台宗的思想亦佔了很大部分，充滿在字裡行間。且蕅師並由「十法界互具」的圓滿無缺而又收攝於一心的圓融無礙，開展出「三界唯心」的「真如實觀」的觀法，作為消融差別性的基礎，如「知十法界即我之本性」（頁47）、「十法界不離一心」（頁46）、「富

〔註24〕聖嚴法師前揭書，頁417。
〔註25〕《大正藏》第三十卷1頁中。
〔註26〕印順法師：《中觀論頌講記》（臺北：正聞出版社，民國81年），頁57、58。

貴亦法界，貧賤亦法界，夷狄患難亦法界，法界無行，無所不行，一心三觀，觸處圓明。」（頁 47）把富貴、貧賤、夷狄、患難等種種差別一皆消融於法界之中，而收攝於本自具足的一心之內。「法界」是一切法普遍的絕對真理，古人稱之為「一大總相法門」，與「真如」之為一切法的本性，無差別、變異，本來沒什麼不同，但比較傾向於「大一」，有從法界來了達一切法的意思〔註27〕，這一思想進路，在《四書蕅益解》的詮釋理路中，又成為蕅師之儒釋調和的另一方便法門。

除了天台宗思想外，屬於真常唯心一系，而表現在《四書蕅益解》的，還有華嚴、禪宗等。蕅師間或引用華嚴「一即一切，一切即一」的思想，如《中庸直指》『天地之道，博也，厚也，高也，明也，悠也，久也。』一節，蕅師曰：

> 天地全是一誠，故各全具博、厚、高、明、悠、久六義。若以博厚單屬地，高明單屬天，即與前文分配之文何別，何必更說；且與為物不貳之旨有妨矣，思之。（頁 60）

天與地本是差別事相，卻又各具有六義，並且全體又是一誠，互不相礙，這有類於華嚴宗「事事無礙法界」的圓教思想。又如『今夫天，斯昭昭之多也；及其無窮也，日月星辰繫焉，萬物覆焉。今夫地，一撮土之多；及其廣厚，載華嶽而不重，振河海而不洩，萬物載焉。今夫山，一卷石之多；及其廣大，草木生之，禽獸居之，寶藏興焉。今夫水，一勺之多；及其不測，黿鼉蛟龍魚鱉生焉，貨財殖焉。』一節，蕅師釋曰：

> 昭昭、一撮、一卷、一勺之性，即是無窮、廣厚、廣大、不測之性。即於昭昭中能見無窮者，乃可與言博厚高明悠久之道，否則落在大小情量，全是遍計妄執而已。所以文中四個「多」字，指點令人悟此昭昭一撮之法界不小，無窮廣厚之法界不大也。（頁 60）

這更是明白的開示「一即一切，一切即一」之理，「昭昭一撮之法界不小，無窮廣厚之法界不大」，由此遣除了大小情量之差別性，一一相攝相融，無盡無礙。這樣的圓教思想，在《四書蕅益解》中，又為儒釋之調和提供了另一種思想進路。

此外，禪宗公案式的參悟，蕅師亦將之運用於《四書蕅益解》中，這種以心印心，不落言詮的點撥，亦為其詮釋理路之一，前文已提及（詳見第三章第三節），此處茲不贅述。

〔註27〕同註22，頁 35。

第五章 《四書蕅益解》在蕅益大師思想中的定位及其價值

第一節 作為蕅益大師思想圓熟之作品

　　《四書蕅益解》一書，是完成於蕅師四十九歲時，按照近人聖嚴法師的分法，是屬於壯年後期與晚年期之間的作品〔註1〕。在這個階段，蕅益大師經由《楞嚴經》及其特有的「現前一念心」的思想，對佛教內部諸宗發展了統一的理論，譬如性、相二宗的融會論；同時也對教外的儒家學說進行融會的工作。就儒家的典籍而蕅師加以注解之著作，尚有《周易禪解》一書，是完成於蕅師四十七歲時。誠如聖嚴法師所說，蕅師之為思想之大成者，乃在性相、禪教的調和，是在天台與唯識的融通，是在天台與禪宗的折衷，也是儒教與禪的融通，進而統括律、教、禪、密以歸向淨土〔註2〕。蕅師一生弘揚淨土法門不遺餘力，但就與儒教關涉的《四書蕅益解》、《周易禪解》、〈性學開蒙〉等書及文章，則著重在義理上的融通，因此在上述書文中雖然較少述及淨土法門的弘揚，但就為引儒歸佛而融會發揮之思想而言，卻已是十分圓熟。且不僅就其思想的本身來說是如此，即便是從蕅師面對《易經》及《四書》這樣的儒家典籍，而運用其佛教思想加以疏通整理、重新建構與詮釋來說，他在處理的功力上也顯得駕輕就熟，游刃有餘，使儒釋二者之間的關節脈絡，歷歷分明，井然不紊。這一方面是因為他的思想已到了圓熟的階段，而另一方面則是在他整合佛教內部的思想體系時已有

〔註1〕聖嚴法師著，關世謙譯：《明末中國佛教之研究》（臺北：臺灣學生書局，民國77年）第五章。

〔註2〕同註1，頁472。

過不斷的嘗試，如性、相二宗的融會等，諸如此類的經驗累積，使得他在面對更大的異質思想體系——儒家學說時，依然能本著他的圓教思想而將之收攝融通。由於蕅師的思想進程有著這樣的發展，因此在探討《四書蕅益解》在蕅師思想中的定位時，必先對他融會各種思想的傾向及他對不同思想間的同異差別，特別是他對儒與佛間的關係之看法有所認識，才能較準確地判斷其定位為何，茲分述於後。

壹、蕅益大師的融和思想傾向

蕅益大師是明朝末年佛教界中融和諸宗思想而集大成的大師，而其思想的總結，是禪、教、律、密的淨土歸向〔註3〕。就佛教來說，其實各宗都有其特色與立場，但蕅師卻積極地從事諸宗統一的工作。譬如《起信論》的真如受熏說與《唯識論》的真如不受熏說，以及性宗的一性皆成的立場與相宗五性各別的觀點，很明顯的有著說法上的根本差異，也成為大家申論的焦點；但蕅師卻極力主張這二者的差別，只是著眼點的不同，而以真如與識的「非定一」、「非定異」，以及五性差別的「非定無」、「非定別」來會通二者。真如與識非定一，如波動之時，濕性不動，這就是《唯識論》所說「真如不受熏」的意思，《唯識論》並不是指別有凝然真如來說不受熏的。至於真如與識非定異，譬如觸波之時即觸於水，這就是《起信論》所說「真如受熏」的意思，《起信論》並不是指真如會隨熏而變來說受熏的。總之，這是站在真如與識「非一非異」的角度來解說，其關係如水之與波，「真如不受熏」並非指真如與識為異，「真如受熏」也不是說真如與識為一，二者是「非一非異」的。蕅師用這樣的方式會通了二者，基本上還是站在性宗的立場來會通的。至於五性差別非定無，因為如果五性差別是定無，則如來不應為實施權，說三乘教；但五性差別也非是定別，因為如果是定別，則如來不應開權顯實，說唯一乘。蕅師在此運用權、實為樞紐而會通二者，其實仍是站在性宗這一面〔註4〕。由以上所述蕅師會通性、相二宗來看，蕅師確實有著很強烈的融合思想的態度，我們也可以從蕅師修行實踐的歷程與證悟來看何以蕅師會有思想融會的傾向。在蕅師自述的〈八不道人傳〉中，有如下的一段記載：

> 八不道人〔案：即蕅師自稱〕……二十四歲……夏秋作務雲棲，聞古德法師講《唯識論》，一聽了了，疑與《佛頂》宗旨矛盾，請問。師云：「性相二宗，不許和會。」甚怪之，佛法豈有二岐邪？〔註5〕

〔註3〕同註1，頁479〜481。

〔註4〕以上所引例，具見聖嚴法師前揭書，頁455〜458。

〔註5〕蕅師：《靈峰宗論》卷首「蕅益大師自傳」，收於《蕅益大師全集》（以下簡稱《全集》）第十六冊，（臺北：佛教書局，民國78年），頁10220〜10222。

正是因為對「佛法豈有二歧邪」這樣的信念之堅持，所以後來便毅然前往徑山坐禪，而得到如下的宗教體驗：

> 竟往徑山坐禪。次年夏，逼拶功極，身心世界，忽皆消殞，因知此身，從無始來，當處出生，隨處滅盡，但是堅固妄想所現之影，剎那剎那，念念不住，的確非從父母生也。從此性相二宗，一齊透徹，知其本無矛盾，但是交光邪說，大誤人耳。是時一切經論，一切公案，無不現前，旋自覺悟，解發非為聖證，故絕不語一人。久之則胸次空空，不復留一字腳矣。〔註6〕

由於得到如此的體悟，使蕅師體會到我們人類肉體的物質世界與心理活動的精神世界，並非是如實地存在，而凡夫所構思的身心世界，實際上，只不過是剎那生滅的幻影，與妄念的連續而已。現前的生理與心理的連續存在，與從父母受生當時的身心狀態，則完全是兩回事。因此，在佛教來說，相，指的是現象；性，則指的是實際。在實際的性與現象的相之間，其所存在的理念，只有一個，所以彼此之間完全沒有矛盾〔註7〕。也就是說，蕅師是從切實的宗教修持的體驗，直接契合佛法的精義，正是四依智：「依法不依人，依義不依語，依智不依識，依了義不依不了義」的精神，因此，他在《自相贊》中說道：「踢翻禪、講窠臼，掀開佛、祖頭顱」，又說：「踢破性、相兩家界限，翻倒南宗、北教藩籬」〔註8〕。這樣的「佛法豈有二歧邪」的信念，則更進一步演變為「大道之在人心，古今唯此一理」的三教同源觀，如其〈儒釋宗傳竊議序〉云：

> 大道之在人心，古今唯此一理，非佛祖聖賢所得私也；統乎至異，匯乎至同，非釋老所能局也。剋實論之，道非世間，非出世間，而以道入真，則名出世；以道入俗，則名世間，真與俗皆跡也，跡不離道，而執跡以言道則道隱，故曰：「形而上者謂之道，形而下者謂之器。」又曰：「君子上達，小人下達。」嗚呼！今之求道於跡者，烏能下學而上達，直明心性，迥超異同窠臼也？夫嘗試言之：道無一，安得執一以為道？道無三，安得分三教以求道？特以真俗之跡，姑妄擬焉，則儒與老，皆乘真以御俗，令俗不逆真者也；釋乃即俗以明真，真不混俗者也。故儒與老主治世，而密為出世階；釋主出世，而明為世間祐。至於內丹外丹，本非老氏宗旨，不足辯。
> 〔註9〕

─────────────

〔註6〕同註5，頁10222～10223。
〔註7〕同註1，頁309。
〔註8〕同註5，卷九之四，頁11624～11629。
〔註9〕同註5，卷五之三，頁11026～11028。

從這段文字很能看出蕅師的融合思想傾向，他將三教的藩籬打破，直接由此古今唯一的一心、一理談起，故不論是出世入世，也不論是眞是俗，皆是跡也，既不可分三教以求道，亦不可執一以爲道。在這種「唯一的眞理觀」之下，三教的差別只是執跡者所落的同異窠臼而已。〈儒釋宗傳竊議〉是蕅師五十六歲時的作品〔註10〕，可見從蕅師二十五歲時所得到的那次宗教體驗，解開他性、相二宗矛盾的疑惑之後，一直到他晚年，都是抱持著這樣的思想融合的傾向，而這樣的傾向，又是植基在其「唯一的眞理觀」的宗教體驗上面。我們可以從蕅師「學無常師，交無常友」而不願使自己歸屬於任何一宗一派的行徑；及他所尊敬的佛教界的前輩永明延壽與達觀眞可，二人都具有在禪、教兩方面俱通，理解與實踐兼具，從而排除性宗與相宗的藩籬，導向一個心性的軌轍〔註11〕等特色之類的線索來考察，蕅師本著這種「唯一眞理觀」的思想融合傾向，表現出對佛教諸宗的統一、甚至是儒、釋、道三教的整合，乃是貫徹他一生的基本立場。

貳、蕅益大師的儒釋調合論

蕅益大師的思想既有如上述的強烈融合的傾向，因此在他「唯一的眞理觀」的堅持之下，導致他對佛教界之外的儒學界，也進行了調合的工作。明朝在明成祖永樂年間，編纂了三大全書：《周易大全》二十四卷、《四書大全》三十六卷、《性理大全》七十卷，作爲科場考試的依準，而蕅益大師有關儒學方面的闡述，除了《四書蕅益解》之外，尚有《周易禪解》、〈性學開蒙〉等著作。聖嚴法師以爲，這是受了三大全書編纂的影響而作的〔註12〕，而由此也可以看出，蕅師對調合儒釋的努力，是有著全面的考量與認眞的態度來進行的。《周易禪解》和《四書蕅益解》一樣，都是在既有的儒典上加以注解，從而以佛教的思想加以會通。至於〈性學開蒙〉，這是一篇討論儒、釋二家思想同異權實問題的文字，文中蕅師對儒釋二家思想的關係細細地加以辨明，詳盡地予以論述，可以說是一篇總括蕅師對儒、釋二教相互關係之看法的專文，也可以看作是蕅師調和儒釋二教所依循的立場與宗旨。本目的重點，就放在蕅師另外兩種調合儒釋的著作——《周易禪解》及〈性學開蒙〉來討論，以期能更全面地觀察《四書蕅益解》這部書在蕅師思想中的定位。《周易禪解》一書，蕅師仍是採取隨經文注解的方式來闡發佛學義理。和《四書蕅益解》一樣，是以「現前一念心」爲中心，眞如隨緣不變和不變隨緣的架構來闡發佛教義理，而特別著重

〔註10〕同註1，頁99。
〔註11〕同註1，頁108、111、120。
〔註12〕同註1，頁16。

在具體修行的觀心法門之上。所以在《周易禪解》中，不僅就佛法義理的結構來解說太極、陰陽、八卦、六爻等概念，如書中所謂「佛法釋者」這一類是也；而且其著重點亦多放在定慧的修持上，以天台教學的止、觀法門擬配定、慧，而用來解說陰與陽這兩個概念，並以六爻的「位」、「中」、「正」、「應」、「比」等等陰陽關係適當與否的狀況來比擬定、慧修持的調配是否恰當，這些解說如書中所謂「觀心釋者」即屬此類。而蕅師是如何以佛法義理的架構來解釋《周易》一書呢？蕅師以爲「易」者，即是吾人不思議之心體，即是眞如之性。從易到太極、陰陽、四象、八卦的結構，可以從蕅師的〈性學開蒙〉一文中，總括地解說來看出：

> 當知易即眞如之性，具有隨緣不變、不變隨緣之義，密說爲易；而此眞如，但有性德，未有修德，故不守自性，不覺念起而有無明，此無始住地無明，正是二種生死根本，密說之爲太極。〔註13〕

以「易」爲眞如之性，以「太極」爲無明，則易與太極並非爲一，而其關係爲何？蕅師解釋『易有太極』（《易・繫辭上》）一語曰：

> 夫既云易有太極，則太極乃易之所有，畢竟易是何物，有此太極？儻以畫辭爲易，應云太極生天地，天地生萬物，然後伏羲因之畫卦，文周因之繫辭，何反云易有太極？易有太極，易理固在太極之先矣！設非吾人本源佛性，更是何物？既本源佛性，尚在太極先，豈得漫云天之所賦？
> 〔註14〕

可見易理固在太極之先，而爲吾人本源佛性，此佛性並非天之所賦，並非如子思《中庸》所謂『天命之謂性』一般，除非以《法華》的開顯妙旨來領會，將《中庸》作圓頓佛法解釋，使「天非望而蒼蒼之天，亦非忉利夜摩等天，即《涅槃經》第一義天也。」〔註15〕可知蕅師對於「性」與「天」的關係認定，透過「易」在「太極」之先而形成他的本源佛性爲中心的易學思想，於是以此本源佛性爲中心，透過眞如隨緣的思想來架構天地萬物，如《周易禪解・繫辭上傳》卷頭語云：

> 隨緣不變、不變隨緣之易理，天地萬物所從建立也。〔註16〕

而在不變的眞如本性與隨緣的天地萬物之間，蕅師透過「太極」爲「無始住地無明」的解說，以此作爲關鍵來把兩者的關係建立起來。將「太極」解說爲無明是很特殊的解法，由於「太極」是建立天地萬物的本源，所謂太極生兩儀、兩儀生四象、四

〔註13〕同註5，卷三之二，頁10712。
〔註14〕同註5，卷三之二，頁10711～10712。
〔註15〕同註5，卷三之二，頁10714。
〔註16〕蕅益大師著，蕭天石主編：《周易禪解》（臺北：自由出版社，民國77年），頁466。

象生八卦，由此推衍開來，涵蓋宇宙萬物，但若將「太極」解爲無明，則天地萬物一切有爲法，就將如《金剛經》中所說的：「一切有爲法，如夢幻泡影，如露亦如電，應作如是觀。」這樣一來，所建立的世界觀就是如幻如化，而非實有的了，而整個易學所展開的架構也就成爲佛教式的講法。再從《周易禪解》對同一句話『易有太極』的解釋來看：

> 是故易者，無住之理也。從無住本，立一切法，所以易即爲一切事理本源，有太極之義焉。〔註17〕

此處所言易爲無住本，立一切法，有太極之義焉，似乎與前說矛盾。但是如果我們從蕅師「現前一念心」隨緣不變，不變隨緣的思想來看，則眞如與無明的關係雖然非一，但亦非異，如〈示緒竺〉一文中曰：

> 如知水性冰性，同一溼性已，不於水外有冰，不於冰外覓水，而方便融冰成水，則念念常觀即心即佛，而不起上慢，時時上求下化不倦，而總名無作妙德、無功用行矣。〔註18〕

則眞如與無明，如水之與冰，同一溼性而已，非別有眞如可覓，亦非別有無明可滅也。知乎此，方能了解眞如隨緣思想之所以架構在易理的「不易」與「變易」上，而如〈示馬太昭〉一文中所謂：

> 又聞現前一念心性，不變隨緣，隨緣不變之妙，方知不易之爲變易，變易之終不易。〔註19〕

了解了蕅師這樣的思想結構，就不會認爲蕅師「對太極的解釋或爲眞如，或爲無明」，「由於出于比附，其對易學中範疇的解釋，往往不能自圓其說」〔註20〕了。

關於變易和不易的關係，蕅師進一步說：

> 夫所謂不易者，惟無方無體故耳。使有方有體，則是器非道，何名神、何名易哉！又不達無方無體，不惟陰陽是器，太極亦器也，苟達無方無體，不惟太極非器，陰陽乃至萬物亦非器也。周子曰：太極本無極也，亦可曰：陽本無陽也，陰本無陰也，八卦本無卦也，六爻本無爻也，故曰：陰陽不測之謂神也。陰陽設有方體，安得名不測也？〔註21〕

由於『神無方而易無體』，故推展周敦頤「太極本無極」一語，而可以說陽本無陽、

〔註17〕同註16，頁 508。
〔註18〕同註5，卷二之二，頁 10447～10448。
〔註19〕同註5，卷二之五，頁 10589。
〔註20〕朱伯崑：《易學哲學史》第三卷（臺北：藍燈文化事業股份有限公司，民國 80 年），頁 304。
〔註21〕同註5，卷二之五，頁 10589、10590。

陰本無陰、八卦本無卦，而六爻本無爻也。由於「無方無體」，蕅師便將之引導自「無自性」一義來發揮，使得易理與佛理交融會通，而曰：

> 《論》云：諸法無自性、無他性、無共性、無無因性，無性亦無性，無性之性，乃名諸法實性。噫！此易邪？禪邪？亦易亦禪邪？非易非禪邪？
>
> 〔註22〕

這是蕅師引用《中觀論頌·觀因緣品》「諸法不自生，亦不從他生，不共不無因，是故知無生。如諸法自性，不在於緣中，以無自性故，他性亦復無。」〔註23〕來作解說，因為自、他、共、無因四門皆不生，亦不可離此四門更說有生，因而知道諸法無自性、無他性、無共性、無無因性，乃名諸法實性。這是從佛教的義理來講解的，如果就《易經》來說，雖然是『神無方而易無體』，但這「無方無體」的「易理」，卻具有生化萬物的功能，所謂『生生之謂易』（〈繫辭上〉），易實是一創生本體。這如就蕅師〈性學開蒙〉中約跡約權的揀別判攝來看，由於儒是世法，佛是出世法，所以《易經》所云『太極生兩儀』是所謂「非因計因」，而非為正因緣法〔註24〕。若能由這個角度來理解儒佛的差別，則將更能了解蕅師融通易理與佛理其同異的關鍵。朱伯崑《易學哲學史》評論蕅師此段論述云：

> 按程頤依神易無方體，提出「易隨時變易以從道」，不否認變易的規律性，而智旭則導出否認陰陽變易規律性的結論。這也是儒學和禪學的差別之一。陸王心學主「心即理」，肯定心的活動自身具有規律性，以存天理為宗旨；而佛家則以無心為心的本體，以擺脫規律的約束為歸宿，此又是儒家心學同佛家心學的差別之一。〔註25〕

朱氏以為蕅師此段論述在於否認陰陽變易的規律性，並以無心為心的本體，以擺脫規律的約束為歸宿，所以朱氏將此歸納為儒佛差別的判準。事實上，佛教所謂的無生法，是不能破壞世俗諦的因果法則的，若以為無自性是否定了變易的規律，或是欲擺脫規律的約束，那麼就破壞了世俗諦中的因果關係，如此則芒果樹不一定生芒果，香蕉樹也不見得會長香蕉，世間的一切，完全被破壞了，這相當於無因論者的主張。無因而有果，正是蕅師「無無因性」所要破斥的。這一點，是必須加以辨明的。

由上所述，知道了蕅師以「太極」為無明這個關鍵後，則從而建立的幻化世界便依照陰陽、四象、八卦的體系，以順逆說為生死與還滅的佛教義理。〈性學開蒙〉

〔註22〕同註5，卷二之五，頁10590。
〔註23〕《大正藏》第三十卷 2頁中。
〔註24〕同註5，卷三之二，頁10709。
〔註25〕同註20，頁298。

續云：

> 因明立所，晦昧爲空，相待成搖之風輪，即所謂動而生陽；堅明立礙之金
> 輪，即所謂靜而生陰；風金相摩，火光出現，寶明生潤，水輪下含，即所
> 謂兩儀生四象也。火騰水降，交發立堅，爲海爲洲，爲山爲木，即所謂四
> 象生八卦，乃至生萬物也。名相稍異，大體宛同，順之則生死始，逆之則
> 輪迴息，故又云：『易逆數也』，亦既微示人以出世要旨矣。〔註26〕

這是引《楞嚴經》卷四解說「世界相續」的因緣一段而爲說的，原經文云：

> 妄爲明覺，覺非所明，因明立所，所既妄立，生汝妄能。無同異中，熾
> 然成異，異彼所異，因異立同，同異發明，因此復立無同無異。如是擾
> 亂相待生勞，勞久發塵，自相渾濁，由是引起塵勞煩惱，起爲世界，靜
> 成虛空，虛空爲同，世界爲異，彼無同異，眞有爲法。覺明空昧，相待
> 成搖，故有風輪執持世界。因空生搖，堅明立礙，彼金寶者，明覺立堅，
> 故有金輪保持國土。堅覺寶成，搖明風出，風金相摩，故有火光爲變化
> 性。寶明生潤，火光上蒸，故有水輪含十方界。火騰水降，交發立堅，
> 濕爲巨海，乾爲洲潬。以是義故，彼大海中火光常起，彼洲潬中江河常
> 注。水勢劣火，結爲高山，是故山石擊則成焰，融則成水。土勢劣水，
> 抽爲草木，是故林藪遇燒成土，因絞成水。交妄發生，遞相爲種，以是
> 因緣，世界相續。〔註27〕

《楞嚴經》對於世界的形成，從主觀的唯心論立場來談，因妄想起，而有如是的風、
金、火、水四輪，及由此而結成海、洲、山、木的說法，蕅師便援引來解說陰陽、
四象、八卦的體系，並且認爲「名相稍異，大體宛同」。但援引《楞嚴經》此說，重
點仍在於由眾生心體，一念不覺而起妄明，故整個世界的形成，仍是由無明所安立，
與「太極」說解爲無明的理路是一貫的。因此，在這個由無明所安立的世界中，「順
之則生死始，逆之則輪迴息」，更可以用佛教的流轉與還滅來解說，蕅師既以佛法的
義理鋪陳至此，則推而言之，更接上修證還滅的觀心法門。由於世界由無明安立，
則流轉與還滅的關鍵，皆在於『乾坤其易之門』一語。〈性學開蒙〉續云：

> 而『乾坤其易之門』一語，即流轉還滅逆順二修之關。以性覺妙明，本覺
> 明妙，非干修證，不屬迷悟；而迷則照體成散，寂體成昏，逆涅槃城，順
> 生死路，全由此動靜兩門，是名逆修，亦名修惡；悟則借動以覺其昏，名
> 之爲觀，借靜以攝其散，名之爲止，逆生死流，順涅槃城，亦由此動靜兩

〔註26〕同註5，卷三之二，頁 10712、10713。
〔註27〕《大正藏》第十九卷 120 頁上。

門，是名順修，亦名修善。然修分順逆，性無增減；又雖善惡皆本於性，
而道必昇沈。〔註28〕

「修分順逆，性無增減」，此正蕅師一貫之「全性起修」、「全修在性」、「性修不二」
之教旨。由上所述，知蕅師雖主張動靜陰陽皆源自眞如之不守自性，不覺念起故有
無明而來，但如欲返回眞如自性，卻仍須借此動靜而修持觀、止二種工夫，由這裡
開展了《周易禪解》一書的觀心法門。《周易禪解・繫辭上》解『乾坤其易之蘊耶！
乾坤成列，而易立乎其中矣！乾坤毀，則無以見易，易不可見，則乾坤或幾乎息矣。』
一段曰：

蓋易即吾人不思議之心體，乾即照，坤即寂；乾即慧，坤即定；乾即觀，
坤即止。若非止觀定慧，不見心體；若不見心體，安有止觀定慧。〔註29〕

這正是把『乾坤其易之蘊耶』一語體會成止觀定慧而爲返迷歸覺的關鍵。因此在《周
易禪解》一書中，幾乎處處可以見到以「定」、「慧」作爲解釋六爻關係的「觀心釋
者」如何如何之解說，例如蕅師對〈解〉卦的解釋，在卦後總論六爻的文字中曰：

觀心釋六爻者，六三即所治之惑，餘五爻皆能治之法也。初以有慧之定，
上應九四有定之慧，惑不能累，故無咎。九二以中道慧，上應六五中道之
定，而六三以世間小定小慧，乘其未證，竊思亂之，故必獵退狐疑，乃得
中直正道。六三依于世禪，資于世智，起慢起見，妄擬佛祖，故爲正道之
所對治。九四有定之慧，固能治惑，以被六三見慢所負，且未達中道，故
必待九二中道之慧，始能解此體內之惑。六五以中道定，下應九二中道之
慧，慧能斷惑，則定乃契理矣。上六以出世正定，對治世禪世智、邪慢邪
見，故無不利。〔註30〕

這是以陰爻爲定，以陽爻爲慧，配合六爻的「位」、「中」、「正」、「應」、「比」等關
係之得當與否，而擬之以定慧相濟與否的得與失，作爲觀心修行解說。如初六乃陰
爻在陽位，故爲有慧之定；而九四以陽爻居陰位，故爲有定之慧。初六與九四相應，
則有慧之定相應於有定之慧，定慧相濟而惑不能累，故無咎，蕅師以此解說初六爻
辭『無咎』及小象『剛柔之際，義無咎也』之義。接下來以九二陽爻居內卦之中，
故爲中道慧，六五以陰爻居外卦之中，故爲中道定，此二者雖能相應，但是相鄰的
六三爲陰爻，象徵小人，卻居內卦之最高位，且陰爻陽位不正，品德與地位不相稱，
故喻以世間小定小慧，乘其未證而竊思亂之，故須獵退狐疑，乃得中直正道，蕅師

〔註28〕同註5，卷三之二，頁10713、10714。
〔註29〕同註16，頁514。
〔註30〕同註16，頁317、318。

以此解說九二爻辭『田獲三狐，得黃矢，貞吉』及小象『貞吉，得中道也』之義。
接下來以六三之德不稱位，比喻依世禪世智而起增上慢者，妄擬佛祖，故為正道所
對治，蕅師以此解說六三爻辭『負且乘，致寇至，貞吝』及小象『負且乘，亦可醜
也。自我致戎，又誰咎也』之義。接下來，以九四為鄰近的六三所負，且未達中道，
故以六三為拇，而以同為陽爻的九二為朋，朋至而拇解，以喻待九二中道之慧而解
其體內之惑，蕅師以此解說九四爻辭『解而拇，朋至斯孚』及小象『解而拇，未當
位也』之義。接下來，以六五中道定，下應九二中道慧為契理，以此解說六五爻辭
『君子維有解，吉；有孚于小人』及小象『君子有解，小人退也』之義。接下來，
以上六陰爻居陰位得正，且為外卦最高位，故喻以出世正定，能對治對應的六三之
世禪世智等邪慢邪見，蕅師以此解說上六爻辭『公用射隼，于高墉之上，獲之，無
不利』及小象『公用射隼，以解悖也』之義。這就是蕅師以定、慧等觀心法門來解
說六爻的典型範例。大體來說，蕅師是根據六爻所形成的位置對應關係之恰當與否，
而產生的卦象結構來解說，雖然同樣用的是定慧對釋的方式，但運用時非常靈活，
如〈坤〉卦之六爻，蕅師曰：

> 坤之六爻，皆約修德定行而言。初上二爻，表世間味禪之始終；中間四爻，
> 表禪波羅密具四種也：二即世間淨禪，而達實相；三即亦世間亦出世禪；
> 四即出世間禪；五即非世間非出世禪。〔註31〕

又可以和乾爻對釋，續云：

> 初九有慧無定，故勿用，欲以養成其定；初六以定含慧，故如履霜，若馴
> 致之，則為堅冰之乾德。九二中道妙慧，故利見大人；六二中道妙定，故
> 無不利。九三慧過於定，故惕厲而無咎；六三定有其慧，故含章而可貞。
> 九四慧與定俱，故或躍而可進；六四定過于慧，故括囊而無譽。九五大慧
> 中正，故在天而利見；六五大定即慧，故黃裳而元吉。亢以慧有定而知悔；
> 戰則定無慧而道窮也。〔註32〕

可見此種注解方式實可靈活運用，不必拘泥一端，只要能相應於六爻位置關係所形
成的結構，而符合爻辭象辭所闡述的義理，則可以將佛教中種種類似卦象結構的觀
念予以類比解說。在〈乾〉卦「上九」的釋文後，蕅師曰：

> 統論六爻表法，通乎世出世間。若約三才，則上二爻為天，中二爻為人，
> 下二爻為地。……若約欲天，則初爻為四王，二忉利，三夜摩，四兜率，
> 五化樂，上他化。若約三界，則初欲界，二三四五色界，上無色界。……

〔註31〕同註16，頁54。
〔註32〕同註16，頁54、55。

若約家，則初爲門外，上爲後園，中四爻爲家庭。若約國，則初上爲郊野，
中四爻爲城内。若約人類，則初民，二士，三官長，四宰輔，五君主，上
太皇或祖廟。……若約六道，則如次可配六爻。又約十界，則初爲四惡道，
二爲人天，三爲色無色界，四爲二乘，五爲菩薩，上爲佛。若約六即，則
初理，二名字，三觀行，四相似，五分證，上究竟。以要言之，世出世法，
若大若小，若依若正，若善若惡，皆可以六爻作表法，有何一爻不攝一切
法，有何一法不攝一切六爻哉。〔註33〕

可見六爻表法的運用層面極廣，舉凡天時、地理、方位、家、國、一身、一世、六
道、十界、六即……幾乎無不可以六爻表法表之。這也可以看作蕅師作《周易禪解》
之方法與原則。

由於蕅師大量地引用佛教義理解說《周易》，尤其重視天台教學的方法論如止觀
法門等，且多以禪定爲說，故《周易禪解》一書通常被視爲佛教禪宗的修養經〔註34〕，
但就蕅師本人的思想來說，他並不以爲以禪解《易》是在惑亂儒宗，而是眞以《易》
爲有禪者，在〈示馬太昭〉文中，蕅師云：

予向拈《周易禪解》，信無十一，疑逾十九，嗟嗟，我誠過矣。然察疑者
之情，謂儒自儒，佛自佛，欲明佛理，佛經可解，何亂我儒宗。易果有禪
乎，四大聖人豈無知者？易果無禪乎，爾何人斯，敢肆異說！噫，予是以
笑而不答也。〔註35〕

接下來引陸象山悟後但曰東南西北海有聖人出，此心同也、此理同也，更不復談
及天地，豈非以無窮無盡之天地，總不出此心此理，而不復生有邊無邊諸戲論爲
說，以及〈繫辭上〉『範圍天地之化而不過，曲成萬物而不遺，通乎晝夜之道而知，
故神無方而易無體』一語，要讀者深思何以範圍天地、曲成萬物而又無體？既無
體矣，又以何物範圍天地、曲成萬物？因而反問「可謂聖人不知禪耶？」並引〈繫
辭下〉『易之爲書也，不可遠；爲道也，屢遷。變動不居，周流六虛，上下無常，
剛柔相易，不可爲典要，唯變所適。』一語而認爲後儒必以乾陽配天配君、坤陰
配地配臣等，是爲不知變通而執爲典要者，因而反問「是四聖之心耶？非四聖之
心耶？」又云：

馬太昭自幼留心易學，獨不以先人之言爲主，客冬聞台宗一切皆權，一切
皆實，一切皆亦權亦實，一切皆非權非實之語，方知《周易》亦權亦實，

〔註33〕同註16，頁17～20。
〔註34〕同註20，頁225。
〔註35〕同註5，卷二之五，頁10586、10587。

亦兼權實，亦非權實。〔註36〕

因而反問「此易耶？禪耶？亦易亦禪耶？非易非禪耶？」事實上，這是蕅師對「開權顯實」妙旨的靈活運用，已不再執著何者為權，何者為實，以權視之，則「一切皆權」，以實視之，則「一切皆實」，這如同〈周易禪解序〉中討論到《周易禪解》所解者是易、非易，亦易亦非易，非易非非易等四句，本皆不可說，但有因緣故，四句皆可說，因緣者，四悉檀也。即便是四悉檀不成，反成增益謗、減損謗、相違謗、戲論謗等四謗，亦將如置毒乳中，轉至醍醐，厥毒仍在，以喻其作《周易禪解》一書之影響力將潛移默化的存在，而其宗旨，則曰：

> 吾所由解《易》者，無他，以禪入儒，務誘儒以知禪耳。〔註37〕

但此處與蕅師述作《中庸直指》有一點小的差別。《中庸直指》中，蕅師明言乃秉《法華》開顯之旨而作，強調「不可謂世間儒學，本與圓宗無別也」（頁 72），且〈性學開蒙〉中言如此之解《中庸》，乃「智旭之《中庸》，非子思之《中庸》」〔註38〕，這是因為蕅師深信孔顏真有「出世心法」，而子思不能傳得孔子之道，故其《中庸》須得以開權顯實的方式，將之視為權文而令成實義；至於《論語》中的「顏淵問仁」章，及《易傳》，蕅師認為前者乃聖人傳心法之答問，而《易傳》乃孔子所作（《周易禪解》卷一之卷頭語），故其解文只是發揮其中密說不彰的奧義而已。如前文所論述，蕅師認為「孔顏心法」有出世的成分，其態度是認真的，故在〈性學開蒙〉中云：

> 若約實約本融會者，此方聖人，是菩薩化現，如來所使。《大灌頂經》云：佛先遣三聖，往化支那，所立葬法，南洲中最，三聖法化若在，如來正教亦賴以行……然三聖不略說出世教法，蓋機緣未至，不得不然。且如五天機熟，佛乃示生，而初倡《華嚴》，在會聾啞，不惟須說《阿含》以為漸始，兼立人天戒善，以作先容，況此地機緣，遠在千年之後，縱說出世法，誰能信之。故權智垂跡，不得不示同凡外，然即此儒典，亦未嘗不洩妙機，後儒自莫能察，及門亦所未窺，故孔子再歎顏回好學，今也則亡，深顯曾子以下，皆知跡而不知本，知權而不知實者也。〔註39〕

可見孔子實洩妙機，而曾子以下，皆莫能察，僅知跡、權而不知本、實者也。又，《周易禪解‧雜卦傳》前言曰：

〔註36〕同註5，卷二之五，頁 10589。
〔註37〕同註16，頁 1～4。
〔註38〕同註5，卷三之二，頁 10715、10716。
〔註39〕同註5，卷三之二，頁 10710、10711。

筆端眞有化工之妙，非大聖不能有此。〔註40〕

此強調非孔子大聖，不能作此傳也。而傳後結語云：

噫！讀此一章，尤知宣聖實承靈山密囑，先來此處度生者矣。不然，何其

微言奧旨，深合于一乘若此也，思之佩之。〔註41〕

此處更是明說孔子是承釋迦密囑而來度生者。明白了孔子在藕師心中的地位，將有助於我們了解在藕師儒釋調和的著作中，其詮釋活動進行時藕師所自居的角色，因爲純粹的「開權顯實」，與闡發經書中的奧義，其態度是不同的：在前者而言，如《中庸直指》，藕師是不打算探求作者原意的；而在後者言，如在《周易禪解》中，藕師是自認爲時或發揚孔子本心密旨的，因而將更能契合詮釋者之存在感受，透過此而進行的儒釋調和的工作，將是通過具體生命融合鍛鍊而來的，在效果上來說，會大大地超過前者。

《周易禪解》一書，雖和《四書藕益解》一樣，都是在既有的儒典上，以佛教的義理來注解，而其中心思想，也都環繞在藕師的「現前一念心」的眞如隨緣的架構上；但《周易禪解》一書，隨處可見的「觀心釋者」的注解方向，更加凸顯了藕師在一般以佛法義理解說儒家經典的「佛法釋者」外，也特別強調止觀的修證，也就是定、慧相濟的一面；這是受了天台教觀的影響，而大事採用了天台教學中的觀心說。從這裡透露出藕師想要折衷天台與禪宗的訊息，因爲在當時，禪宗與天台是有爭議的；由禪宗的立場來看天台宗，批評天台宗徒，只是一群說食數寶、尋章摘句、有聞無修的人而已。另從天台宗來看禪宗，批評禪者只是枯守蒲團、暗證無聞的野狐而已。這些問題的焦點，產生出離言與依言的論爭出來，藕師則以「道不在文字，亦不在離文字」加以會通，曰：

道不在文字，亦不在離文字：執文字爲道，講師所以有說食數寶之譏也；

執離文字爲道，禪士所以有暗證生盲之禍也。達磨大師以心傳心，必藉《楞

伽》爲印，誠恐離經一字，即同魔說；智者大師九旬談妙，隨處結歸止觀，

誠恐依文解義，反成佛冤。少室、天台，本無兩致，後世禪既謗教，教亦

謗禪，良可悲矣。〔註42〕

這是藕師強調「隨文入觀」、「隨文入證」、或「解行相須」等主張以折衷禪與天台的融合傾向〔註43〕。從這裡，我們可以看出藕師即使是在注解儒家的典籍時，仍深切

〔註40〕同註16，頁570、571。

〔註41〕同註16，頁577、578。

〔註42〕同註5，卷二之五，頁10577、10578，〈示如母〉一文。

〔註43〕同註1，頁462。有關藕師對天台與禪的調和，可參考此書第五章「以禪爲中心的

地表現出他融合佛教內各宗思想的態度。而《周易禪解》在觀心思想的強調上，是要比《四書薀益解》來得豐富的，這與薀師將《周易》陰陽的觀念，套在佛教止觀的觀心法上解說，有很密切的關係。

至於〈性學開蒙〉一文，更是薀師專門討論儒釋同異差別的文字，首先取《中庸》『君子尊德性而道問學，致廣大而盡精微，極高明而道中庸，溫故而知新，敦厚以崇禮』一節廣以舉例發揮，使「尊德性」與「道問學」，乃至「敦厚」與「崇禮」等等相對成文的語彙都能互涵互攝，而廣盡其意涵。其次平章朱子與象山之爭論，以爲象山猶如六祖本來無物，似頓悟；而朱子如神秀時時拂拭，似漸修，然或是將尊德性攝問學，或是將問學尊德性，皆是德性與問學兼具，舉其一而俱其二。關於以上所述這兩部分，薀師原文詳盡，此處不多贅述，茲就其第三部分，將儒家對佛教細辨其同異差別一段，論述於後。

在這一部分，薀師充分運用視角不同，則觀點亦隨之不同的論述方式，闡明儒佛之對應關係，文分五段：

一、名同義異者——以「德性」二字，及德性中所具「廣大、精微、高明、中庸、故、新、厚、禮」八義，雖同名曰「德性」，但隨著儒、老、夜摩等空居四天、魔天、四禪天、藏、通、別、圓等境界的不同，所蘊涵的八義亦皆隨之而異，薀師曰：

> 儒以天命爲性，修之上合於天者爲德；老以自然而然，強名曰道者爲性，復歸無名無物者爲德，一往判之是天乘，亦未盡天中差別，恐不過四王忉利法門，遠自人間視之，稱爲自然，及無名無物耳。推而上之……圓教以不生不滅常住眞心不縱不橫三德祕藏爲性，一心三智妙合如來藏理爲德。既德性一名，厥義各別，故所具八義，隨此皆異。儒但以洋洋發育爲廣大，乃至仰事俯育爲禮如前說耳。老則以生天生地爲廣大，杳冥昏默爲精微，神鬼神帝爲高明，專氣致柔爲中庸，長於萬古爲故，生一生二生三生萬物爲新，還淳反樸爲厚，守雌守黑爲禮……圓教則以介爾有心三千具足，豎窮橫遍無欠無餘爲廣大；三千性相互具互遍，一色一香無非中道爲精微；一心三智照窮法界爲高明；無作四念一心三觀爲中庸；即隨緣而不變爲故，所以一切諸法無非性具；即不變而隨緣爲新，所以權實因果施設無方；心佛眾生三無差別爲厚，所以上合無緣慈力，下合同體悲仰；而熾然常行與拔上侍諸佛下應群機爲禮，所以性遮諸業，一切皆成無盡戒體，皆名無

教理義學與戒律思想」、「天台教理與智旭」、「性相禪教的調融」、「天台與禪的折衷」等部分。

上道戒，是謂名同而義異也。〔註44〕

可見蕅師在這一段中，實在是以「德性」及「廣大」、「精微」……等八個語彙爲中心，將之放在各個不同的境界來發揮，所同者只是這幾個「名」，而其「義」則隨其立場之不同而各異也。嚴格說來，這是以儒家的語彙爲基礎，原則性地保存其意含指向，但卻廣爲引申其意義內容，成爲適合各個境界的解說，若認眞探究起來，這些語彙並非佛教所原有，故不能算是「名同」。

二、名義俱同而歸宗異者——蕅師曰：

> 不論儒老，色無色定，乃至藏通別圓，欲以至德凝道，必道問學以尊之；欲眞實學問，必尊德性以道之；欲證德性之廣大，必盡精微以致之；欲證德性之精微，必致廣大以盡之……是名義俱同，然如此問學，各尊其所謂德性，故儒成人間之聖，與天地參；老成天道之聖，爲萬化母；乃至藏通成三乘之聖，永超生死；別教成圓滿報身之聖，永超方便；圓教成清淨法身之聖，方爲眞能盡性，是歸宗永異。〔註45〕

這是說就工夫論而言，所遵循的幾個原則是大家相同的，但是其終極目標卻各各不同。

三、對絕二妙者——又分對待明妙與絕待明妙。所謂對待明妙者，這是以相對關係來立說，有上下層次的觀念，蕅師曰：

> 若以人望天，以欲界望色界，展轉乃至以別望圓，則彼廣大之外更廣大，精微之內更精微……若以圓視別，以別視通，乃至以天視人，則彼廣大精微等，皆悉有名無義，故以下望上，傳傳皆妙，以上視下，法法皆麤，此對待明妙也。〔註46〕

至於絕待明妙，則取消差異性，開權顯實，同歸一乘。蕅師續曰：

> 絕待明妙者，爲實施權，開權顯實，若別、若通、若藏、若天、若人，究竟同歸一乘，圓人受法，無法不圓，則法法皆妙。〔註47〕

能知道絕待明妙的道理，才能繼續討論以下揀收與融會兩段。

四、約跡約權揀收等者——從跡、權的立場來看，各境界是有其差異性的，則如何揀別其差異？蕅師曰：

> 揀之則全非。儒是世法，佛出世故；又此云天命爲性，《易》云太極生兩

〔註44〕同註5，卷三之二，頁10701～10707。
〔註45〕同註5，卷三之二，頁10707～10708。
〔註46〕同註5，卷三之二，頁10708。
〔註47〕同註5，卷三之二，頁10708、10709。

儀，並屬非因計因，不知正因緣法，見論所攝；夫婦父子等恩愛牽連，愛
論所攝。老子天法道，道法自然，是無因論，不知正因緣法，亦見論攝。
〔註48〕

這就是將之視爲佛教之外的外道來看，儒、老皆不知正因緣法。若不將之視爲外道，
而收攝在佛教境界差異的體系中，則儒、老又將何屬？蕅師曰：

收之則儒於五乘法門，屬人乘攝，所明五常，合於五戒，其餘諸法，半合
十善，未全同金輪王法也。老屬天乘，未盡天中之致，已如前說。究而言
之，總不及藏教之出生死，況通別圓邪？〔註49〕

可見能否「出生死」，是佛教對外教判攝之主要依據。雖然所判攝者在佛教境界體系
中所屬偏低，但這僅僅是約跡約權來看而已。

五、約實約本融會者——就這個角度而言，蕅師認爲此方聖人如孔子、顏回、
老子皆是菩薩化現、如來所使，只因機緣未至而示同凡外，但若知本、實，則即此
儒典來看，未嘗不洩妙機，而後儒只見跡、權，不能見其本、實者也。何以聖人不
明說本源佛性，卻說「易」呢？因爲凡夫久執四大爲自身相，六塵緣影爲自心相，
斷斷不能了解這即心自性，所以聖人運用悉檀善巧，而聊寄微辭。接下來蕅師便即
此《易經》總括其大旨，發明宣聖祕密微談（其內容已見前文所述），而強調孔子實
爲菩薩現身，信非虛倡；至於習而不察，過在後儒。接下來又秉《法華》開顯妙旨，
即《中庸》而作圓頓佛法解釋（其內容大抵同於《中庸直指》），而於文後強調此乃
蕅師之《中庸》，非子思之《中庸》也；但若子思實能了解蕅師所解之《中庸》，則
孔子當時急當印可之，也就不會顏淵一死而慟傷至曰：天喪予了〔註50〕。從這一段
的敘述，更可以清楚的看出孔子、顏淵二人在蕅師心目中的地位，是不同於其他儒
者的。

除了上述各角度之外，〈性學開蒙〉一文篇末，又以同、異爲中心，從各種視角
對三教進行比較，其文曰：

今約三聖立教本意，直謂同可，以無非爲實施權故也；約三教施設門庭，
直謂異可，以儒老但說權理，又局人天，佛說權說實，皆出世故也。約權
則工夫同而到家異，謂亦同亦異可也；約實則本不壞跡，跡不掩本，謂非
同非異可也。惺谷壽禪師云：爲門外人說同，否則以爲異端；爲入門人說
別，否則安於舊習；爲升堂人說亦同亦別，以其見理未諦，須與微細剖析，

〔註48〕同註5，卷三之二，頁 10709。
〔註49〕同註5，卷三之二，頁 10709、10710。
〔註50〕同註5，卷三之二，頁 10710～10716。

—96—

令知同中有異、異中有同；為入室人說非同非別，麤言細語，皆第一義，
又何儒釋可論？斯言得之。〔註51〕

從立教本意、施設門庭、權、實、工夫、到家及門外人、入門人、升堂人、入室人
等種種不同的角度而廣說同異差別，先不以儒與佛是定同或是定異，這樣的論述方
式較為圓融而面面俱到，避免在同異問題上起爭執，但總括〈性學開蒙〉一文來看，
蕅師的儒釋調和論是先肯定儒與釋有所異，既知其異方可進言其同，正如《中庸直
指》卷末語云：

不可謂世間儒學，本與圓宗無別也。觀彼大孝至孝，未曾度親成佛；盡性
之極，不過與天地參，則局在六合之內，明矣。讀者奈何堅執門庭，漫云
三教究竟同耶？（頁72、73）

三教若是究竟同，也用不著開權顯實來調和其說了，可見儒釋終有其根本精神的差
異。由於此種差異，故其調和者亦多抱持某種立場來調和之，而形成此一調和論的
特色。就蕅師來說，儒釋的差異在於：儒為世法，佛為出世法；出世法，以解脫生
死為基本立場，因此，在和儒家作比較時，亦以此立場為其判攝標準。至於就調和
論的類型來說，天台的圓教思想，開權顯實的方式，正是構成蕅師儒釋調和論的主
要特色。

參、《四書蕅益解》之全顯蕅師圓熟思想

《四書蕅益解》一書，雖然是蕅師調和儒釋，進而引儒歸佛的開權顯實之作，
但就其思想內容來說，實可概括蕅師思想之全面性。因為此書是完成在蕅師中、晚
年之間，在這個階段，蕅師的思想已大致底定，諸如性、相二宗的融會，以及禪與
天台的融通等，蕅師對於佛教內不同宗派的主張，都已匯歸於一爐，因此，在《四
書蕅益解》中，我們就可以看到蕅師此種已經融鑄過的思想而又有著多樣化的呈現，
如天台、禪宗、唯識、華嚴乃至淨土等等。所以《四書蕅益解》雖然不是佛教教內
典籍的注釋之作，卻能由此一斑而窺見全豹，而全顯蕅師圓熟思想。況且就《四書》
相對於佛書是為外典而言，其根本精神與佛教思想之差異性，將大於佛教內部諸宗
的差別，因此對於蕅師這樣具有融合思想傾向的人來說，《四書蕅益解》的著作將是
更大的挑戰。如果我們只是把《四書蕅益解》當成是一般漫談儒釋二教的本質是相
同的書，而不去探討它會通的立場是在什麼樣的思想體系下進行的，則將無法掌握
蕅師學術涵養的整體性與其精彩處。

〔註51〕同註5，卷三之二，頁10716～10717。

　　《四書薀益解》之能全顯薀師圓熟之思想，不僅表現在佛教各宗派思想之多樣化的呈現，同時就其注文前後之關係來看，也可以看出薀師折衷調和思想的傾向。譬如性、相二宗的融會，就可以在薀師注解《大學》及《中庸》之中看出來。例如《大學直指》，薀師在解釋三綱領的時候，是以「本覺之性」、「始覺之修」來立說的，這是從性宗的立場切入的；但是到了解釋八條目時，筆鋒一轉，便從轉識成智、與「外所緣緣非有」、「內所緣緣不無」的唯識無境的相宗立場來立說。又如《中庸直指》，薀師在此書的總綱『天命之謂性、率性之謂道，修道之謂教』一節的釋文中，對「性」字的解釋是「生滅與不生滅和合」的阿賴耶識，故率性而行時，「率其善種而發為善行，則名君子之道；率其惡種而發為惡行，則名小人之道」，這是套唯識學的說法，是從相宗的立場切入的；但是循著原文脈絡討論到修行的工夫論時，卻又是歷經「圓解」、「圓行」、「圓證」的次第而達於究竟，這又成了性宗的講法。由上所述，一從性宗到相宗，一從相宗到性宗，雖然其轉換的關鍵並不是很清楚，但這是受了《大學》與《中庸》原文行文的影響，以致不能詳盡地闡發會通性、相的關鍵，但也可以由此看出薀師想要表現出會通性、相二宗的企圖。總而言之，《四書薀益解》一書雖然所詮釋的對象是儒家的典籍，但是從此書中，卻能全面性地呈現薀師之圓熟思想，套上薀師常用的觀念來說，正是「一切即一，一即一切」了。

第二節　作為薀益大師引儒歸佛的方便教法

壹、從《道餘錄》的儒佛並立到《四書薀益解》的引儒歸佛

　　《四書薀益解》一書，是薀益大師運用佛教「開權顯實」的方式，以佛理解儒書，在薀益大師來說，這是他希望藉此俾使「儒者道脈，同歸佛海」（《中庸直指》卷頭語，頁 35）的接引方便，同時也透露出一位佛教大師濟度眾生的悲願。但就薀師所採用的這種直接從注解儒書著手，然後將之收攝到佛法義理中的方式，如果將它放在儒佛交涉的脈絡來看，很可以發現它的獨特與進步的地方，也可以看到時代風氣的轉變。在宋代，理學家之闢佛可謂不遺餘力，充分表現了儒家對其道統的護衛精神及排斥其所謂「異端」而以發明聖人道學為己任的立場。宋儒之闢佛，其歷史背景，乃遠承於南朝學者闢佛之餘緒，近接於唐代傅奕，韓愈之主張。大致可分為兩期：一是北宋初期諸儒之闢佛，如孫明復、石介、李覯、歐陽修等，其論調幾與南朝之顧歡、何承天、郭祖琛、荀濟及唐代之傅奕、韓愈等，如出一轍；始終徘徊在種族的、倫理的、社會的層次上，甚至還達不到釋慧琳論聖凡及范縝〈神滅論〉

的水準。再者，就是仁宗以後理學家的闢佛，因爲自身有所樹立，在理論的層次上就高明得多了。張橫渠是理學家中首倡闢佛者，分別從「性空」、「幻有」二方面，直逼哲學之重要的體用問題。二程亦多闢佛主張，程顥又比程頤熱衷於此，到了南宋朱熹，其學承程子一脈，繼承了二程闢佛的精神，儼然成爲闢佛之大宗，《朱子語類》中直接破斥佛教者幾達一百三十餘條，其他間接批評者尚不止此數，其闢斥的範圍極廣，除了南北朝以來傳統的闢佛老題目如夷夏立場、人倫社會層次等角度外，對於《楞伽》、《楞嚴》、《大涅槃經》以及華嚴、禪宗等皆有譏評，可謂闢佛之「集大成」者。由此可見，有宋一代闢佛的風氣盛行，理學家的態度大有若不闢佛，就不夠資格作爲聖人之徒的姿態，以致這個時期的時代風氣，籠罩在一片排佛聲浪之中。到了明代，闢佛以宗程朱者爲多，明初河東學派之薛敬軒、呂涇野，中葉之羅整庵最爲著名，唯其論旨皆紹述程朱，非有特殊見地者。陽明學派折衷於禪學，已是不爭之論；因此王學中有辨儒佛之分際者，而鮮及於闢斥，況且「三教合一」已成爲明代一時之風尚，表現在文學、藝術乃至哲學思想與宗教行爲上。唯王學漸入於末流，行爲尤疏於防檢，王學修正派者如東林學派之顧憲成、高攀龍之輩，又襲程朱之故智，重彈闢佛之舊調。然而，闢佛老，排異端，宋儒摧陷廓清，發揮已無餘蘊，故此時之闢佛者，亦多是襲前人論調，老生常談一番，實乏新見可陳〔註52〕。

　　至於在佛教界，又是如何相對地作出回應呢？北宋明教大師釋契嵩，即以調和論來應對這種闢佛的主張。契嵩（公元 1007～1072）本身是佛教的大師，又精通儒家典籍，他著有〈原教〉、〈孝論〉等篇，倡儒釋一貫；又著〈論原〉四十篇、〈中庸解〉五篇，儼然儒者之論；此外更作〈非韓〉三十篇，力詆韓愈，在儒佛交涉史上，具有絕對的影響力與代表性〔註53〕，但是他的時代在北宋初年，其所回應的闢佛者對象屬於前文述及的第一期儒者，甚至往前推至韓愈；而對於仁宗以後理學家的闢佛如張載、二程、朱子等第二期儒者的主張，佛教界中的回應就較晚些。明朝永樂年間，逃虛子姚廣孝的《道餘錄》〔註54〕可以說是佛教界對於程朱理學的闢佛主張作出正面的回應，他以逐條列舉的方式摘出《二程遺書》及《朱子語錄》中闢佛的文字，就其批評或誤解佛教之處，一一加以澄清，對程朱的闢佛展開對話。〈道餘錄

〔註52〕以上所述宋明儒者闢佛的情形，參考張永儁：〈宋儒闢佛經緯談〉，《中國佛教》二十六卷八期（民國71年5月），頁8、9。

〔註53〕何寄澎：〈論釋契嵩思想與儒學的關涉〉，《幼獅學誌》二十卷三期，（1989年5月），頁 111。關於契嵩在儒佛交涉方面的研究，尚可參看劉貴傑：〈契嵩思想研究──佛教思想與儒家學說之交涉〉，《中華佛學學報》第二期（1988年10月），頁213～239。

〔註54〕本文所根據的《道餘錄》爲明萬曆己未（四十七年）海虞錢謙益刊本，收於嘉興楞嚴寺方冊藏經中，共一卷。

序〉云：

> 三先生〔案：二程及朱子〕皆生趙宋，傳聖人千載不傳之學，可謂世間之
> 英傑，爲世之眞儒也。三先生因輔名教，惟以攘斥佛老爲心……道不同，
> 不相爲謀，古今共然，奚足怪乎？三先生既爲斯文宗主，後學之師範，雖
> 曰攘斥佛老，必當據理，至公無私，則人心服焉。三先生因不多探佛書，
> 不知佛之底蘊，一以私意出邪詖之辭，枉抑太過，世之人心亦多不平，況
> 宗其學者哉？二程先生遺書中有二十八條，晦庵朱先生語錄中有二十一
> 條，極爲謬誕，余不揣，乃爲逐條據理，一一剖析，豈敢言與三先生辯也，
> 不得已也，亦非佞於佛也。

《道餘錄》這種對話的方式，主要目的在澄清闢佛者對佛教的誤解，以及說明因立場不同而交相非議的不必要，這是佛教界對程朱理學闢佛主張的初步回應，雖然其間亦有調和儒釋的傾向〔詳下文〕，但這並非其主要意趣。它的重點仍放在說明、澄清，所謂「道不同不相爲謀」，欲與理學並立的態度較爲明顯。就佛教的立場來說，護教的意味較濃厚。這與蕅師《四書蕅益解》之作爲接引儒者的方便階梯來說，其心態是不同的；而比較起來，後者將較能符合佛教隨機度生的方便這一宗旨，且在方式上也較爲圓融。從《道餘錄》到《四書蕅益解》，可以看出佛教界在處理儒釋問題上的進步，以及時代風氣的轉移，是慢慢由儒佛對立而走向合流的。以下就簡略地歸納一下《道餘錄》的內容，以了解在《四書蕅益解》這類調和論的著作之前，佛教界對程朱闢佛之回應，並藉此一儒佛交涉發展的軌跡，使《四書蕅益解》在儒佛交涉史上有一清楚的定位，以凸顯其特色與價值。

貳、《道餘錄》的思想內容

姚廣孝（公元 1335～1418）幼名天禧，少時出家爲僧，法名道衍，字斯道。廣孝之名，是他輔佐燕王朱棣奪位後御賜的〔註55〕，所著《道餘錄》共一卷，收錄《二程遺書》中闢佛文字二十八條，《朱子語錄》中闢佛文字二十一條，逐條據理一一剖析，以澄清三人對佛教誤解或立場態度不同所引發的批評。二程及朱子對於佛教的批評，可以歸納出幾個方向，大抵不出從夷夏立場來排佛；或指責佛氏廢棄倫常；或言其以生死之說恐動人，是利非義；或評其墮虛無之教，以世間爲幻妄，只知守空而無用處；或以佛爲異端害道，在態度上排佛；以及批評佛教雜老莊之說，似告子學說及剽竊《莊》、《列》等幾個範圍。對於理學家從這幾個方面來闢佛，其中肯

〔註55〕商傳：〈明初著名政治家姚廣孝〉，《中國史研究》（1984 年第 3 期），頁 119。

與否，時賢已有詳盡的分析論述〔註56〕，此處僅舉《道餘錄》為例，以見佛教界在當時的反駁與澄清。原文文意清楚，故不多作論述；而「逃虛曰」下多重複二程或朱子原文，並略之。

一、從夷夏立場來排佛——如關於二程者第三條：

　　明道先生曰：……曾子易簀之理，臨死須尋一尺布裹頭，而死必不肯削髮胡服而終。

　　逃虛曰：……要知聖人之道，豈專在形服上也。假如中國之士，盡是圓冠方履，人人盡見得聖人之道乎？聖人之道，不專在形服上也，明矣。明道直欲六合之間，四夷八蠻凡戴髮含齒者，必欲盡從周制衣冠，方盡是會聖人之道。明道之執見僻說若委巷之曲士，誠可笑也。

二、指責佛氏廢棄倫常——如關於二程者第一條：

　　明道先生曰：佛學大概且是絕倫類，世上不容有此理……又其跡須要出家，然則家者，不過君臣父子夫婦兄弟，此等事皆以為寄寓，故其為忠孝仁義，皆以為不得已。

　　逃虛曰：（明道）不知佛未嘗絕倫類也。佛當日出家，已納妃生子，然後入雪山修道，苦行六年而成正覺，豈是絕倫類者。若言絕倫類，世上不容有此理，如吳泰伯讓王位，斷髮文身，逃於荊蠻，孔子稱其為至德，而於吳廟食萬世。又如伯夷叔齊，諫周武王不聽，欲兵之，太公曰：此義人也。隱於首陽山，遂餓而死，孟子稱其為聖之清者，而未嘗言其絕倫類也……夫佛之學，有出家在家之分焉，出家者為比丘，割愛辭親，剃髮染衣，從佛學道；在家者為居士，君臣父子夫婦兄弟，此等事何嘗無之？皆以為寄寓者，佛書有云：旅泊三界，茫茫大化之中，何物而非寄寓也哉？忠孝仁義，皆以為不得已者，此是程夫子自說，佛不曾有此說，但教人持戒修善，念報君親師友檀信之恩也。

三、言佛氏以生死之說恐動人，是利非義——如關於二程者第三條：

　　明道先生曰：佛學只是以生死恐動人，二千年來無一人覺此是被它恐動

〔註56〕如熊琬：《宋代理學與佛學之探討》（台北：文津出版社，民國80年）第四章及結論部分。熊氏在結論中云：「由上數端以觀之，儒者之闢佛，往往出於文化背景與思想觀念之迥異，輒有是其所是以非佛氏，故所非多在跡上著眼，此其闢佛之論所以多似是而非也。」又以為朱子闢佛所持之理論未必中肯，而歸納三點原因：「一受歷來儒者闢佛根深蒂固觀念之影響所致——所謂『入主出奴』之主觀成見是也。二者由於文化思想背景之差異而產生之曲解。三者於佛理未能融通致斷章取義，以偏概全而滋生誤解。」熊氏此說實為允當，而早在《道餘錄》中即可見其端倪。

也。聖賢以生死爲本分事，無可懼，故不論生死；佛之學爲怕生死，故只管說不休。下俗之人固多懼，易以利動，如禪學者，雖自曰異此，然要知只是此箇意見，皆利心也。或曰：此學不如是，本來以公心求之，後有此蔽，或本只以利心上得之。曰：本是利心上得來，故學者亦以利心上信之，惟學佛，人人談之瀰漫滔天，其害無涯。

逃虛曰：……若如此說，二千年來，只有明道一人，不被他恐動，可謂豪傑之士也。……《易》曰：『原始反終，故知死生之說』，豈不是聖人論生死邪？如佛論生死，《圓覺》有云：一切眾生，於無生中，妄見生滅，是故名爲輪轉生死。何嘗恐動人也？……佛之學者了生死性空，豈得怕生死也？只如佛因中爲哥利王割截身體，不生瞋恨……若言二千年來無人覺此，二千年來，並無聰明上智之人，俱是下俗之人，被他恐動也，明道之言何其妄誕如此……禪學者生死且不懼，況存利心邪？

關於生死觀的問題，《道餘錄》中除了明道所謂「聖賢以生死爲本分事，無可懼，故不論生死」之外，朱熹亦曰：「蓋人死則氣散，其生也，又從太原裡面出來」（關於朱子者第十一條），而姚廣孝則評曰：

逃虛曰：儒者說個死生，只言形氣聚散，而不言心識。佛氏言因緣業感，輪轉生死，皆由心識所致也。然形氣有盡而心識無盡，一切眾生本無生滅與不生滅，皆因妄認四大爲自身相，六塵緣影爲自心相，妄想執著，起諸憎愛，造諸善不善業，及乎業報至時，此之心識循業發現，故有輪轉生死，六道升沈也。若學般若，菩薩達法性空，涅槃尚不可得，況生死乎？所以《圓覺》有云：生死涅槃，猶如昨夢……〔以下舉一則借屍還魂實例〕……若程朱橫渠言形潰氣散，無復再生，如何有此借屍還魂者？若有此借屍還魂者，豈無輪轉生死者哉？

這是從佛教生死輪迴的觀點來批評程朱張載形氣聚散的生死觀。又，朱子尚以「自私之厭」評佛教解脫生死之生死觀，關於朱子者第十九條：

晦庵先生曰：佛氏之失出於自私之厭，老氏之失出於自私之巧。得厭薄世，故而盡空了一切者，佛氏之失也；關機巧，便盡天下之術數者，老氏之失也，故世之用兵、算術、形名等，本於老氏之意。

逃虛曰：《華嚴》云：居有爲界，示無爲法，而不壞滅有爲之相；居無爲界，示有爲法，而不分別無爲之相。《法華》云：若說俗間經書，治世語言，資生業等，皆順正法。佛氏何嘗言要盡空了一切也。自私之厭，二乘、外道斷滅之見，非佛之究竟法也。老氏之失，非吾所知。

以為朱子所斥者二乘外道斷滅之見耳，非佛法之究竟義也。

　　四、言佛氏墮虛無之教，以世間為幻妄，只知守空而無用處——如關於二程者第八條：

> 伊川先生曰：今語道則須要寂滅湛靜，形如槁木，心若死灰，豈有直做牆壁木石，而謂之道？所貴智周天地萬物而不遺，幾時要如死灰？動容周旋而中禮，幾時要如槁木？論心術無如孟子，孟子謂必有事焉。今既如死灰槁木，卻於何處有事？

> 逃虛曰：形如槁木，心若死灰者，此是二乘灰斷及外道邪禪也。大乘圓教菩薩所修諸戒定慧及婬怒癡俱是梵行，何曾死吃怛地便為究竟也？灰心泯智之徒禪祖叱之為魂不散底死人，實為生死根本爾。伊川未知佛氏此說。

此辨佛教究竟義中不墮空寂也。又如關於二程者第十三條：

> 伊川先生曰：釋氏說道譬之以管窺天，只務直上天，惟見一偏不見四旁，故皆不能處事。聖人之道則如平野之中，四方無不見也。

> 逃虛曰：佛以大圓鏡智照了虛空世界，塵毛剎海，無所不知，無物不見，所以佛十號中有曰正遍知、明行足。若以管窺天者，夫子自道也。

此明佛之智能遍滿十方虛空世界，鉅細靡遺，知行圓滿，非蔽於一偏者也。又如關於二程者第二十一條：

> 伊川先生曰：禪學只到止處，無用處，無禮義。

> 逃虛曰：程子豈知禪道也哉？實際理地不受一塵，佛事門頭不舍一法，若有止處無用處，如車之無輪，鳥之無翼，決無此理也。

此言佛教之用廣。又如關於朱子者第十五條：

> 晦庵先生曰：論釋氏之說，明道先生數語闢得極善。見行狀中者，他只要理會箇寂滅，不知須是強要寂滅它做甚？既寂滅後，卻作何用？

> 逃虛曰：世儒言釋氏寂滅，不知所以，但把寂滅做空無看了，而不知佛書有云：諸行無常，是生滅法：生滅滅已，寂滅為樂。又曰：諸法從本來，常自寂滅相。寂滅者，言此道不生不滅也。離生滅求寂滅，則不是即生滅而證寂滅，乃是此即有為而無為，無為而無不為也。

此段則明白指出朱子對佛教「寂滅」的誤解，在於朱子當成與「生」相對的「滅」來理解，在對待義中理會成「空無」，而不知佛教的寂滅乃是絕對的「生滅滅已」，亦即「不生不滅」之義。姚廣孝此段所辨甚為明晰，把程朱對佛教教義理解的差謬處清楚地表露出來而加以澄清。

五、以佛爲異端害道，在態度上排佛——如關於二程者第四條：

> 明道先生曰：道之不明，異端害之矣。

> 逃虛曰：道之不明，其來久矣，非惟佛老爲異端之學而害之也。三代之末，百家諸子競起角立，淳厚之氣日銷，澆薄之風日長，莫非天運使然爾。若欲人心復古，不悖於道，除是唐虞周孔復生，通乎神明以化治天下，則可也；若不如是，無可奈何則得各從其志。

從人心淳厚澆薄風氣的轉變來解釋「道之不明」的原因，或許比一味地歸咎於佛老要來得正視現實，「無可奈何則得各從其志」，則爲佛教爭取理所當然的生存空間，大有『道並行而不相悖』的意味。

六、批評佛教雜老莊之說、似告子學說及剽竊《莊》、《列》——關於朱子者第六條：

> 晦庵先生曰：達磨未來中國之時，如遠、肇法師之徒，只是說莊老，後來人亦多以老莊助禪。古時亦無許多經，西域豈有韻？諸祖相傳偈，平仄押韻語，皆是後來人假合。

> 逃虛曰：晉魏之時，儒釋之文俱尚老莊，彼時佛經翻譯過東土來，潤文之人如《維摩詰所說經》肇法師注并《肇論》，其中行文用字或出入老莊者有之；遠、肇、道安、支遁輩，其文多尚老莊，其見亦有相似處，故達磨過東土來，說箇不立文字，直指人心，見性成佛，掃蕩義學，儒者言老莊助禪，則不然也。且如《維摩》、《肇論》，其文或似老莊，如《般若》、《華嚴》、《涅槃》、《寶積》、《楞伽》等大經，何嘗有一言似老莊？其立法自成一家，儒老二教，不曾有此說也。至於偈有平仄押韻，出於後人編集之手或有之，何足較也？朱子不論其大體，而責其枝末，何識量之狹哉！

此明辨佛教義理自成一家，與老莊無什干涉。又關於朱子者第七條：

> 晦庵先生曰：釋氏云知死只是學一箇不動心，告子之學只是如此。

> 逃虛曰：釋氏古尊宿死者，多剋日剋期而去，載在方冊不可勝數；若似告子之不動心，何足道哉！

此明辨告子不動心不及佛教遠甚。又，關於朱子者第十五條：

> 晦庵先生曰：……晉末以前，遠法師之類所談只是《莊》、《列》，今本集中可見；其後要自立門戶，方脫去《莊》、《列》之談，然實剽切其說，傳奕亦嘗如此說。

> 逃虛曰：……晦庵言晉末以前，遠法師之類所談只是《莊》、《列》，那時士大夫所談，亦是《莊》、《列》，蓋時尚也，若云剽切其說，廬齋《列子

口義》云：佛生西方，豈應來此剽切？訛之太甚，則不公矣！誠哉是言。

遠法師居廬山修念佛三昧，《莊》、《列》不曾有此修學，非是脫去《莊》、

《列》之說自立門戶，傅奕陰險小人也，力訛佛氏，唐太宗亦不聽他說，

晦庵將踵其後塵，奚可乎？

此明辨朱子承傳奕之說，以訛傳訛，訛之太甚，實不足為訓也。

　　大體上來說，《道餘錄》的內容是以二程及朱子的闢佛文字為主而加以編排，因為是一種彙編的形式，所以並不能在前後有一義理脈絡貫通全書。但從它回應程朱闢佛的論點中，卻也能整理出一些特色：

　　一、掌握程朱對佛理斷章取義或以偏蓋全滋生誤解之處，加以澄清及批評，如果程朱所闢者非佛教本義，則所非非佛，安得為佛氏之過？正如序文中所謂的「三生先因不多探佛書，不知佛之底蘊，一以私意出邪詖之辭，枉抑太過，世之人心亦多不平，況宗其學者哉？」如關於二程者第一條，明道說佛氏出家是「其為忠孝仁義皆以為不得已爾」，姚廣孝即評曰：「此是程夫子自說，佛不曾有此說」加以反駁；又如關於二程者第九條，伊川說「禪家謂別有一物常在偷胎奪陰之說，則無是理」，姚廣孝即評曰：「此是伊川自造此說誣禪學者，伊川良心何在？」加以反駁。又如關於二程者第二十八條：

　　（伊川曰）且指他淺近處：只燒一炷香，便道我有無窮福利，懷卻者簡心，

　　怎生事神明？

這無疑是對佛教華嚴宗所言「一即一切」的誤解，故姚廣孝即予以辨明：

　　逃虛曰：《華嚴》乃稱性之極談，一乘之要軌……程夫子知萬理歸於一理，

　　而不知一理散於萬事，重重無盡，無盡重重，自他不間於微塵，始終不離

　　於當念，窮玄極妙，非二乘凡夫之所能知也……程夫子卻將淺近瑣末燒一

　　炷香這等事來以誣佛聖，此豈是道學君子之所為？若程夫子得聞華嚴三觀

　　之旨，決不有此說。若以華嚴事事無礙觀言之，豈止燒一炷香而有無窮福

　　利，乃至一微塵許法，亦具不可思議功德矣！程夫子未之聞也，奚足怪哉！

無可諱言，伊川對於《華嚴》事事無礙法界的義理未能領會，一個勁兒在義利之辨上作文章，以此闢佛，完全牛頭不對馬嘴，無怪乎不能使佛教學者心服，因而對其指摘澄清反駁了！

　　二、《道餘錄》中，不但批評程朱於佛理多闇昧不識，甚至暗示他們對孔孟之道亦有所未達，如關於二程者第十五條：

　　伊川先生曰：釋氏尊宿有言覺悟是也，既以達道，又卻須要印證，則是未

　　知也；得他人道是，然後無疑，則信人之語，不可言自信。若果自信，則

雖甚人之語，亦不聽。

逃虛曰：學佛者雖悟道了，必從明眼宗師勘辯印證，始得受用，誠有此說。譬如金之真偽，非鍛師則不能別，若真金愈鍛愈明，若藥汞銀一鍛即流去，如聖門弟子顏回終日不違如愚，孔子曰：回也不愚；曾點之浴沂舞雩，孔子曰：吾與點也。聖人之許與，豈非印證也歟？禹聞善言則拜，大舜樂取於人以為善，舜禹豈是不自信者？伊川言若果自信，則雖甚人之語亦不聽，程夫子崛強自任，傳聖人之道者，不當如是也。

此處舉孔子等例以反駁伊川，言下之意，頗有認為伊川不達聖人宗旨之譏。又如關於二程者第六條：

明道先生曰：昨日之會大率談禪……此說天下已成風，其何能救？古亦有釋氏，時或尚只是崇設像教，其害至小；今日之風便先言性命道德，先驅了知者，才愈高明則陷溺愈深……然擬據今日次第，便有數孟子亦無如之何。

逃虛曰：……明道何其言之謬也，烏有才高明被惑而陷溺愈深者哉？豈不知顏子默識，曾子一唯，因其資性高明，便領得聖人之說，其次者則不能也；如佛在靈山會上，百萬人天眾前，拈起金波羅華，惟迦葉破顏微笑，餘眾罔措。所謂才高明而陷溺愈深者，其謬甚矣……性命道德是本分事，不可一日無者，何害於事？且如佛法來中國，已二千餘年，山河社稷國土人民，君臣父子相生相養之事，何曾斷絕？不知佛之學為害害何事，而不欲人從之也？又言今日次第，便有數孟子亦無如之何。以愚言之，今日若有孟子，聞禪者之說，未必不擊節歎賞。

姚廣孝在此處把孟子也拉攏過來，以打破明道心中欲自況孟子之距楊墨、闢邪說的企圖，使明道和孟子亦契合不上，這是其回應程朱闢佛的特色之一。

三、《道餘錄》中亦有調和儒釋的傾向，但並不明顯，也沒有系統。如關於二程者第十一條：

伊川先生曰：學佛者難吾：言人皆可以為堯舜，則無僕隸不才。言人皆可以為堯舜，聖人所願也；其不為堯舜，是可賤也，故曰為僕隸。

逃虛曰：佛願一切眾生皆成佛道，聖人言人皆可以為堯舜，當知世間出世間，聖人之心未嘗不同也，伊川知此否。

此由人、眾生本性之共同處作為其調和儒釋的主張。又如關於朱子者第十二條：

晦庵先生言：夷狄之教入於中國，非但人為其所迷惑，鬼神亦被他迷惑。大抵廟中所塑僧像乃勸其不用牲祭者，其它廟中亦必有簡勸善大師，蓋緣

人之信，向者既眾，鬼神只是依人而行。

逃虛曰：佛氏之教，無非化人爲善，與儒者道並行而不相悖，不相悖者，理無二也。僧勸鬼神不用牲祭，是不殺害物命，此仁者之心；以此心相感，鬼神敬信而從之也，豈是非理之事、淫誠之辭，使鬼神迷惑者邪？朱子何見之不明如此。

此以佛氏之慈悲與儒者之仁心作爲調和的基礎。在宋代理學家強烈的闢佛之後，佛教界所作出的初步回應中，在澄清其指摘，鞏固其立場之外，也透露出儒釋調和的端倪。

四、《道餘錄》對於程朱所指摘者有符其實之處，亦予以肯同，如關於二程者第二十四條：

伊川先生曰：今之學禪者，平居高談性命之際，卻好至於世事往往直有都不知者，乃是實無所得也。

逃虛曰：今之有一等禪者，惟弄口頭士大夫座間，供談笑而已，幾曾有實得？蓋可非也。若以禪者一概如此，大似魚目混珍耳。

此亦是作者姚廣孝對當時禪風之流弊有所自覺，故於伊川之批評亦認肯之，但隨又強調不可以偏蓋全，以跡掩本也，如關於朱子者第九條：

晦庵先生曰：僧家所謂禪者，於其所行全不相應……學得底人有許多機鋒，將出來弄一上了便收拾了，則其爲人與俗人無異。只緣禪自禪，與行不相應爾。僧家有一行解者，行是行，事解是禪也。

逃虛曰：僧家有一等弄虛頭禪者，東邊踔一言半句，西邊踔一言半句，以資談柄，便是會禪。他那裡曾夢見禪！在有一等天資高者，一聞便領悟，卻不曾實下工夫，所悟卻淺，習氣種子卻深，故被習氣所使，造諸惡業，與俗人無異者有之。假如有一等秀才，讀聖人之書，開口便談仁義道德，觀其所行，不孝不義，非爲妄作，至乎犯形憲而貽辱父母者，往往有之，此乃教門中人之不才，非釋迦仲尼之罪也。朱子當置之勿論。

此處舉了兩種禪學末流，而肯同朱子對禪者玩弄機鋒而與其所行不相應的批評。然而又爲之正本清源，以明此實不肖門人所爲，非干釋迦之罪也。

《道餘錄》是姚廣孝從佛教觀點出發，對宋儒攘斥佛、老學說的反駁，在它成書之初，由於正當明初百廢待舉之時，理學並未居於統治地位，因此理學家尚不敢公然斥責姚廣孝。但在他去世後沒多久，在宣德五年（公元 1430 年）修成的《明太

宗實錄》中對姚廣孝已有微詞：「廣孝嘗著《道餘錄》，詆訕先儒，爲君子所鄙」〔註57〕，後來《道餘錄》甚至遭到和姚廣孝共事編修《永樂大典》的張洪所焚毀，而他所持的理由竟是「少師（姚廣孝）于我厚，今無以報，但見《道餘錄》即焚之，不使人惡之也。」張洪的思想與姚廣孝截然不同，焚毀《道餘錄》之舉，充分表現了他對姚氏的不尊重，而受到明人劉風的批評。劉風未見此書，但他認爲「若其深詆宋儒，必有見焉。張洪何者，輒焚滅之，惜矣！」李贄見到此書，認爲「絕可觀」、「宜再梓行，以資道力，開出世法眼」。從《道餘錄》成書之後所受到的待遇看來，當時作爲官學的程朱理學尚有一定的箝制能力，然而時代風氣逐漸轉移當中，到了明朝末年，三教調和論的空氣瀰漫了整個人文活動，而表現在文學、藝術，乃至哲學思想與宗教行爲上，這時候，在佛教界中，另一種儒釋交涉的形式出現了，從《道餘錄》這種正面就儒佛爭議的焦點展開對談的方式，逐漸轉變成《四書蕅益解》這種透過注解儒書而將之融攝在佛法之中的調和論形式。這一發展的軌跡，顯示儒佛問題逐漸從對立走向合流，而就佛教對眾生隨機攝化的宗旨來說，《四書蕅益解》之作爲儒者入佛的階梯，是更能契合佛陀度生的本懷的。

第三節　《四書蕅益解》之特色與價值

壹、與憨山大師之釋《大學》及《中庸》比較

晚明這個時代，不論在佛教界內或是在儒家的陣營裡，甚至在一般的民間宗教中，都共同呈現出思想融合傾向，瀰漫著三教同源論的色彩，使儒釋道三教的交涉愈加密切；且因其各自立場不同，所形成的調和論也就形形色色。就佛教界來說，明末四大師亦積極地發展融攝儒道兩家，而歸本於佛的主張。但由於各大師的態度並不盡相同，而其個性與學養亦皆有其專精特出之處，所以雖然同樣是在佛教界醞釀出儒釋調和的主張，卻也各具其特色與風采。紫柏、袾宏兩位大師，都有論及儒釋關係的文字，然多屬泛論性質的短文，較少從義理上來會通；至於憨山大師，則另有《中庸直指》及〈大學綱目決疑〉等作，這和《四書蕅益解》一樣，是就著儒典章句予以佛教觀念詮釋的作品，而且〈大學綱目決疑〉中，憨山大師對《論語》「顏淵問仁章」之意涵亦有所發揮，恰和蕅益大師的《論語點睛》之重點相合，而可作一對比。以下就從憨山大師這兩種詮釋儒典的文字來與《四書蕅益解》作一比

較，以便了解晚明佛教界中對儒家典籍予以注解調和的狀況，並藉以顯現蕅師《四書蕅益解》一書的特色。

〈大學綱目決疑〉是憨山大師對《大學》三綱八目的詮釋，重點仍放在以佛家的本性來解釋所謂「明德」。憨山大師釋『大學之道，在明明德，在親民，在止於至善』曰：

> 大學者，謂此乃沒量大人之學也……若肯反求自己本有心性，一旦悟了，當下便是大人……第二明字，乃光明之明，是指自己心體。第一個明字，有兩意：若就明德上說自己工夫，便是悟明之明……一旦悟了自己本性光光明明，一些不欠缺，此便是悟明了自己本有之明德，故曰：「明明德」……若就親民分上說，第一個明字，乃是昭明之明，乃曉諭之意，又是揭示之義……〔註58〕

「明德」即是自己光光明明，一些不欠缺的本性，這是以本自具足的佛性來立說的。第一個「明」字有兩層含義，一者是就自己「明明德」上講，是悟明；二者就曉諭他人的「親民」上講，是昭明。此處雖不明言自覺覺他，卻和蕅師所說的「自覺覺他」並無差別。但蕅師隨即將「覺他」攝在「自覺」裡說，所謂「度自性之眾生為親民」（頁8），極力發揚「本具」一義，泯除自他差別，而憨山大師雖亦有此傾向，如他說：

> 故今做新民的工夫，就將我已悟之真知，致達於萬物之中，萬物既蒙我真知一炤，則如紅爐點雪，烈日消霜，不期化而自化矣。〔註59〕

「真知」是憨山大師對「格物致知」中「知」字的解釋，他以為這個「真知」是《大學》八條目中最重要的一目，他說：

> 知即真知，乃自體本明之智光。此一知字，是迷悟之原……是則此一知字，為內外心境，真妄迷悟之根宗。古人云：知之一字，眾妙之門，眾禍之門是也。今撥亂反正，必內仗真知之力，以破妄想；外用真知之炤，以融妄境。〔註60〕

「用真知之炤，以融妄境」，雖然亦終將泯除物我之別，而達到無人無我之境，但憨山大師的講法，是較傾向「修」的一面說，也就是從工夫論上著眼。而蕅師則強調「本具」思想，是約「性」的一面講，傾向心體論上立論。但是若就蕅師「性修不

〔註58〕憨山大師：〈大學綱目決疑〉，收於《憨山老人夢遊集》第四冊（臺北：新文豐出版社股份有限公司，民國81年），頁2377～2379。
〔註59〕同註58，頁2395。
〔註60〕同註58，頁2391。

二」的思想來看，這只是講法上的差別，並非有本質上的不同。

關於「止至善」一義，憨山大師云：

> 問：如何是至善？答：自古以來，人人知見，只曉得在善惡兩條路上走，只管教人改惡遷善，此是舊來知見，有何奇特？殊不知善惡兩頭，乃是外來的對待之法，與我自性本體，了不干涉，所以世人作惡的可改爲善，則善人可變爲惡，足見善不足恃也，以善不到至處，雖善不善，故學人站立不住，以不是到家去處，非可止之地……今言至善，乃是悟明自性本來無善無惡之眞體，只是一段光明，無内無外，無古無今，無人無我，無是無非，所謂獨立而不改，此中一點著不得，蕩無纖塵。若以善破惡，惡去善存，此猶隔一層，即此一善字，原是客塵，不是本主，故不是至極可止之地，只須善惡兩忘，物我跡絕……無善可名，乃名至善，知此始謂知止。〔註61〕

這是泯除相對的善、惡，而達到無善無惡的至善之體，這至善之體，當然指的是吾人本有的佛性。這種不以善惡爲最終依歸，而以迷悟爲最終價值取向的立場，和蕅師「深達善惡之性，即是無性者，名爲悟道」（頁 36）的「無性緣生」的觀念是一致的。這是因爲佛教的最終目標在於成正覺，也就是澈見諸法的實相，因此，和儒家道德取向是不同的態度。至於八目中，憨山大師強調「眞知」的立場，已如前述，而所以能致「眞知」者，在於「格物」。何謂「物」？憨山大師曰：

> 物即外物，一向與我作對者，乃見聞知覺視聽言動所取之境。〔註62〕

因此，從「身」到「家國天下」，無非是物。而格物者，有三義，扞格、感格、來格。初吾人沿舊時知見，妄知妄想，故物與我相扞格而不入，此乃扞格之格；後以眞知用至誠，故物與我相感通，此乃感格之格；而就彼物言，但有一毫不消化處，便是知不到至極處，必至物消化盡了，才極得此眞知，此則爲來格之格，物都來格，是知之效驗，一路格去，從身修直到天下平方才罷手。此處憨山大師所講的仍是一套工夫論，亦即上述用眞知銷融妄境以達無人無我無分別的絕待之境，這和蕅師「由第六識入二空觀」而轉識成智的一套工夫論有其修證進路上的不同。

憨山大師在此文中亦闡釋了「顏淵問仁章」的意涵，他說：

> 故修身全在心上工夫說，只如顏子問仁，孔子告以克己復禮爲仁，此正是眞正修身的樣子。隨告之曰：一日克己復禮，天下歸仁。此便是眞正治國平天下的實事。若不信此段克己是修身實事，如何顏子請問其目，孔子便

〔註61〕同註58，頁2379～2381。
〔註62〕同註58，頁2391。

告之以四勿乎？且四勿，皆修身之事也，克己乃心地爲仁之工夫也，克己
爲仁，即明明德也；天下歸仁，即新民也；爲仁由己，此己乃眞己，即至
善之地。故顏子墮聰明，黜肢體，心齋坐忘，皆由己之實效，至善之地也。
夫人之一身作障礙者，見聞知覺而已，所謂視聽言動，皆古今天下，人人
舊有之知見，爲仁須是把舊日的知見，一切盡要剗去，重新別做一番生涯
始得，不是夾帶著舊日宿習之見，可得而入；以舊日的見聞知覺都是非禮，
雜亂顛倒，一毫用不著，故剗心摘膽，拈出個勿字，勿是禁令驅逐之詞，
謂只將舊日的視聽言動，盡行屏絕，全不許再犯，再犯即爲賊矣，此最嚴
禁之令也。顏子一聞，當下便領會，遂將聰明墮了，將肢體黜了，一切屏
去，單單坐。坐而忘，忘到無可忘處，翻身跳將起來，一切見聞知覺，全
不似舊時的人，乃是從新自己別修造一箇人身來一般，如此豈不是新人
耶？自己既新，就推此新以化民，而民無不感化而新之者，此所謂一日克
己復禮，天下歸仁，正修身之效也。〔註63〕

這是把『一日克己復禮，天下歸仁焉』、『爲人由己』放在『明明德、親民、止至善』
的脈絡中來解釋。但是憨山大師此處卻從《莊子》的心齋坐忘來解說，以黜肢體、
墮聰明爲其工夫進路，和前述「以眞知用至誠來感通」似乎不同。憨山大師釋眞知
如何感物時，曰：

問：眞知無物可對，如何感格於物？答：眞知其實內外洞然，無物可對，
而感物之理，最難措口。《易》曰：『寂然不動，感而遂通天下之故。』寂
然不動，知體也；天下之故，外物也；感而遂通，格物也。感通云者，不
是眞知鑽到物裡去，以眞知蕩然，無物當前故也。眞妄心境，不容兩立，
外物如黑暗，眞知如白日，白日一昇，群暗頓滅，殆約消化處說感通耳……
今以眞知獨炤，則解處洞然，無物可當情矣。以寂然不動之眞知，達本來
無物之幻物，斯則知不待感而自炤，物不待通而自融，兩不相解，微矣微
矣。〔註64〕

這是將《易傳》說的：『易，無思也，無爲也，寂然不動，感而遂通天下之故』的本
體移在佛教的心體上來說，所以變成「寂然不動之眞知，達本來無物之幻物」。「本
來無物」是佛教的說法，「感通」卻是《易傳》的特色。而且《易傳》說「易」是「無
思無爲」的，這又可以和道家的思想會通，所以又用《莊子》的心齋坐忘、黜肢體、
墮聰明來解說。因此，儒家的「至誠」，道家的「無爲」和佛教的「眞知」，便透過

〔註63〕同註58，頁2387～2389。
〔註64〕同註58，頁2392～2393。

此種關連性而建立其融會的基礎。此處憨山大師用道家思想來注解儒典，是他異於蕅師的特色，我們也可以從憨山大師的《中庸直指》中看出這種傾向。

憨山大師的《中庸直指》在說到吾人之性時，並不在釋文中直接從佛教的觀點指出此爲吾人本自具足的佛性，而必須從其所釋的內容來看，才能判斷其性質而窺見其所指。譬如他說：

> 天命之謂性者，言吾人之性，天然屬我，不假外求，而我得之而爲命，所謂天然之性，而爲天然之命者也。蓋天然之性，賦在形殼之中；是故人之有生，與形爲主者命，與命爲主者性，性命不二，故但言天命，即是天性也，故曰：天命之謂性。〔註65〕

又如他在『誠者，自成也』一節云：

> 此言誠乃性德之全體，故爲天地萬物之大本……惟此性德，乃天然具足，本自圓成，眞實無妄，備在於我而不假外求者也，故曰：誠者，自成也。
> 〔註66〕

皆是順著《中庸》原文脈絡來解說，以眞實無妄之「誠」來解說「性德」，乍看之下難以辨別是否爲佛教的心體觀。但如果從其詮釋的意含傾向來看，譬如原文說的是『天命之謂性』，天爲第一因，天到性有一「命」的過程〔朱註：「命，猶令也」，亦即賦予之義〕，因此「天」乃一超越的存在，是一切存有之根據〔註67〕；但從憨山大師的釋文來看，「命」成爲「生命」之命，而「天」成爲「天然」之天，於是「所謂天然之性，而爲天然之命者也」，這一轉折，便將第一因轉到了「性」字上，而成爲萬物的本原。如『誠者，自成也』一節，他續曰：

> 以其此性，天地以之建立，萬物以之化育，而爲天地萬物之大本，故曰：誠者，物之終始。〔註68〕

《中庸》充其量也只說到『盡其性』乃至於『贊天地之化育』而『可以與天地參』而已，更何況性是天所賦予，而在憨山大師的解釋中，天地萬物反而由此性來建立

〔註65〕憨山大師：《中庸直指》，附錄於《四書蕅益解補註》，（臺北：佛教出版社，民國67年5月初版），頁2。

〔註66〕同註65，頁106。

〔註67〕語見高柏園：《中庸形上思想》（臺北：東大圖書股份有限公司，民國77年），頁99。高氏以爲「人雖能由應然的道德意義，而規定實在世界的存在意義，由此而有一種形上學的創造義，所謂『不誠無物』。但是人的創造畢竟不是『本無今有』的創造，而是就此已然存在的世界而加以轉化，就此轉化賦予價值而言創造，此顯然與天道的妙運創生有所差異。也因此，天固然是一超越的道德法則，但同時也是使一切存有成爲可能的創生原理。此即天地之奧，此所以敬畏天命者也。」

〔註68〕同註65，頁107。

與化育，次序剛好相反過來。可見憨山大師雖不明言此性為佛性，卻實在是佛教心體論的說法。這一點和蕅師一開始明說「生滅與不生滅和合，而成阿賴耶識，遂為萬法之本，故謂之性」的直接套上佛教觀念的解法，是有所不同的。而且就「率性」這點來說，蕅師既以「性」為真妄和合的阿賴耶識，故其「教」的著落處就落在「即隨緣而悟不變，從生滅門而歸真如門」的「返妄歸真」上，而憨山大師既以「性」為本然清淨的佛性，故其「教」的著落就和儒家的理路較為類似〔因儒家亦以「性」為一純善的道德主體〕，而落在能不能「率性」上，也就是能不能彰顯這本然清淨的「天然之性」上了，這關鍵又在於「性真」與「情偽」。憨山大師曰：

> 蓋上古之人，性醇德全，無有一毫外慕，且不知有身之為愛，豈有貪愛外面聲色貨利之事。是故不為一身愛外物，則不被外物染習雜亂其性故，所以上古之君如此，上古之民亦如此，故無為之風，乃天德之淳，熙熙皞皞，俱在大道化育之中，所以不用教也。及至中古，人心漸鑿，知身可愛，故愛物以養身，既以一己為我，則我與物對；物我既二，則性不一；性被物染則不精，不精則不一。故凡所作為，不率性而率情矣。情則有所偏，故大中至正之道隱。其於日用當行君臣父子之間，所有忠孝和信，皆不盡出於性真，而多出於情偽矣；情偽出則百弊生，弊生則情愈偽，情愈偽而去性愈遠，是以世人漸趨漸下，物欲固蔽，愈遠愈深，愚不肖者，則只知有物欲之偽情，而不復知有本然之真性矣。……是故聖人憫之，不得已而裁成以輔相之……故立言以垂教，所謂修道者，修即如世之修理物件一般，使其不足者補之，有餘者去之，只就在人人不率性處，或太過者折之，不足者誘引之，以之至於中道，將以復其性真耳。故曰：修道之謂教。非是離率性之道，分外別有教也。〔註69〕

因此，憨山大師整部《中庸直指》的工夫論——「教」之一字，便落在「率性真」和「反情偽」上了。值得注意的是，憨山大師善用道家無為、虛、忘等思想來注解，使得他的《中庸直指》充滿了道家的智慧，而形成他的特色。如上引文，實是引用《老子》的「貴大患若身」、「天之道……有餘者損之，不足者補之」的觀念。此外，在他節的釋文中，亦多出現《老子》的章句，如「沖氣以為和」〔註70〕、「柔弱勝剛強」〔註71〕、「和光同塵」及澹然無欲、心如太虛等引申自《老子》的語句〔註72〕；

〔註69〕同註65，頁5～7。
〔註70〕同註65，頁19。
〔註71〕同註65，頁32。
〔註72〕同註65，頁33。

又如「天道無親，常與善人」〔註73〕、「下德不失德」〔註74〕等。除了《老子》外，亦有引自《莊子》及援用其意之處，如「天之蒼蒼，豈正色耶，其遠而無所至極也」〔註75〕、物我忘而好惡絕〔註76〕、忘言〔註77〕、心未忘者誠未至，故須忘德〔註78〕，凡此「忘」的工夫，皆發揮自《莊子》者。由於《中庸直指》深具道家退一步的智慧，所以表現在工夫論上，就不會像理學家一般將天理與人欲極端對立起來，非必至「滅人欲」而後方可「存天理」，亦即憨山大師的工夫論雖然是著落在率性真、反情偽上，但他並沒有將性與情極端對立起來，譬如他認為聖人亦有情，但能以性寓情而至於物我兩忘的境界：

> 然喜怒哀樂者，凡民之恆情，聖人亦有之……且情出於性，而凡民但知有喜怒哀樂之情，而不知有不屬喜怒哀樂之性，以不知性，故日用率情，各隨所偏而不中……是以聖人之情出於不情，故情之所發而性愈彰，以性寓情，故心無繫著；心無繫著，故無往而非中，故曰：喜怒哀樂之未發謂之中。以性遇物，故物我忘而好惡絕；好惡絕故是非公；是非公則人心樂，故曰：發而皆中節謂之和。〔註79〕

是以「以性和情，如水中鹽味，色裡膠清」，而體現在日用平常之間：

> 雖日用現前，語默動靜，折旋俯仰，乃至揚眉瞬目，莫不舉全體之性，以精誠而充滿之，即在喜怒哀樂處，就舉全體充於喜怒哀樂之間，所謂以性和情，如水中鹽味，色裡膠清，委曲周匝，無一毫之不極致。〔註80〕

體現在日用平常之間，正是「中庸」之義。由於憨山大師深諳道家退一步的哲學，所以即使在教化施行上亦表現出這種無為的思想：

> 是故凡人有不率性處，聖人教之之法，只就在當人本分上不率性處，調而治之，但直令其改悔而已……若人誠能自信自肯，不愁不日近於道，決不可望之太過，亦不可責之太深。〔註81〕

只須在其不率性處調治，自然能復其本性，無為而成。憨山大師《中庸直指》一書的道家思想傾向，和蕅師純以佛教的義理來注解儒典，二者便表現出其差別，也顯

〔註73〕同註65，頁62。
〔註74〕同註65，頁146。
〔註75〕同註65，頁113、114。
〔註76〕同註65，頁17。
〔註77〕同註65，頁144。
〔註78〕同註65，頁145。
〔註79〕同註65，頁16、17。
〔註80〕同註65，頁19。
〔註81〕同註65，頁45。

示了兩種調和論各自的特色。

　　此外，憨山大師對孔門儒生的看法和蕅師不同。蕅師推崇孔、顏，以爲子思、曾子不能傳孔子出世心法；而憨山大師卻認爲「子思得孔子之心傳」〔註82〕、「子思親得孔子家傳入道之秘訣」〔註83〕，而對顏回，認爲他是「學知利行之大賢」，是所謂「好學近乎智，蓋不得生知安行之大聖」者〔註84〕，地位似乎反不如子思。從這兩種對儒者地位不同的看法，也可以看出這兩位大師對儒學所抱持的觀點與態度的差異，比較起來說，蕅師對儒家思想是較有一份切身的認同感的。

　　綜上所述，我們可以看出，憨山大師在注解儒典時的許多角度是不同於蕅師的。總的來說，憨山大師較具道家思想傾向，其用來會通儒釋的佛教義理也較單一，大致上是從眞常不變的佛性來立說；而蕅師則較全面地融合佛教各宗如天台、唯識、禪、華嚴等以作解；在詮釋的對象上，憨山大師僅就《大學》、《中庸》進行注解，而且解《大學》乃著重在三綱八目上來解說。蕅師則《論語》、《孟子》、《大學》、《中庸》等《四書》及《周易》皆有注文，且有〈性學開蒙〉專文討論儒釋異同的問題，相應於明朝頒行的三大全書來說，蕅師實在是總括了當時儒學的討論內容。由此看來，晚明佛教界內所進行的儒、釋調和的工作，要到蕅師才算完備而成熟。

貳、建立獨特的文化整合方式

　　中國傳統的思維方式傾向於綜合而非分析。是以佛教雖傳自印度，但歷經格義佛教階段，而終能在中國開花結果，一方面保存了佛教的原始教義，另一方面也受了中國原有文化的熏染，而形成深具中國特色的中國佛教。由於中國人喜歡圓融，是以佛教在中國的發展中，便傾向於如來藏說的眞常一系，而開展出像天台、華嚴那樣的圓教思想。但畢竟佛教是外來的文化，因此在中國的流傳過程中，難免會和中土原有的文化發生牴牾。實際上自東漢明帝年間佛法東傳中國後，儒與佛之交涉即開始。早期的交涉，不論是護法論者如牟融的《理惑論》，或是排佛論者如顧歡之《夷夏論》，其交涉的重點乃在於見解上之主張，佛法並未融入其思想〔註85〕，即使就儒家闢佛不遺餘力的韓愈來說，也僅是就夷夏倫常等觀點來非難，並未能就義理上進行批判。直至宋明儒者架構了理學的範疇，發展了形上學，並進一步探討心性論，才開始從義理上來討論或是批評佛教，至明朝王陽明的心學盛行，陽明心學

〔註82〕同註65，頁1。

〔註83〕同註65，頁8。

〔註84〕同註65，頁31。

〔註85〕同註56，頁12～15。

與禪學本就十分接近而易於混淆，發展至陽明後學泰州學派的王襞、羅近溪，及浙中學派的王龍溪等人時，甚至不諱言本身與禪的接近。到了這個階段，儒與佛的交涉將其重心由見解上主張其同或其異，而轉移至經由義理上的討論來非議或調和。蕅益大師的《四書蕅益解》，正是從義理上來會通儒、佛，他本身不但精通佛教教內各派的義理，亦熟悉理學家朱熹與陸九淵的學說，有一段平章朱陸之爭的文字（見於〈性學開蒙〉），而他對王陽明更是推崇肯定，以爲陽明能夠直接孔、顏心法，發千古聖人心傳之秘，而且將年少時所悟的境界比同於陽明，足見對於宋明理學，蕅師是有過一番理解與體會的。從義理上來會通儒佛，不管是儒家立場或佛教立場，其義理終有一指歸，而能保存其根本精神，如《四書蕅益解》即是以佛教爲其思想之依歸。這樣的會通方式，可以避免形成一種拼盤式的、雜湊型的兼容並蓄，終至喪失二者的根本精神，乃至儒不成儒、佛不成佛。這也就是蕅師所以要先能知儒佛之異，而後能言儒佛之同，並從多種角度來看儒與佛之關係（見於〈性學開蒙〉）的原因，以避免「漫云三教究竟同」（《中庸直指》頁 73）的缺失。不可諱言的，儒與佛有其根本精神的差別，也就是蕅師所說的「歸宗異」（〈性學開蒙〉），而《四書蕅益解》之調和儒釋，正是在肯定「歸宗異」的情形之下，「開權顯實」地以佛教義理來解說儒書，使一部《四書蕅益解》始終以天台圓教的綱領加以貫通，而歸宗到佛教的圓極一乘上。這一方面有別於不牽涉義理指歸及模糊根本精神而漫云三教是同的調和主張（譬如僅僅將調和基礎建立在「宗教都是勸人爲善」這一點上），另一方面亦能凸顯在大乘佛學中採取眞常唯心一系作爲調和基礎，而有別於其他二系爲基礎的調和論（譬如近人章太炎的《齊物論釋》即採取虛妄唯識一系爲調和基礎來會通佛教與《莊子》〔註86〕），因此，《四書蕅益解》便爲傳統文化的整合，提供了一種獨特的整合方式，而深具思想圓融的色彩。

　　《四書蕅益解》寫作之初，蕅師是希望能「以圓極妙宗，來會此文，俾儒者道脈，同歸佛海」（《中庸直指》卷頭語，頁 35）的，也就是爲引儒者歸佛，作一方便法門。但由於這本書在傳統的經學學者看來，這樣的注解法並不被認同，所以在《四書》學史上，並未占有一席之地，《四庫全書》亦未見收錄；而在佛教界中，蕅師其餘的釋論之作多收錄於《大藏》或《續藏》中〔註87〕，而《四書蕅益解》卻未被收錄，可見在佛教界中，也只是將它視爲一種方便之作，而未被重視，此後流傳的情形不詳，只知道其中《孟子擇乳》一書因兵燹而亡佚，一直到民國九年印光大師、

〔註86〕關於章太炎《齊物論釋》的研究，可以參考蘇美文：《章太炎《齊物論釋》之研究》
　　　　（臺北：淡江大學中國文學研究所碩士論文，民國 82 年）。
〔註87〕同註 1，第四章「智旭的著作」。

楊仁山居士等人於金陵刻經處重刻刊行，後又由陽復子江謙居士補註，但外界仍未多見，旋又淹沒無聞〔註88〕。這種情形說明了《四書蕅益解》一書在傳統學界並未受到重視，不論是儒學界或佛教界，都少有討論。然而在儒學史或佛教史上，《四書蕅益解》或許無足輕重，但就儒佛交涉史的角度來看，這本書就特具價值，例如前文所述此書表現了明朝末年佛教界中調和儒釋的成果，並且從宋儒闢佛經明初而發展到明末的儒釋交涉軌跡來看，儒釋二家從義理上的質詢闢斥、澄清反駁乃至《四書蕅益解》的運用佛理融攝儒家，正顯示了佛教界在處理儒釋交涉問題上的日趨圓熟。因此，也許就蕅師原本「引儒歸佛」的目的而言，其功效並不理想；但從儒佛關係的角度來看，此書在明末卻甚具代表性，值得我人深入探討。

〔註88〕見南懷瑾：〈影印蕅益大師《周易禪解》、《四書蕅益解》記〉，影印自美國哈佛大學
　　　　影本的：《四書蕅益解》（臺北：先知出版社，民國62年）。

第六章　結　論

　　蕅益大師之撰述《四書蕅益解》一書，從它所處的時代背景來看，可以知道這是在三教合一論盛行之時代風氣下的產物，這風氣涵蓋著儒學界、佛教界，甚至民間宗教，乃至文學、藝術上都受其影響，範圍極廣。而《四書蕅益解》一書，則正代表了晚明佛教界在此一風氣下，從義理上調和儒釋的成果。另外，從此書的作者蕅益大師的據儒排佛、然後由儒歸佛，再到以佛攝儒的思想進程看來，《四書蕅益解》之所以成書，亦有其內發的動力。

　　《四書蕅益解》之思想內容，主要是以蕅益大師「現前一念心」為其核心。這「現前一念心」以天台宗「一念三千」的性具思想為其基礎，除了含有在一念之中具足無漏功德善法的意義之外，特別重視《起信論》「一心開二門」的架構，亦即真如隨緣的思想，即隨緣而悟不變，即不變而隨緣，即妄即真，即真即妄的呈顯，而這個架構具體的表現在心體論與功夫論上，即是「全性起修」、「全修在性」，「性修不二」的教理。從《四書蕅益解》中，也可以看出蕅益大師調和性、相二宗的努力，如《大學直指》即是從性宗立場切入三綱領，而卻是以唯識的思想來解說八條目的。又如《中庸直指》從阿賴耶識解說「天命之謂性」的「性」字，卻以「圓解」、「圓行」、「圓證」的性宗立場來講「修道之謂教」的工夫次第。至於《論語點睛》，則重點在於「顏淵問仁章」，此處蕅師有其切身的體會，因其少時讀《論語》至此而「大悟孔、顏心法」，至於其要旨，則是將「仁體」詮釋為「本覺之體」，亦即如來藏真如自性。《四書蕅益解》中常運用「三界唯心」、「萬法唯識」的觀點來注解，因此深具佛教唯心論的特色。

　　《四書蕅益解》一書的詮釋方法，主要是依循傳統經學注解的形式，表面上是「述而不作」，但事實上是「以述為作」地表現其佛教的思想。在方法上，蕅師則運用《法華經》「開權顯實」的教旨，將《四書》看作權文來處理，而以圓宗義理來會

合，令成實義。由於採取的是隨文夾注的方式，所以原文與注文相對照看，便可整理出其詮釋之體式，可整理爲三種類型：一、文字多義性的運用，這是以語詞的別解來符應儒釋。二、以佛解儒，這是以佛教觀念來詮釋儒典文句。這兩種方式符應面較小，通常忽略了語詞前後文的關係及語境上儒家文化背景的制約，而多從語詞或文句這樣的一個點出發，引申發揮佛教的義理，其弘法的味道較濃厚。至於第三種類型，則是以佛況儒，這是思考模式的類比，有比喻、譬喻的性質，在同一種共通的思考模式上會通儒佛，而儒家的義理並不會被遮蔽或代置，這是因爲只是原則性的道理，用之於儒、用之於佛，莫不皆然，這種符應效果則較全面。另外，從《四書蕅益解》的詮釋理路來看，此書涵蓋大乘佛學三系的思想進路，而以「眞常唯心」系爲主，至於「虛妄唯識」與「性空唯名」二系，雖亦多運用，但多半都是受了眞常系統的影響，其唯識的思想是會通如來藏學的，而性空思想也是與眞常雜糅的（詳見第三章一、二節），可見全書詮釋之理路，乃是以眞常一系爲主。

《四書蕅益解》這種在義理上以佛攝儒的方式，如果和明初姚廣孝的《道餘錄》對照來看，可以發現二者雖然同屬於佛教立場對儒、釋問題的關涉之作，但《道餘錄》偏向澄清、反駁程朱的闢佛言論，爲佛教爭取與儒者並立的空間；而《四書蕅益解》則站在以佛攝儒的立場，從佛理判攝儒家而歸納其爲佛法之一部分（雖然只是權理），在方式上，後者顯然在處理的技巧上更加圓熟，也更符合佛教隨機度生的教旨。又，《四書蕅益解》若與時代較近的憨山大師之〈大學綱目決疑〉、《中庸直指》來比較，則可發現二者雖然同屬於佛教界的大師對儒典的詮釋，但憨山大師在以佛理說儒之外，其思想特色帶有很濃厚的道家老莊色彩，且其據以解說的佛理，在運用上較單一，而蕅師則廣泛地運用天台、唯識、禪、華嚴乃至淨土等各方面的佛教思想來注解，在儒釋的符應上，是較爲純粹而全面的佛教立場。二位大師之調和論各有其特色，而蕅師則表現出天台圓教的精神，並建立此種特色的文化整合方式，而獨具一格地呈現其價值。

《四書蕅益解》一書，是蕅益大師透過對儒家經典《四書》的注解，而想要達到調和儒釋，甚至引儒入佛的方便之作。蕅師的調和基礎，雖然已較泛說「宗教都是勸人爲善」這一類型的調和論者更進一步，而從儒釋的義理上融會貫通，形成他特具一格的天台圓教立場的調和論，也成爲晚明佛教界中儒、釋調和工作的高峰，但不可諱言的，《四書蕅益解》的解法，很難說服儒者，而得到他們的認同。這是因爲此書所採取的是佛教立場，而儒佛之間，雖然有一些相類似之處，譬如在工夫論上都要求精進不懈，而其目的都是在健全圓滿一個人的人格，也都指出一個終極目標作爲依歸，但在儒佛之間，畢竟有其根本精神的差異。儒家的根本精神是入世的，

是效法天道生生不息的創生功能的,是肯定『生生之謂易』這一剛健中正,於穆不已的精神的,是眞實無妄的,是道德性的;而佛教對於宇宙萬法的觀點,卻是如幻如化的存在的,是緣起的,是不實的,是無自性的,是清淨本心隨無明障蔽而現起的,是流轉與還滅的,是出世的〔註1〕。要言之,儒釋兩家根本精神之差異,其關鍵即在於儒家「生生」系統及佛教「流轉」系統的不同〔註2〕。這是二者從解說宇宙萬物的存有論的不同,連帶著到心性論及人生觀等,都有著顯著的差異。這種根本精神上的差異,使得調和論者在處理儒釋問題時,勢必有所取捨,若欲保留其中一家之根本精神,必將忽略另一者,否則即會造成其調和論在義理上的不連貫,形成拼盤式或什錦式的雜糅,終至儒不成儒,佛不成佛。就《四書蕅益解》來說,自然也遭遇了這樣的問題,而蕅師在取捨之後,由於是站在佛教的立場,所以許多儒家精神的特色都被移轉滑脫而不顯現。以下就列舉一些情形,來看儒佛二教之差異,並以說明調和論在《四書蕅益解》中所形成的困難:

一、自他關係的差等與融合——就以《大學》來說,《大學》一書講格物致知誠意正心修身,這是屬於「內聖」的部分,而這一部分的修養是給齊家治國平天下的「外王」部分作基礎的,其最終目標是落在後者,這是儒家大同治世的理想。雖然《大學》一書也明白的提到:『自天子以至於庶人,壹是皆以修身爲本』,但是『以修身爲本』的意涵,只是在確立儒家的政治觀——政治是人的事,人的本性是道德的,所以政治也應當是道德的;也就是說,『以修身爲本』是同時兼具有倫理學和政治學的意義的。朱子、陽明等詮釋《大學》,都偏重倫理學的意義;但是就《大學》本文來說,應是比較偏重在政治學的意義上的,亦即修身乃齊家、治國、平天下之本的一面,雖然這政治學的意義必須以倫理學的意義爲依據〔註3〕。況且即使就倫理的意義來說,儒家『親親之殺,尊賢之等,禮所生也』(《中庸》)的差別性的強調,以形成「君臣有義,父子有親,夫婦有別,長幼有序,朋友有信」的倫理規範之依據,這是有其社會性的,自、他之間的界線井然,不容或紊。就儒家來說,不論是政治學或倫理學,都必須在人我的關係上落實,但蕅師從佛教唯心論的立場來詮釋,使得「家國天下,皆是此心中所現物」(《大學直指》,頁8),完全從「自、他不二」的立場來闡發,將自、他間的倫理關係收攝到一己之本心,而成爲「盡其在我」的

〔註1〕儒佛根本精神的差異,可參考陳郁夫:〈先秦儒家與原始佛教基本思想的差異〉,《師大國文學報》第十五期(民國75年6月),頁37～49。

〔註2〕蔣義斌:《宋代儒釋調和論及排佛論之演進》(臺北:臺灣商務印書館股份有限公司,民國77年),頁199。

〔註3〕岑溢成:《大學義理疏解》(臺北:鵝湖出版社,民國75年),頁145、146。

解說，如此則滑脫了儒家倫理關係的現實意義，而成爲佛教心具萬法的註腳。而且就人我的關係來說，儒家講恕道，講絜矩之道，推己及人，所謂『己所不欲，勿施於人』（《論語・衛靈公》、《論語・顏淵》），所謂『己欲立而立人，己欲達而達人』（《論語・雍也》），所謂『所惡於上，毋以使下；所惡於下，毋以事上；所惡於前，毋以先後；所惡於後，毋以從前；所惡於右，毋以交於左；所惡於左，毋以交於右，此之謂絜矩之道』（《大學》），所謂『忠恕違道不遠，施諸己而不願，亦勿施於人。君子之道四……所求乎子以事父……所求乎臣以事君……所求乎弟以事兄……所求乎朋友先施之……』（《中庸》）這些都是以己度人，想他人與自己一樣，使自心的仁，做到充類至盡；這若表現在政治學上，就是「兼善天下」的外王之學。在這裡，雖然都是以一己做基礎來推度他人，但是自、他，內、外的分際是很明顯的，不容或混。但是蕅師在討論到自他關係時，即使是說到『親民』時，仍然是以「度自性之眾生」（《大學直指》頁8）來解說，充分表現了佛教唯心論的立場。

二、萬法的實有與非實有——這是儒佛在其根本精神上的差異。因爲就前點所述來說，儒家在充分推展這恕道、充分發揮仁心、擴充自己的善性之後，亦能參天地而合外內，如《中庸》所言：『唯天下至誠，爲能盡其性；能盡其性，則能盡人之性；能盡人之性，則能盡物之性；能盡物之性，則可以贊天地之化育；可以贊天地之化育，則可以與天地參矣。』又曰：『誠者，非自成己而已也，所以成物也。成己，仁也；成物，知也；性之德也，合外內之道也。』在深度與廣度上，都擴充到極致。因此，如果光是從與天地萬物合一的境界上來說，並不足以作爲區分儒佛的根據。那麼其間的差別何在呢？即在於佛家泯除自、他差別，與萬物融爲一體後，並不認爲此是實有，這是佛教的根本立場；否則即使能達萬化同體，也只不過是擴大了「我」的範圍，成爲「大我」罷了，依然存在著我見，而流爲梵我合一論者。儒家則不然，儒家是在生命上體現了創生實體，此爲一形而上的實體而具有創生化育萬物的功能，在「生生」這層意義上呈現道德性，且由此道德的形上實體創生的存在物都是眞實不虛，一一有其獨立的意義，故儒者在體現此創生實體時，亦是充實飽滿，眞實不虛的。萬法的實有與非實有，可以作爲同是物我合一、萬化同體境界下的儒佛差別之判斷依據之一。例如蕅師常以「萬法唯識」的觀點來詮釋，說明萬法不離一心，而皆此心所幻現；即是將天地萬物統合於一心，卻又強調其爲非實。若從這個角度來看，則可以了解若站在佛教的立場，儒家等世間學雖能通達物我合一、萬化同體，卻未能通達我法二空；而聲聞、緣覺二乘，雖能通達空無我性，卻悲心薄弱，不能與眾生同體；唯佛菩薩遍達人法空無我性，即智起悲，悲智平等，才算得上是

圓滿〔註4〕，故瀇師在〈性學開蒙〉中判攝儒家爲人乘教，就是基於佛教緣起性空這一根本精神爲考量的，以其未能解脫生死之故；但相對於二乘來說，儒者的仁心是悲心薄弱的二乘所不及的，只是約解脫生死的智慧來說，以佛教出世的立場而言，儒者自然要不及二乘聖者，而被判攝在人乘之中了。

　　實有與非實有，很能作爲區分儒佛的依據，因爲宋明時期的理學家，在批評佛教爲「空寂」之教時，即使佛教徒提出反駁，認爲就大乘佛教的終極意義來說，佛教並非虛無主義，一如華嚴宗的「事事無礙法界」是彼此融攝而無礙無盡的；但這樣的辯護雖然近理，卻不相應，也就是說沒有和理學家批評的理論脈絡在同一個層面上對話，因爲理學家所據以批評的，正是和佛教非實有系統迥異的「創生的實體」，此創生實體正可作爲生化萬物的「直接生因」，而萬物也都是具體實有的存在著的〔註5〕。而在佛教來說，萬法是緣起性空，如幻如化的存在著的，萬法並非由什麼本體而生，而是「無生」的。歸根究柢，萬法非實有爲佛教的根本立場，這和萬法爲實有的儒家，表現出其根本精神的差異。

　　三、道德性與無自性——由於佛教不以萬法爲實有，故從眞妄立說，第一件要緊事是返妄歸眞，由生滅門歸眞如門；而儒家則以創生實體爲道德性，故以善惡立論，著眼於修善去惡，率此一天命之善性而行，致良知於事事物物。因此，二者在最終的價值取向上，便有了歧異，例如瀇師《中庸直指》之最終價值取向，即在於返迷歸眞，而不以善惡爲其依歸，故曰：「除其修惡，惡性元無可除；習其修善，善性元無可習，故深達善惡之性，即是無性者，名爲悟道。」（頁 36）這裡分成眞、

〔註4〕印順法師曾將世間、聲聞與佛菩薩作一對比：
　　　　世間——向外觀察，了解萬化同體，重於仁愛。
　　　　聲聞——向內觀察，通達空無我性，重於智證。
　　　　佛菩薩——內外交徹，遍達人法空無我性，即智起悲，悲智平等。
　　　　見於法師所著：《我之宗教觀》（臺北：正聞出版社，民國81年），頁131。
〔註5〕錢新祖著，林聰舜譯：〈新儒家之闢佛——結構與歷史的分析〉，《鵝湖》第一〇四期（1984 年 2 月），頁 11、12。此外，如牟宗三先生以爲儒家之著眼點，在於正視眞實心之「自律、自給普遍法則，以指導吾人之行爲，使吾人之行爲成爲普遍法則所貫之實事」，以別於佛家之著眼於「緣起性空、流轉還滅、染淨對翻、生滅不生滅對翻」之眞實心。牟氏認爲佛家之言體用，只是虛繫無礙之體用，而非實體創生、實理所貫之體用；佛家圓融無礙之相資相待只是客觀的、存有論的不相資不相待之抒意詮表上之虛繫無礙地說，事實上則實無體用關係可說。只因佛家本質上非創生的體用關係、因果關係，於此而有別於儒家；故須從此處辨明儒釋，否則若不知此關鍵，只看那些形容之相似，以及皆重主體性、皆可成聖、皆可成佛之形態之相似，便以爲是會通，那是無意義者。以此關鍵，佛家亦不能以「不毀世間而證菩提」來辯飾。說見其〈佛家體用義之衡定〉一文，收於氏著《心體與性體》第一冊（臺北：正中書局，民國80年）。

妄兩個層次，就妄的層次來說，「除其修惡」、「習其修善」，習善除惡誠為必要，卻是從「修」的一面講；至於就真的層次說，則是「善惡之性，即是無性」，這是就「性」的一面講。但真妄兩個層次並非互相對立的，而是即妄即真，即真即妄的，其關係如《起信論》所說的真如隨緣，是隨緣不變而不變隨緣的，所以據此就可以「全性起修」、「全修在性」，而「性修不二」了。佛教之所以不將最終價值取向放在善惡之上，是因為若不達我法空性，則所修善為有漏善，雖能感得人天福報，但終未能解脫生死，仍在六道輪迴之中，一旦福盡仍將墮落。若就儒佛道德性與無自性的差別而言，則藕師在《論語點睛》中，「顏淵問仁章」對「仁體」的詮釋，儘管有他切身的體驗，但並沒有從道德心的角度去詮釋，也就不能相應儒家這一道德主體的根本精神了〔註6〕。

四、死而後已與死而不已——曾子曰：『士不可以不弘毅，任重而道遠。仁以為己任，不亦重乎？死而後已，不亦遠乎？』（《論語‧泰伯》）但藕師的解文卻說：「弘毅二字甚妙，橫廣豎深皆不思議；但死而後已四字，甚陋……故知曾子只是世間學問，不曾傳得孔子出世心法。」（頁140）的確，站在儒家的角度而言，生命是可以在現世成就而呈顯其價值，因為儒者肯定人的性體之流行與實現，這些並非是如幻如化，如露如電的，乃是真實無妄，具體呈現之事，故孝慈忠信等德行，因人生責任之所及，或親親，或仁民，或愛物，以成就其生命之當為，即此以見其為人之價值而不朽。由於生命的價值在現世就能呈顯，不必待來世，故曰「死而後已」；但佛教站在業感緣起的角度，眾生隨其所造業而在六道中輪迴不已，生死海中頭出頭沒，感受苦果，故此生之後尚有來生，除非修行以求解脫，故站在佛教的角度要說「死而不已」，否則即成斷見。這是因為在生命途徑上、在文化之方向上所表現出的差異〔註7〕。由於這種觀點的差異，就孝道而言，佛教的觀點是要能度親成佛，始可言孝；甚至今生所見眾生都有可能是無始以來不同前世的父母，因此要能度盡眾生，方能稱得上是大孝。因此藕師在《中庸直指》卷末總結云：

不可謂世間儒學，本與圓宗無別也。觀彼大孝至孝，未嘗度親成佛；盡性

〔註6〕「仁」之所以為道德心，是因為它呼應了創生萬物的形上實體，繼承其生生不已的創造性。例如成中英對「仁」的詮釋，他以「生」為一種德（如《易‧繫辭》所謂『天地之大德曰生』），而孔子拈出一個「仁」字作為德行之本及德性之全的理由，就是因為對生之德——也就是對生的創造性、普遍性及悠久性最有體驗。見氏著：〈孔子哲學中的創造性原理——論生即理與生即仁〉，《幼獅學誌》二〇卷第三期（民國78年5月），頁13。

〔註7〕張永儁：〈宋儒「闢佛」經緯談〉，《中國佛教》，二十六卷第八期（民國71年5月），頁15。

之極，不過與天地參，則局在六合之內，明矣。(頁72)

佛教不但在時間上是無始劫來的漫長久遠，在空間上也是天外有天，乃至超出三界之外。站在這個立場來看儒家的時空觀，無怪乎要把儒家攝在五乘教的「人乘」之中，而要「開權顯實」地來會儒書之權文，而顯圓宗之實義了。

以上雖列舉四點，但這只是歸納上的方便，實則這四點只是儒釋兩家根本精神之差異所造成在存有論、心性論及人生觀等各方面衍生的不同，亦即以上四個面向的不同，實際上只是一個根本精神的差異。一言以蔽之，乃在儒家「生生」系統與佛教「流轉」系統的差別。

《四書蕅益解》雖然在調和儒釋問題上遭遇這樣的困難，但是就文化整合的角度來說，它也爲我們提供了一種義理上會通的方式，而不再停留在入世則儒、出世則佛這樣的兼容並蓄的態度之上。雖然《四書蕅益解》是站在佛教的立場的，但若以佛教的角度來看，它不失爲以儒者爲弘法對象的一種方便。而且它在義理上始終是善巧的運用《法華》開權顯實的教旨，使天台圓教的精神貫通全書，令其思想純而不雜，終不至於儒不成儒、佛不成佛。這是因爲蕅師善於運用性宗的思考方式，圓融地處理各種不同思想間的差異性，在「現前一念心」的運用之下，性宗與相宗、禪與教、禪與天台、天台與唯識，甚至是儒與佛，都在這個模式下得以折衷而會通，而總其思想會歸於淨土。也許我們可以說，在客觀的立場上，儒、釋確有其根本精神的差異，但如果就主觀上來說，以佛教如此徹底的唯心論者，必將如大珠慧海禪師論儒釋道三家同異曰：「大量者用之即同，小機者執之即異；總從一性上起用，機見差別成三。迷悟由人，不在教之同異。」〔註8〕「迷悟由人，不在教之同異」，此語確實很值得我人深思。佛家所謂「圓人觀法，無法不圓」，同異的差別不在客觀事物上，而在於主觀的心上。蕅師〈性學開蒙〉廣從各種角度來闡發儒佛的同異之致，不正也是體會到立場不同，所見各異乎？然而這樣子的講法，卻又是佛教主觀唯心論的說法，又可以被吾人歸納到佛教的思想脈絡來理解。《四書蕅益解》之調和儒釋，說同說異，亦應作如是觀。

<hr>

〔註8〕《景德傳燈錄》卷二十八，《大正藏》第五十一卷441頁中。

參考書目

一、專書部分：

1. 蕅益大師著，江謙居士補註：《四書蕅益解補註》（臺北：佛教出版社，不註出版年月）。

2. 蕅益大師著，江謙居士補註：《四書蕅益解補註》（臺北：佛教出版社，民國 67 年 5 月初版）。

3. 蕅益大師：《四書蕅益解》（臺北：先知出版社，民國 62 年）。

4. 蕅益大師：《四書蕅益解》（高雄：高雄淨宗學會（印贈品），民國 82 年）。

5. 蕅益大師：《四書蕅益解》（《蕅益大師全集》第十九冊，臺北：佛教書局，民國 78 年）。

6. 蕅益大師著，蕭天石主編：《周易禪解》（臺北：自由出版社，民國 77 年）。

7. 蕅益大師：《靈峰宗論》（《蕅益大師全集》第十六～十八冊，臺北：佛教書局，民國 78 年）。

8. 《楞嚴經》（《大正藏》第十九卷）。

9. 《圓覺經》（《大正藏》第十七卷）。

10. 《金剛經》（《大正藏》第八卷）。

11. 《六祖壇經》（《大正藏》第四十八卷）。

12. 《入法界體性經》（《大正藏》第十二卷）。

13. 《大乘起信論》（《大正藏》第三十二卷）。

14. 《中觀論頌》（《大正藏》第三十卷）。

15. 《唯識三十論頌》（《大正藏》第三十一卷）。

16. 《成唯識論》（《大正藏》第三十一卷）。

17. 《景德傳燈錄》（《大正藏》第五十一卷）。

18. 阮元校勘：《十三經注疏》附校勘記（臺北：大化書局，民國 71 年）。

19. 朱熹：《四書集註》（臺北：學海出版社，民國 78 年）。

20. 程樹德撰：《論語集釋》（北京：中華書局，1990 年）。

21. 劉寶楠撰：《論語正義》（北京：中華書局，1990 年）。

22. 袾宏大師：《蓮池大師全集》（臺北：中華佛教文化館，民國 72 年）。

23. 憨山德清校閱：《紫柏尊者全集》（《大藏新纂卍續藏經》第七十三卷）。

24. 錢謙益集：《紫柏尊者別集》（《大藏新纂卍續藏經》第七十三卷）。

25. 憨山大師：《憨山老人夢遊集》（臺北：新文豐出版股份有限公司，民國 81 年）。

26. 姚廣孝：《道餘錄》（明萬曆己未（四十七年）海虞錢謙益刊本，收於嘉興楞嚴寺方冊藏經中，共一卷）。

27. 黃宗羲：《黃宗羲全集》七、八冊——《明儒學案》（臺北：里仁書局，民國 76 年）。

28. 王陽明：《王陽明全集》，上海：上海古籍出版社，1992 年）。

29. 王陽明：《王陽明傳習錄及大學問》（臺北：黎明文化事業股份有限公司，民國 81 年）。

30. 李贄：《四書評》（三聯書店香港分店據明萬曆年間刊本之影印本，為六開毛邊紙本，線裝四冊布函，政大社會資料中心收藏）。

31. 李贄：《焚書／續焚書》（臺北：漢京文化事業有限公司，民國 73 年）。

32. 聖嚴法師著，關世謙譯：《明末中國佛教之研究》（臺北：臺灣學生書局，民國 77 年）。

33. 聖嚴法師：《明末佛教研究》（臺北：東初出版社，民國 76 年）。

34. 釋果祥：《紫柏大師研究》（臺北：東初出版社，民國 76 年）。

35. 鄧繼盈：《蕅益智旭淨土思想之研究》（臺北：政治大學中國文學研究所碩士論文，民國 79 年）。

36. 邱敏捷：《參禪與念佛——晚明袁宏道的佛教思想》（臺北：商鼎文化出版社，1993 年）。

37. 林其賢：《李卓吾的佛學與世學》（臺北：文津出版社，民國 81 年）。

38. 陳錦釗：《李贄之文論》（嘉新水泥公司文化基金會，民國 63 年）。

39. 荒木見悟：《明代思想研究》（東京：創文社，1972 年）。

40. 馮佐哲・李富華著：《中國民間宗教史》（臺北：文津出版社，民國 83 年）。

41. 鄭志明：《無生老母信仰溯源》（臺北：文史哲出版社，民國 74 年）。

42. 鄭志明：《明代三一教主研究》（臺北：臺灣學生書局，民國 77 年）。

43. 印順法師：《如來藏之研究》（臺北：正聞出版社，民國 81 年）。

44. 印順法師：《中觀論頌講記》（臺北：正聞出版社，民國 81 年）。

45. 印順法師：《唯識學探源》（臺北：正聞出版社，民國 81 年）。

46. 印順法師：《我之宗教觀》（臺北：正聞出版社，民國 81 年）。

47. 印順法師：《契理契機之人間佛教》（臺北：正聞出版社，民國 79 年）。

48. 徐典正：《唯識思想要義》（高雄：佛光出版社，民國 82 年）。

49. 楊惠南：《佛教思想發展史論》（臺北：東大圖書股份有限公司，民國 82 年）。

50. 吳汝鈞：《佛教思想大辭典》（臺北：臺灣商務印書館股份有限公司，民國 81 年）。

51. 馬宗霍：《中國經學史》（臺北：臺灣商務印書館股份有限公司，民國 81 年）。

52. 皮錫瑞：《經學歷史》（臺北：藝文印書館，民國 76 年）。

53. 汪惠敏：《宋代經學之研究》（臺北：師大書苑有限公司，民國 78 年）。

54. 林慶彰：《明代經學研究論集》（臺北：文史哲出版社，民國 83 年）。

55. 馮友蘭：《中國哲學史》附補編，臺北：藍燈文化事業股份有限公司）。

56. 王鵬凱：《歷代論語著述綜錄》（臺北：政治大學中國文學研究所碩士論文，民國 78 年）。

57. 岑溢成：《大學義理疏解》（臺北：鵝湖出版社，民國 75 年）。

58. 高柏園：《中庸形上思想》（臺北：東大圖書股份有限公司，民國 77 年）。

59. 鄭琳：《中庸翼》（臺北：文史哲出版社，民國 71 年）。

60. 吳怡：《中庸誠字的研究》（臺北：華岡出版部，民國 63 年）。

61. 朱伯崑：《易學哲學史》（臺北：藍燈文化事業股份有限公司，民國 80 年）。

32. 牟宗三：《心體與性體》（臺北：正中書局，民國 68 年）。

63. 牟宗三：《從陸象山到劉蕺山》（臺北：臺灣學生書局，民國 79 年）。

64. 牟宗三：《中國哲學十九講》（臺北：臺灣學生書局，民國 80 年）。

65. 牟宗三：《中國哲學的特質》（臺北：臺灣學生書局，民國 76 年）。

66. 唐君毅：《中國哲學原論・導論篇》（臺北：臺灣學生書局，民國 82 年）。

67. 蔣義斌：《宋代儒釋調和論及排佛論之演進》（臺北：臺灣商務印書館，民國 77 年）。

68. 熊琬：《宋代理學與佛學之探討》（臺北：文津出版社，民國 80 年）。

69. 蘇美文：《章太炎《齊物論釋》之研究》（臺北：淡江大學中國文學研究所碩士論文，民國 82 年）。

70. 郭正宜：《方東樹詩學源流及其美感取向之研究》（臺南：成功大學歷史語言研究所碩士論文，民國 82 年）。

71. 尤信雄：《桐城文派學述》（臺北：文津出版社，民國 78 年）。

72. 龔鵬程：《文化符號學》（臺北：臺灣學生書局，民國 81 年）。

73. 顏崑陽：《李商隱詩箋釋方法論》（臺北：臺灣學生書局，民國 80 年）。

74. 早川著，柳之元譯：《語言與人生》（臺北：文史哲出版社，民國 70 年）。

75. 戴華山：《語意學》（臺北：華欣文化事業中心，民國 71 年）。

76. 印順法師：《以佛法研究佛法》（臺北：正聞出版社，民國 81 年）。

77. 勞思光：《新編中國哲學史》（臺北：三民書局股份有限公司，民國 80 年）。

78. 吳汝鈞：《佛學研究方法論》（臺北：臺灣學生書局，民國 78 年）。

79. 沈清松：《現代哲學論衡》（臺北：黎明文化事業有限公司，民國 74 年）。

80. 馮耀明：《中國哲學的方法論問題》（臺北：允晨文化實業股份有限公司，民國 78 年）。

二、單篇論文：

1. 林政華：〈薀益祖師之論語教〉（《華梵佛學年刊》第六期，民國 78 年）。

2. 何佑森：〈明末清初的實學〉（《臺大中文學報》第四期）。

3. 江燦騰：〈李卓吾的生平與佛教思想〉（《中華佛學學報》第二期，民國 77 年 10 月）。

4. 崔文印：〈李贄《四書評》真偽辨〉（《文物》1979 年 4 期，1979 年 4 月）。

5. 崔文印：〈《四書評》不是李贄著作的考證〉（《哲學研究》1980 年 4 期）。

6. 劉建國：〈也談李贄《四書評》的真偽問題〉（《貴州社會科學》1983 年 3 期）。

7. 王煜：〈釋德清（憨山老人）融攝儒道兩家思想以論佛性〉（收於《明清思想家論集》，臺北：聯經出版事業公司，民國 73 年）。

8. 商傳：〈明初著名政治家姚廣孝〉（《中國史研究》，1984 年第 3 期）。

9. 南懷瑾：〈影印薀益大師《周易禪解》、《四書薀益解》記〉（影印自美國哈佛大學影本的：《四書薀益解》，臺北：先知出版社，民國 62 年）。

10. 李曉東：〈經學與宋明理學〉（收入林慶彰編：《中國經學史論文選集》下冊，臺北：文史哲出版社，民國 82 年）。

11. 張永儁：〈宋儒闢佛經緯談〉（《中國佛教》二十六卷八期，民國 71 年 5 月錢新祖著，林聰舜譯：〈新儒家之闢佛——結構與歷史的分析〉（《鵝湖》第一○四期，1984 年 2 月）。

12. 何寄澎：〈論釋契嵩思想與儒學的關涉〉（《幼獅學誌》20 卷 3 期，1989 年 5 月）。

13. 劉貴傑：〈契嵩思想研究——佛教思想與儒家學說之交涉〉（《中華佛學學報》第二期，1988 年 10 月）。

14. 陳郁夫：〈先秦儒家與原始佛教基本思想的差異〉（《師大國文學報》第十五期，民國 75 年 6 月）。

15. 成中英：〈孔子哲學中的創造性原理——論生即理與生即仁〉（《幼獅學誌》二○卷第三期，民國 78 年 5 月）。

16. 西禎光正：〈語境與語言研究〉（收入西禎光正編：《語境研究論文集》，北京：北京語言學院出版社，1992 年）。

17. 江燦騰：〈現代中國佛教研究方法學的反省〉（收於《現代中國佛教史新論》，高雄：淨心文教基金會（印贈品），民國 83 年）。

熊十力《新唯識論》研究
——以《新唯識論》所引發儒佛之爭爲進路的探討

林世榮　著

作者簡介

林世榮，中央大學中文所博士，現為龍華科大通識中心教授。著有《熊十力《新唯識論》研究》、《熊十力春秋外王學研究》、《熊十力與「體用不二」論》，及單篇論文〈朱熹《周易本義》發微〉、〈程朱「復其見天地之心乎」說研究〉、〈李光地《周易折中》發微〉、〈李光地《周易折中》屯六二「乘馬班如，匪寇婚媾」研究〉等十數篇。

提　　要

　　熊十力由佛返儒，平章華梵，其《新唯識論》乃融儒佛而折衷於《易》之作，對佛學儒學可謂皆作了一終極意義之探究，從而挺立出道德主體性，在近代思想史上實有重大意義。而由此所引發之儒佛論爭，無疑地豐富思想界甚多，且使宋明以來即已存在之儒佛問題，有一新的接觸與溝通。本文即欲由此一進路以探討儒佛兩家是否有融通之道，從而彰顯出《新唯識論》之理論得失及其時代意義。

　　第一章導論，略述寫作緣由與全文之大概，以利爾後各章之順遂開展。第二章論熊氏對佛學理論之反省，因覺其不足，故由佛家入又由佛家出，而終歸於儒。第三章論《新唯識論》之理論建構，以明熊氏即破即立，其翕闢成變，即用識體之「體用不二」論是如何展開的。第四章論佛學界對熊氏之反駁，藉此不只可從反面看熊氏，更可見雙方之著重點所在。第五章結論，綜合前面所論，歸為幾點結論，就其大端再略加評述。

　　經由以上之探討，從而得知儒佛兩家難以溝通（至少在熊氏當時是如此）；唯識理論未為圓融；《新唯識論》誠然有其創見，而其論證則嫌簡略；而其時代意義，無疑地乃熊氏以全幅真精神，再次挺立了道德主體性，並為當代新儒家奠立了一典範。

目

次

第一章　導　論

第一節　研究動機與目的

　　清末民初可謂乃中國數千年來未曾有之一大變局，在政治社會上面臨轉型期，在思想文化上更面臨嚴重之挑戰，而當代新儒家即在此境遇中應運而生，並形成一學派，顯然在思想史上已佔有一席之位。所謂當代新儒家乃相對於先秦儒家、宋明新儒家而言，自孔子以來至今，儒學傳統大致即可分為此三期。〔註1〕雖分為三期，但其間乃互相關連，一脈相承，過去影響著現在，現在承續著過去，故皆同為儒家，而所強調者，大致皆以修己安人之學，內聖外王之教，為其淑世濟民之主張。不過，因所處時代不同及外在思潮衝擊之故，尤其在文化演進過程中，兩次異文化的侵入，更使得三者有所不同。第一期時，尚未有異文化進入，其所面對的乃自身內在問題，亦即周文疲弊，禮壞樂崩；而經由先秦儒家之努力，亦能完成其任務，從而肯定人性之應然價值根源，並奠定以道德主體性為本的義理規模。至第二期，其所面對的除儒學本身不振外，更因印度佛學之異文化進入，與老氏並行，而在此佛老盛行之衝擊下，人倫瀕於頹喪；而經由數百年之融合吸收，再經宋明新儒家之努力，亦能由抗衡進而消化之，再次挺立心性之學，向形上思想更推進一步，

〔註1〕張灝氏〈新儒家與當代中國的思想危機〉（收入氏著《幽暗意識與民主傳統》，聯經出版事業公司，民國 78 年 5 月，初版，台北），王邦雄師〈從中國現代化過程中看當代新儒家的精神展開〉（收入氏著《儒道之間》，漢光文化事業股份有限公司，民國 74 年 8 月，初版，台北）及林安梧氏〈當代新儒家述評〉（收入氏著《現代儒學論衡》，業強出版社，民國 76 年 5 月，初版，台北），皆作如是說，此說法可謂已是思想史上不爭之共識。

並著實建立一套修養工夫論。

　　至今第三期，當代新儒家所面對的異文化乃是西洋文化，在西潮東漸下，所面臨的文化解體之危機，無疑較前二期更為嚴重。此文化解體之危機，誠如張灝氏所言乃是一「意義危機」，而此「意義危機」乃由於中國正陷入一種因「道德迷失」、「存在迷失」及「形上迷失」凝聚而成之嚴重的「精神迷失」。當代新儒家面對此危機，為欲克服此「精神迷失」，其所極力作的即是一種「意義的追求」。〔註2〕當代新儒家所從事之「意義的追求」，乃一返本開新的文化重建運動，在此運動中，第一個最富開創性且最有影響力者，則非熊十力（後簡稱熊氏）莫屬，其《新唯識論》（後簡稱《新論》）不只對儒學甚至對佛學，皆可謂作了一終極性之意義探究，其所揭櫫之「體用不二」論，確然已於思想史上留下刻痕，而影響著後人。〔註3〕

　　然熊氏《新論》乃通過佛學而透顯儒家，尤其是透過唯識學以彰顯其理論，此則有其因緣。蓋近代佛教之復興可謂乃思想史上一件大事，而唯識學之再興無異於即是整個佛教思想之發展，因十宗中，只唯識宗形成強大之哲學思潮，不僅佛教中人、在家居士，連儒家學者亦多研習者。此唯識學之再興，形成一潮流，自有其內因外緣，〔註4〕而此潮流之發展演變，據陳榮捷氏所言則可分為三波，即「歐陽竟無所復興的唯識學，太虛的法相唯識學，以及熊十力的新唯識學。」〔註5〕然歐陽的唯識學，雖志在復興唯識本義，然並

〔註2〕　參見張灝氏〈新儒家與當代中國的思想危機〉頁85～86。

〔註3〕　當代新儒家之代表人物，除熊氏外，尚有梁漱溟、張君勱、唐君毅、牟宗三及徐復觀等諸氏，此中熊、梁、張可謂開創先驅，唐、牟、徐則為中堅人物。由於熊之《新論》最富理論建構，深具開創性，且唐、牟、徐三者又皆為熊之弟子，故第一個最富開創性且最有影響力者，當屬熊氏。林安梧氏亦曰：「就理論的構造而言，熊十力先生是當代新儒學系統建構的開山祖，他的《新唯識論》儘管仍然在儒佛論爭的過程中有所擺盪，未得妥貼，但他所開啟的存有論、知識論、及實踐方法論都成為當代新儒家的重大資產，它標示出一條承接宋明儒學，而又超克宋明儒學的新儒學之路。」（《熊十力體用哲學之詮釋與重建》頁4，國立臺灣大學哲學研究所博士論文，民國80年5月，台北）。

〔註4〕　關於唯識學再興之內因外緣，據霍韜晦氏〈中國近代唯識宗再興的機運〉一文（收入氏著《絕對與圓融》，東大圖書股份有限公司，民國78年11月，再版，台北），在外緣方面，有時代背景，學術研究方向的改變及來自日本學者的助緣三點；在內因方面，有一、唯識宗在東西文化對壘中的兩重身份，二、唯識宗的學理能夠與現代學術相應，三、唯識宗的學理能夠獨樹一幟，四、唯識宗的學理究竟。

〔註5〕　陳榮捷氏《現代中國的宗教趨勢》頁121，廖世德譯，文殊出版社，民國76

未曾發明己說，亦未曾重建傳統的唯識論，甚至不曾有此方面之著作；〔註6〕而太虛雖號稱法相唯識學，然其一生事業之重心，乃在整個佛教之復興與改革，對於各宗各派仍是一體提倡，其意在「綜合」，而又傾向於眞常系。以上二人皆無專門著作，亦不成一家之言；而此潮流至第三波，即熊氏的新唯識學，其《新論》不只是專門著作，且成一家之言，才形成一思想宗派，不僅對當時有所啓迪，且其影響與日俱增，對當代而言實具重大意義。

　　但可怪的是身爲唯識學再興運動第三波的熊氏，其《新論》並非是純粹的唯識思想。在此三波中，可以說歐陽的唯識學才是唯識正宗，而太虛的法相唯識學，雖以唯識爲立場，然其意在融攝唯識、華嚴與天台，綜合各宗，而趨向於折中精神；至於熊氏，雖出身歐陽門下，然其新唯識學，不僅不是順著歐陽或太虛之進一步言，反而是歧出。說他是歧出，是以其不合且反對唯識本義而言；若以思想演進，依了義不依不了義言，則又難以說孰歧出孰非歧出。然總之，熊氏思想唯在反面意義上才算是佛教思想之一部分，因其思想雖由佛教而來，但對之卻持批判態度，而非維護之。若從正面意義言，熊氏亦自認非佛教徒，而是新儒家，其《新論》乃由佛返儒，融儒佛而折衷於《易》之作，對儒學之振興與發展，厥功甚偉，而成當代新儒家之開山祖。若從此方面言，即使是歧出，則又自有其重大意義在。

　　然即使熊氏《新論》有其重大價值，繼承之而加以發揚者不乏其人；但熊氏通過轉化佛學而建設其儒學規模，乃是掘發佛學中可資利用之深層意蘊，是者取之，非者棄之，而爲其理論奠基，若從純學術立場看，是否客觀公允而不失主觀？且熊氏以儒學改造、取代佛學，誠然有其創造性，然此創造性究屬正面或負面？〔註7〕關於此兩點，皆非本文所欲探究者，因《新論》之價值不在此，且即使其不客觀且屬反面，亦無損其價值，而若因此以其不值探究，則更是不智之舉！

　　或許，可以如此問，熊氏所建立之「體用不二」論，如從內在義理之邏

　　　年11月版，台北。

〔註6〕陳榮捷氏言歐陽對唯識宗的貢獻不在此，而在「他爲內學院佛經流通處所出版的古典佛經所寫的許多序論。在這些序論裏面，他的解說、調查、分類，其結果具有長久的價值。另外，在他的演講以及學術刊物上，也可以看到他的貢獻。他是在這樣的方式上來復興唯識哲學的。」（前揭書頁142）。

〔註7〕傅偉勳氏即認爲「熊十力以『儒家完全取代佛教』的片面性思想創造，便是一個負面的例子」，見氏著《批判的繼承與創造的發展》頁8，東大圖書股份有限公司，民國75年6月，初版，台北。

輯性言，若直接由儒家著手，尤其從《大易》入手，而無須由佛學轉手，仍是可以建立，〔註8〕因此，熊氏假手佛家已是一重葛藤，而吾人研究之，若亦於此纏繞，豈不是又一重葛藤，何不單就其儒學而捨其佛學部分，來得簡易明確？此雖似如理，然卻不甚了了。因熊氏由佛家轉手，已是無可變更之事實，已成歷史之已然，無論如何，皆不可抹煞此一事實；且即使「體用不二」論，無須由佛家轉手，直接由《大易》即可導出，但熊氏若無佛學薰陶此一因緣，亦未必悟得《大易》生生不息，體用不二之說。可見義理上之邏輯性，仍須有歷史上之偶然性，甚至必然性，因緣和合，而後有理論之完成。更重要的是，熊氏《新論》一出，即引起佛教中人全面反擊，因此而引發儒佛論爭，竟成近代佛學上一大公案，至今餘波盪漾，根本問題雖未得解決，然由此而來的雙方辯論之內容，無疑地豐富近代思想界甚多，且使宋明以來即已存在之儒佛問題，有一新的接觸與溝通，而即使未能完全溝通，至少亦可豁顯問題癥結之所在。以上即本文研究之動機也。

而探究《新論》欲使其得一公平評價，既絕不可脫離此一演變過程，而將其單獨探討；更不可以應然之理論斷其優劣，而替代實然之事實。若不將《新論》置於此歷史脈胳中，截其來龍，割其去脈，只於《新論》身上繞，則易因立場之異而成一偏之失，是者是之而非者非之。歷來研究熊氏者，大抵著重《新論》之內在理論之邏輯演繹，雖亦論及此一演變過程，然終嫌簡略，不夠全面。

〔註8〕 熊氏晚年著作如《體用論》、《明心篇》及《乾坤衍》，仍是發揮《新論》「體用不二」之思想，但已大量刊落佛學内容，而《乾坤衍》更是只由《大易》言「體用不二」，而無資乎佛學，可見不由佛家轉手，仍是可以言「體用不二」。又此等晚年著作是否與《新論》思想仍爲一貫，或已有所變化，尤其《體用論》（學生書局，民國76年2月版，台北）書前〈贅語〉有「此書既成，新論兩本俱毀棄，無保存之必要」（頁5），「今得成此小冊，故新論宜廢」（頁6）數語，更啓人疑慮，頗值商榷。翟志成氏著〈論熊十力思想在1949年後的轉變〉（載《哲學與文化》第一五卷第三期，民國77年3月，台北），認爲熊氏於《新論》中堅持的是「體用不二而有分」，在《體用論》等書中則只講明「體用不二」，而不再持「體用有分」：且對本體之界定，前後期亦大不相同。林家民氏則著〈熊十力內聖學後期轉變說之商榷〉（載《哲學與文化》第一五卷第一二期，民國77年12月，台北）以質翟氏，認爲並無大變化。林安梧氏亦認爲熊氏之學只是小轉變，而未有大更革，見《熊十力體用哲學之詮釋與重建》頁12（註18）。劉述先氏著〈對於熊十力先生晚年思想的再反思〉（載《鵝湖》第二〇一期，民國81年3月，台北）亦認爲無大變化。筆者亦認爲熊氏於前後期用辭定名容或不一，但思想内容並無多大不同，基本論旨仍是不變。

本文即是欲由此一觀點以探究《新論》，不只注重義理內容，更將其置於思想演進過程中，亦即以義理內容爲經，通過歷史考察爲緯來探討之。不只熊氏自己正面現身說法，亦使佛學界反面之說法得以呈顯，如此正反兩面兼顧，可免一偏之失，且較能突出《新論》之價值及其時代意義。而由此觀點以探究《新論》，或可較客觀地得知《新論》之出現，不只在近代佛學思想界，甚至在儒學思想發展上之意義，及兩家論爭焦點所在與有否融通之道，而《新論》之理論得失及其價值所在，當可更爲顯明。此即本文研究之目的也。

第二節　寫作方法及其展開

《新論》之產生既有其歷史背景，尤其是通過佛家唯識學，以彰顯自家思想，然此亦並不意謂《新論》即無有獨創性。相反地，從理上言，《新論》所提揭之「體用不二」論，即使不由佛家轉手，亦可由儒家自身導出，此由熊氏晚年著作《體用論》、《明心篇》、《乾坤衍》諸書即可見出；固然此乃從理上言，算不得準，然從事上言，《新論》既已由佛家轉手，但其所提揭之理論，仍是有其不受外在影響，而自己精心建構之理論系統。因此，本文既著重將《新論》置於一思想演進脈絡中以探討之，以義理內容爲經，以歷史考察爲緯，故寫作之方法即循此內在義理性與外在歷史性並重，交互爲用；亦即以「觀念系統」與「思想史」兩條進路兼而並用的寫法。

所謂「觀念系統」的進路，乃就此思想家之思想本身言，專對其內部理論作系統性探討，以建構出其理論體系；此「觀念系統」的進路乃「本質意義」的解析，只視觀念之間之關係爲何而已，著重於此思想之本質是什麼；亦即是將此家思想孤立隔絕地看，視其爲一獨立之存在，而不論其與外在環境之關係及其未來之影響。所謂「思想史」的進路，即是不將此家思想孤立隔絕地看，視其爲一獨立的存在，而應將其置於思想發展變遷之過程中，以觀其來龍去脈；此「思想史」的進路乃「發生意義」的探討，著重於此思想是如何發生；亦即是著重於根據歷史條件、時代背景，以探討此家思想爲何產生，其與過去或當時其他思想之關聯，及其未來之影響等。〔註9〕雖說有此兩種進路，而研究哲學者，實應兩條進路兼而有之，方不致顧此失彼。研究

〔註 9〕關於「觀念系統」的進路，即「本質意義」的探討，與「思想史」的進路，即「發生意義」的探討，王邦雄師有詳細說明，見《儒道之間》頁 43～50。

《新論》自亦可採此方式，而其實，當將《新論》置於以其所引發儒佛之爭爲進路的展開爲研究方向，實即已預設此一兩條進路兼而有之之方式，故本文寫作之方法，即採此兩條進路交互爲用，應是最爲適當。

至於本文寫作之展開，即順著時間之推進，一步一步展開。故於此章（第一章）略述寫作緣由，說明研究動機與目的，寫作方法及其展開，及所使用之研究資料。

第二章論熊氏對佛學界之反省，因覺佛家之不足，故由佛家入又由佛家出，而終歸於儒。《新論》對佛學之反省，大抵可從三方面述之，故第一節爲對佛學整體之反省，第二節爲對空宗之反省，第三節爲對有宗之反省。其中尤以對有宗之反省，更是《新論》所不得不作之因，故對此之反省亦最多，可再細分爲一、對「三性」說之檢討；二、對「唯識」義之檢討。而對「唯識」義之檢討，則又可細分爲四點，（一）執識爲實之失；（二）種子、現行爲二之失；（三）種子、眞如同爲本體之失；（四）眞如無爲無作之失。

第三章述《新論》之理論建構，即其翕闢成變，即用識體之「體用不二」論是如何展開的。由於熊氏立論善於即破即立，破立同時，因此既一面破有宗之唯識義，又一面建立自己所界定意義下之「唯識」，故第一節即對熊氏義下之「唯識」作一釋義。明瞭熊氏義下之「唯識」後，即可進而探索《新論》之理論內容，故第二節即爲《新論》之理論內容。此乃熊氏苦心孤詣而得，又可分爲五點層層分述之，一、肯定本體，體必成用；二、用分翕闢，翕闢成變；三、即用識體，即用即體；四、承體大用，即體即用；五、歸本體證，默然冥會。

第四章則論佛學界對熊氏之反駁，藉此不只可從反面看熊氏，更可見雙方之著重點所在。佛學界對《新論》之反駁，可謂精英盡出，人數甚夥，其中尤以劉定權《破新唯識論》（後簡稱《破論》）與印順〈評熊十力的新唯識論〉（後簡稱〈評論〉）最有系統，亦最重要，又恰好分站在唯識系與般若系立場，可謂乃有宗與空宗對熊氏之批評而有所回應也。又太虛〈略評新唯識論〉（後簡稱〈略評〉）、〈新唯識論語體本再略評〉（後簡稱〈再評〉）二文，篇幅雖嫌略少，不如前二者之有分量，但其立場乃本佛法全體而不主一宗一派，雖號稱「法相唯識」，而實以「法界圓覺宗」自居，近於眞常系，頗可代表眞常系對熊氏以《大易》來改造有宗唯識義，企圖融合儒佛之看法。故此章即順此三系立場之反駁，即可得一全面了解，而各系各以一人代表，爲免

葛藤枝蔓故也。〔註10〕因其發表先後，故第一節論劉定權《破論》，可分四點述之，一、熊氏誤解「唯識」之處；二、熊氏「本體論」之誤；三、熊氏「翕闢論」之誤；四、熊氏「能習分」之誤。第二節論太虛〈略評〉、〈再評〉二文，可分三點述之，一、熊氏為一「新賢首學」；二、《新論》襲名未當；三、計護法「能習挹」之失。第三節論印順〈評論〉，可分五點述之，一、儒佛之辯；二、空有之辯；三、體用性相之辯；四、心物之辯；五、體證之辯。

上二、三、四三章，乃本文重點所在，故於此三章內皆隨文論其得失。

第五章則是結論，綜合前三章所疏解，歸結為幾點結論，就其大端再略加評述，故第一節論儒佛兩家難以溝通，第二節論唯識理論未為圓融，第三節論《新論》之理論得失；最後則對《新論》之評價與影響，作一評述，故第四節論《新論》之價值與影響。

以上即本文展開之次序，亦為全文之綱領也。

第三節　研究資料說明

由於《新論》不只一本，有〈文言本〉、〈語體本〉及〈刪簡本〉三種，故本文所謂《新論》到底以何本為主，實有說明之必要。

熊氏早年學唯識之學於南京支那內學院，服膺無著、世親──護法──玄奘、窺基一系之唯識家義，於一九二二年任教北大，即出版《唯識學概論》，大抵根據護法一系之舊說。後漸覺其不妥，屢易其稿，一九二六年之《唯識學概念》，不滿舊師故訓是式，而另標新猷，較前本內容已大有改變，可謂乃熊氏走出舊學而自創宗義之一里程碑。而一九三〇年之《唯識論》，則更清楚地說出其哲學之梗概，內容已近於《新論》，可視為一未定稿。至一九三二年，始刪定成書，即《新論》〈文言本〉。一九三八年，復依原本而改用語體文重述之，是為〈語體本〉。一九五一年，又將〈語體本〉刪簡改寫，是為〈刪簡本〉。〔註11〕

雖有三本，但思想一貫，愈後愈成熟精練；然雖一貫，卻又互有小異。〈文

〔註10〕關於佛教界對熊氏之反駁，其大致情況，及何以以此三人代表大乘三系之立場，詳後第四章第一節「論戰經過」。

〔註11〕關於《新論》成書之詳細過程，請參閱景海峰氏《熊十力》（東大圖書股份有限公司，民國80年6月，初版，台北）第二章〈「新唯識論」源流探析〉，附錄二〈著作考述〉，附錄三〈學行年表〉。

言本〉成書最早，熊氏思想已畢具於此，然亦因最早，故內容上略顯不夠廣博。〈語體本〉則不論在內容之廣博與思想之深度上，皆遠超過〈文言本〉。〈刪簡本〉則在思想上更趨精練，文字上更爲清新，但篇幅稍嫌短少。此中自以〈語體本〉最佳，在破敵（佛家）與立己兩面，皆有詳細辯論，最利取證；而〈文言本〉因時間最早，最足表熊氏最初不滿佛學之面貌，且用語精簡，亦可免〈語體本〉繁冗之弊。至於〈刪簡本〉因時間最晚，最看不出熊氏最初反佛歸儒之意。故在此以儒佛之爭爲進路的展開，以探究《新論》，自當以〈文言本〉或〈語體本〉爲佳，〈刪簡本〉則不適合；而〈文言本〉與〈語體本〉又能相輔相成，故本文所謂《新論》，即兼指此二本而言，此二本亦即是本文主要之研究資料。

　　本文雖是對《新論》之研究，然因所採之切入點，乃以《新論》所引發儒佛之爭爲進路的展開，因此第四章論及佛學界對熊氏之反駁時，即須藉助於反駁者之著作，而爲免葛藤枝蔓，故只擬論述有代表性之反駁者，則如前述有劉定權《破論》，太虛〈略評〉、〈再評〉及印順〈評論〉。此等著作雖在《新論》之外，要亦爲探究其於此論爭過程中之重要著作，故與《新論》同是主要之研究資料。至於其餘熊氏之著作，及本文所引用之其他著作，亦是重要之參考資料，不容忽視；因繁多不備載，只於引用時，隨文標示。

第二章　熊氏對佛學理論之反省

　　熊氏幼貧失學，為人放牧，但天性神悟，偶讀陳白沙〈禽獸說〉而心有所動，「頓悟血氣之軀非我也，只此心此理方是真我。」〔註1〕其生命形態於此時已可窺見，對生命之真實的存在感受，顯露無遺，實為一儒者形態無疑也。後因時局動盪，並受王船山、顧亭林影響，故棄舉業而從軍，參與革命，但因「黨人絕無在身心上作功夫者」，「皆在悠悠忽忽中過活」，「私慾潛伏，多不堪問」，〔註2〕革命只徒增禍亂，並非究竟，而己亦非事功之才，故轉而求之於學術，以其能從根本導人群於正見。因念佛家無我之精神，正可克制私欲，且其義理深妙，體大思精，故即至南京支那內學院問佛法於歐陽竟無，專研唯識，至是始接觸佛家大乘之學，後又心契於空宗，並於天台、華嚴與禪宗等皆有涉及。

　　然因生命形態有別，佛家出世之法趨寂滯滅，對有生命真實存在感受的熊氏而言，猶枘鑿不相應。熊氏因而返求諸己，忽有所悟於《大易》，於生生不息之仁更能契會，爰是由佛返儒，思以孔門剛健不已，生生不息之仁，以濟佛家歸於寂滅之失。而於其所專研之唯識，由最初之服膺無著世親之學，宗主護法，據其義以造論，而後則漸漸懷疑，以至於不滿，而終至於反駁，故將其所造纔及半部之論，盡數毀棄，而欲自抒所見以繩正之，乃為《新論》。「新」之云者，明異於舊義，即唯識學也。觀其對佛學之反省，可從三方面述之：（一）對佛學整體之反省，（二）對空宗之反省，（三）對有宗之反省。

〔註1〕熊十力《十力語要初續》頁203，洪氏出版社，民國71年10月，初版，台北。
〔註2〕熊十力《十力語要》（後簡稱《語要》）卷三頁504，洪氏出版社，民國72年12月，再版，台北。

尤以對有宗之反省，乃《新論》所出之本，亦其不得不出之因也。

第一節　對佛學整體之反省

佛學源自印度，自釋迦說法以來，其間演變甚繁，據呂澂《印度佛學思想概論》，將印度佛學分爲原始佛學、部派佛學、初期大乘佛學、小乘佛學、中期大乘佛學及晚期大乘佛學六階段。後傳至中國，除繼承之，更發揚之，且自創天台、華嚴及禪宗，玄思妙想，可謂至矣！各宗各派思想容或有所殊異，然中國佛學基本上可視爲印度佛學之發展，於其根本立場，自有一定程度之保存，故整體觀之，自有共通之根本理論及基本意向。

其根本理論，不外四諦、緣起法及三法印，而又以緣起法貫串其餘二者，不只爲最普遍之原則，亦可說是佛法中之最上第一。蓋釋尊由觀察人生而知人生乃「純大苦聚集」，悟得諸行無常、諸法無我，無常無我，故一切法皆因緣和合，無有自性，既非如婆羅門者之以一切法皆由梵天神我轉化來，亦非如外道六師所謂乃許多元素湊合而成，而是因果相互依存，互爲條件之緣起法。眾生因不了緣起，直外向求，故有種種苦集，不能解脫，釋尊爲之開演此緣起法，令知一切法因是緣起，「此有故彼有，此生故彼生」，因而眾苦集起，而流轉於生死，此即流轉門；亦因是緣起，故「此無故彼無，此滅故彼滅」，因而眾苦息滅，故能解脫生死，此即還滅門（解脫門）。此緣起法乃佛出世亦如此，佛不出世亦如此，一切依緣起而生死流轉，依緣起而涅槃還滅。如能眞實了知此緣起法，則約四諦言，雖有苦、集二諦染法，而亦有滅、道二諦淨法，若能確實修行正道，即可得解脫；約三法印言，亦可離諸行無常、諸法無我，而至涅槃寂靜。佛家重在修行，諸多理論，即使八萬四千法門，亦無非欲人於修證中了脫生死，離此岸而達彼岸，即渡生死海而至涅槃寂靜之地，回復原初人人所具佛性，方可永離苦海。

此根本理論，從修證上言，即可以「離苦得樂」一語以蔽之。而離苦得樂，即欲「離」今世之「苦」，而「得」來世之「樂」，故必悉求「出世」，而出世實已預含一基本意向，即「否定世界」。亦即佛家雖亦建立「心性」之論，然其心性之論，乃透過「緣起性空」而遮撥自性，而歸於「性空」，此是遮詮地說；若表詮地說，即雖無自性，但以「空」爲性，由此而言「空性」或「空理」（亦即「眞如」或「如性」），然此空性、空理乃抒義字，即抒緣生法之義，

而非實體字，故不可以此空性爲本體或實體。即使後來天台宗之言「性具」，《大乘起信論》與華嚴宗之言「性起」，六祖《壇經》之言「自性能生萬法」，雖皆可令人誤以爲乃本體論的實體之生起論，但其實並非如此。〔註3〕因佛家乃「無我論」者，即使是作爲輪迴之主的「作者」，亦只是一「業感緣起」下之殘餘勢力，展轉流變，實非有一獨立之存在者，故佛家不承認有本體，一切畢竟歸於涅槃寂靜，僅爲一靜歛之自由，故對世界採捨離態度，即否定世界。自小乘諸派至大乘諸宗，皆是如此。蓋其以世界乃無明所生，眾生爲業識所縛，世界之所以成，乃無明妄動之結果，故眾生唯一大事，即以離此岸往渡彼岸爲究竟，而於此世界中則無實現之價值，且其亦無意於此世界中有何建立，故必否定世界，悉求出世。

　　熊氏對佛學整體之反省，即最不滿其觀空出世，對其出世法抨擊最力，此蓋其由佛返儒之根本原因也。《語要》卷二〈再答張東孫〉云：

> 儒家與印度佛家，同爲玄學。其所不同者，一主入世，一主出世而已。……唯佛主出世，故其哲學思想，始終不離宗教。儒主入世，故其哲學思想，始終注重倫理實踐。哲學不是求知，而是即知即行。所謂體神化不測之妙於庸言庸行之中，此儒術所以爲可貴也。（頁179）

熊氏從精神立足點上分判二家，一入世、一出世；出世則歸於宗教，向外悉求，中無所主，易趨消極；入世則重於人倫，向內反求，即知即行，健健不息。重人倫者則必重死生，「生，事之以禮；死，葬之以禮，祭之以禮。」（《論語》爲政第二）重宗教者則必懼死生，必求不受輪迴之苦，而悉求出離。故儒佛入世出世之別，亦即爲對死生看法之有異故也。《語要》卷四云：

> 佛家雖善言玄理，然其立教本旨，則一死生問題耳。因怖死生，發心趣道，故極其流弊，未來之望強，現在之趣弱。治心之功密，辨物之用疏。果以殉法，忍以遺世。淪於枯靜，倦於活動。（頁615）

此一死生問題，實亦即輪迴觀念也。熊氏曰：「佛氏出世法之完整體系，實以輪迴信念爲其骨髓。」〔註4〕蓋佛家之所以懼死生，乃因深信「三世輪迴」之

〔註3〕參見牟宗三氏《佛性與般若》上冊頁93～95，學生書局，民國78年2月，五版，台北。

〔註4〕理論上，輪迴必設定有一超萬有之上之主體，以作生死流轉之主，此主體實即神我之別名，換湯不換藥，故熊氏以其乃是前門謝絕天神（大自在天），後門延進神我，而此神我乃以「小己」爲體，與所謂「萬法實體」根本不相容，

說，若今生不斷生死，證成佛道，則必再次輪迴，永無出離之期，再受人世之苦。故其以今生既已受苦，已是事實，難可挽回，而來世則希望無窮，故寄希望於未來，一心只在趣道，以至忘懷世事，於人生日用，無「備物」、「成物」、「開物成務」之功，毫無創化之機，遂流於枯靜寂滅。此不論大乘小乘、空宗有宗皆如此。因其懼輪迴、怖死生，故否定當前世界，悉求出離，於人生日用，隱存呵毀，而無生生不息之機，其甚者，必至如《新論》所云：

> 若如無著一派之學，眾生從無始來，唯是有漏流行，根本無有寂覺可說。乃教之專靠聞熏以造命，毀生人之性，莫此為甚，吾何忍無辨耶！〔註5〕

熊氏以佛家由欲對輪迴觀念、死生問題作一消解，而趨於出世，以至於「毀生人之性」，此其最受批評者也。因其所以懼輪迴、怖死生，實因其中無所主，自己不能肯定自己，而要靠外來之「正聞熏習」，如是則證不證道，成不成佛，純屬偶然，自己全作主不得，則人人皆有之「佛性」，亦成「無何有」之物矣！人之所以為人之根源性，喪失殆盡，蕩然無存，其不為「毀生人之性」則為何？

而熊氏之所以深懼「毀生人之性」，實有淵源可尋。蓋熊氏自幼深受傳統文化影響，並富民族思想，〔註6〕雖失學，仍念茲在茲，於革命，亦未敢或忘，且與日俱增。縱其問法於歐陽，雖因「有人世之悲」，實乃「深感吾黨人絕無在身心上作工夫者」，故思從根救起；此皆其幼年所受有以致之也。故終覺佛家虛幻，淪為無常，不足挺立人心。爰是反求自心，默然神會，而有契於六經，尤歸宗《大易》。自是起變，棄佛返儒，由消極無為之出世一變而為精進健動之入世。儒佛二家之別，既如此之大，故熊氏「何忍無辨耶！」而《新論》之不得不作也。

以上乃熊氏從大體上對佛學之看法，其實此亦是自佛法東來後，一般人

與三法印之「諸法無我」亦相對立。佛家言「無我」，又言業報、輪迴，必有一生命主體，理論上較難自圓其說，故熊氏極力批評之。

〔註5〕見熊著《新唯識論》（熊十力論著集之一）頁590，文津出版社，民國75年10月出版，台北。此書計收有熊氏早年著作《心書》，及《新唯識論》〈文言本〉、〈語體本〉，《破破新唯識論》，並附劉定權《破新唯識論》等著作，並有〈略談有宗唯識論大意〉、〈答問難〉、〈答謝幼偉〉等諸文附錄於後。後凡引及以上諸著作者，皆以此書為準，並簡稱《論著集》。

〔註6〕參見《語要》卷三〈黎滌玄記語〉頁502～505，《語要》卷一〈王漢傳〉頁156～167諸文。

共同之看法。佛家一面言一切皆是緣起而有，無自性可言，故否認有自我存在，一面又言輪迴，雖無輪迴之主的作者，但卻有業力作用在；如此，既無自我作者之存在，然又肯定有業力作用在，則業力作用又無所依附，豈非自成矛盾？而最要者，由欲解脫出離而希求出世，以至否定今世，於此世界無有作為，此在儒家「天行健，君子以自強不息」觀念下，更有毀生人之性之虞。在熊氏觀來，儒佛之別即是見不見體之別，佛家雖見體，但終究不肯定之，故從否定面言之，而儒家則從正面肯定，人人皆有良知良能，有為者於當下目前努力，即能成堯舜。熊氏由佛返儒，以儒者自居，自是以儒家立場，故言佛家不見體，而佛家若以其立場亦言儒家不究竟，此見體真不真切，究不究竟，實因立場之異，一入世一出世而有以致之，此亦是歷代儒佛兩家問題癥結所在，而至今未解決者。

　　其實此中最可注意者，即佛陀悟道成佛初成正覺時，所悟得之法乃是不可思議，言詮不及之最勝義妙境，但因眾生智慧不及，無法領受，只好對機說法應病與藥，為破眾生執著而離苦得樂，度生死海至涅槃岸，故只說此緣起法等，因此，此緣起法等是否佛陀成正覺所悟之法，抑或一時權宜之法？〔註7〕然不論如何，此等法對破眾生執著離苦得樂而言，則屬究竟，因其既是釋尊金口所說，且釋尊於圓寂前告阿難說，於其圓寂後當以法與戒律為師，而法則以「四依四不依」為準，即依法不依人，依了義經不依不了義經，依義不依語及依智不依識，此緣起法等既是佛法之根本理論，一切理論皆由此生，故此等法自是了義，自為究竟；然亦因此，則八萬四千法門中，不只緣起法等少法為究竟，其餘釋尊所未言者，如能合乎「四依四不依」之準則，亦未嘗不為竟究。故釋尊於當時為破眾生執著，說緣起法，而成一無我論者，此亦應機教化而已，而後代因時機不同，如與中土儒道合流之真常系，已言及如來藏，清淨心及自性，亦不可以其非佛所說法，即謂之不究竟，而此等語雖非實體字，乃是抒義字，然實已漸傾向於預設有一本體。故佛家立不立

〔註7〕印順亦曰：「佛法源於佛陀的正覺。佛的應機說法，隨宜立制，並不等於佛的正覺。但適合於人類的所知所能，能依此而導入於正覺。」（《說一切有部為主的論書與論師之研究》序頁2，正聞出版社，民國70年12月，三版，台北）傅偉勳氏亦曰：「由於釋迦牟尼悟道成佛（即初成正覺）的體驗內容屬於不可思議、言詮不及的最勝妙境，我們無論如何猜測，都不可能還出原原本本的真實面目。」（見〈關於緣起思想形成與發展的論釋學考察〉頁172，載《中華佛學學報》第四期，民國80年7月，台北）。

體，實是佛學理論內部一大問題，頗值商榷。

今亦只可就釋尊所說法而論，至於其所未說而究屬於不可思議言詮不及者，則存而勿論可也。因此，佛家終是緣起論者，無我論者，著重於用，即使眞常系諸宗亦是強調由用見性，如天台言功用，華嚴言力用，而禪宗言作用見性，更臻於極至，然終究不立本體；而熊氏以其生命體驗之眞實感，肯定人生，肯定世界，故必肯定本體，此本體即人人之本體，亦即宇宙之本體，故對佛家不言本體，而其用不由體發，則成無體之用，必至否定世界，以至毀生人之性，此則熊氏所無法贊同者。

第二節　對空宗之反省

熊氏於《語要》卷一〈答客問〉略述佛學流變云：

> 佛家思想之演變，雖極複雜而久長，然扼要言之，不妨假定雜阿含等四阿含爲元始佛家思想。大空龍樹提婆，大有無著世親，均爲後來新興的佛家思想。吾嘗據雜阿含等，以求元始佛家思想，而謂是期思想只是人生論。及大空大有分途成熟，大有便進而談宇宙論，空宗頗談本體論，此皆爲新興的佛家思想云。（頁36）

若將印度與中國佛學合而觀之，大致可分：釋尊所說之法，是爲原始佛學；釋尊滅後，弟子分爲上座部與大眾部，是爲部派佛學，可視爲由小乘至大乘之過渡期；及至龍樹、提婆宣說「空」義及「中觀」，是爲大乘空宗；其後無著、世親興，矯空宗之弊，建立「唯識」之學，是爲大乘有宗；此外又有宣說「眞常心」之經典者，如華嚴、天台等，則屬大乘之另一系。熊氏認爲佛家思想一層深一層，由人生論而本體論而宇宙論，範圍愈益寬廣，空宗深於本體論，有宗善言宇宙論。故對佛學作一整體反省之餘，更深論空有二宗，是否的當？

熊氏於空宗總覺其滯寂趨滅，易使人生歸於消極；雖然如此，但熊氏起初對於空宗之言「空」義，深入般若實相，含無限甚深妙意，則心契不已。

「空」之一義爲佛家之共同觀念，然至龍樹依《般若經》立論，始有嚴格界說。空宗之思想，可以《中論》中「三是偈」一偈表之，即：

> 眾因緣生法，我說即是空，亦爲是假名，亦是中道義。（觀四諦品二四）

「眾因緣生法」即是緣起義，「我說即是空」即指空性，《中論》以緣起釋空性，凡因緣所生之一切法皆無獨立實在性，而說為空性，故空宗乃「緣起性空」論者。然緣起與空性並非對立，而是緣起即空性，空性即緣起，從依緣而起言，名為緣起，從現起而本性空言，名為空性，兩者名異實同，是可統一的，而其關鍵即在「無自性」。因緣起故無自性，無自性故說為空，亦因空無自性，故是從緣起有；緣起與空性即可統一，故說「緣起性空」，而緣起性空即因無自性也。

　　然雖以因緣（緣起）說空性，要亦不可執因緣為實有，而說為「不空」。蓋所謂因緣，實非客體意義之實有，乃為解說諸法之何以成，而說緣起；亦即諸法因無自性，故能因因緣和合而顯現，所以因緣之安立，乃立基於諸法之無自性，而由此解說諸法之為何顯現；若諸法有自性，即諸法本來即有，則因緣義不成，亦無所謂因緣可說。故離此無自性，即無所謂因緣，因緣亦是有所待，不可將因緣執實，而說為不空，故《中論》首品即是〈觀因緣品〉，即欲人了此因緣，雖是能生一切法，亦不否定此能生的因緣，然此因緣卻是如幻如化，並非實在，不可執實，亦因其如幻如化，故由此因緣而緣起的，不只遮破自性的緣生，亦顯示一切法本性空寂的不生。因此，由因緣所生之諸法，實非真實，其不待破而不可執實則明矣！

　　一切法既是因緣所生，即不可能為「自生」，故無自性，即使為「他生」，而有「他性」，然此他性亦非自性，因他生亦由其他他生所生，則成無窮過，故亦無自性，此無自性即是空義。然此緣起性空之空性亦不可執實，以為有一空性可求，因空性「亦為是假名」，即「空亦復空」，但為引導眾生，故以假名說，亦即因是假名，才不致復執此空性，此可防執實有空之失。而一切法雖「緣起性空」，故說「一切法空」，此只意謂一切法皆非獨立實在，此乃從勝義諦言，故說「一切法空」；若從世俗諦言，則一切法皆非獨立實在，並非謂其即「無」或「不存在」，一切法亦因「以有空義故，一切法得成，若無空義者，一切則不成」（同上），既不可謂其即無或不存在，則一切法之所以為一切法，乃因眾因緣和合而有，雖無實性而卻有緣起用，一切法不可離因緣而自存，離此因緣施設，即非實有，故謂之「假名」。亦即「空則不可說，非空不可說，空不空叵說，但以假名說」（觀如來品二二），一切法「但是假名」，都無實性，但皆依因緣而立，故從世俗諦則可謂其為「施設有」。

　　而離有無二邊，直明一切法之無自性空與但有假名，此即中道義。離有

邊即謂此空性乃抒義字，非實體字，若執爲實體，即成有見，常見，增益見；離無邊即謂此空性乃就緣生無性言，而非一聞說空，即以一切都無，而成無見，斷見，減損見。此兩邊皆是邪見，而爲惡取空，若離此兩邊，即是中道空。此有無乃指客體意義之有無言，蓋一切法既非有，亦非無，因一切法皆緣起性空、假名施設，既不可說爲有，亦不可說爲無，故須離此兩邊，非有非無，是謂中道。龍樹立論在於否定一切法有獨立實在性，故不以一切法爲有，亦不以爲無，因有、無皆非獨立實有，乃以因緣而安立，故無客觀義之有、無可言。一切法依於無自性空，依空而有之一切法，但有假名，如從世俗諦言，緣起之諸法，依「此有故彼有，此生故彼生」，亦有其客觀眞實性，如從第一義諦言，緣起之世俗諸法，無非乃虛妄不實之幻現，若能了此二諦，即是中道義。其「八不緣起」，即「不生亦不滅，不常亦不斷，不一亦不異，不來亦不去」（觀因緣品第一），亦是說明此義。

而雖分說爲二諦，然在中道緣起之般若空慧觀中，世俗之生滅與第一義之不生不滅是可等同的，因「若不依俗諦，不得第一義，不得第一義，則不得涅槃」（觀四諦品二四），眾生於世俗中，若不依俗諦之名相分別，則不能契入第一義空；而若能了此，即能趣向甚深空義之涅槃，而世間與涅槃是無有差別，故曰：

涅槃與世間，無有少分別，世間與涅槃，亦無少分別；涅槃之實際，
及與世間際，如是二際者，無毫釐差別。（觀涅槃品二五）

亦即世間有爲法因涅槃無爲法而假立，而涅槃無爲法亦依世間有爲法而有；世間有爲法乃虛幻無實，則依之而有之涅槃無爲法亦是虛幻無實，世間與涅槃同一虛幻，故說「世間即涅槃」。由此悟入之畢竟空性，才是「實相涅槃」，而此涅槃是如幻如化，不可執實，乃深入諸法之內在，與諸法空性無二無別，渾然一味，乃境智一如，自他不二，能所雙泯，有無俱寂，超越一切名相差別，故曰：

無得亦無至，不斷亦不常，不生亦不滅，是說名涅槃。（觀涅槃品二五）

此涅槃因非客觀對象，無有實自性之可得可至可斷可常可生可滅，故說爲無得無至不斷不常不生不滅，是名涅槃。既非客觀對象，即與緣起性空之生滅法不同，而是涅槃無爲之不生不滅法，不受「因緣所生法」之限制，即「不受因緣」，偈云：「受諸因緣故，輪轉生死中；不受諸因緣，是名爲涅槃」（同

上），「不受諸因緣」，則所謂涅槃方歸於斷離寂滅，故說「涅槃寂靜」，而此即其所言之最高境界也。然空宗於空「法相」（一切法）後，雖言「法性」（涅槃），然此法性則是如幻如化，而不可執實。

　　熊氏對空宗之了解，大致不差，且多所取資；〔註8〕然卻將抒義字之法性，誤爲實體字，以法性爲本體，其對空宗之反省即基於此認知上，認爲空宗一言以蔽之，即「破相顯性」，《新論》云：

　　　　空宗的全部意思，我們可蔽以一言曰：破相顯性。（《論著集》頁 372）

　　　　空宗的密意，本在顯性。其所以破相，正爲顯性。（同上頁 378）

蓋人皆易執著於法相之有無，不知其乃緣起性空，一切法實無自性可言。而之所以起執，實因知見作祟，知見來自日用生活中，向外馳求，由是起執，執有執無，不知應離有無二邊，方可得其中道。而空宗於此，實能空法相，離有無二邊，而深入法性。故熊氏認爲空宗極力破除法相，正所以顯性。因其認識論，乃著重對治人之知識與情見，知見由日用中薰習而來，向外馳求，非斥駁不可。故破相，即斥駁知見，方可豁然悟入法性。於此方面，相對於有宗，熊氏則較契合印可空宗。

　　顯然熊氏是將性相分爲兩層，而「空」義亦因而有兩個層次之解釋，一、就法相言，是空無義，由對法相之遮撥，空去法相，不執著法相，方見法相乃眞實空無的；二、就法性言，乃謂空理，而非空無，因法性非如法相之可空，而是不可空，言法性爲空，乃就其清淨本然言，《新論》云：

〔註8〕熊氏於《新論》略言及空宗二諦說（《論著集》頁 92），而於《體用論》（頁 178～183）更對「三是偈」作一疏釋，皆順著龍樹中道緣起之「二諦說」爲言，而非如天台宗之解爲「三諦說（三即說）」，即第三句「亦爲是假名」，不是謂述第二句之「空」，因若對空作注解而說空亦是假名，「空亦復空」，乃多餘的，說亦可不說亦可，即使不說，亦不至將空執實爲實體；故應是謂述首句緣起法而言，單就緣起法之幻有而說假名。亦即四句一氣讀，連三即，眾因緣生法即是空，亦即是假名有，同時亦即是中道義。依印順之看法，天台宗將「二諦說」說成「三諦說」，則有二失，「第一、違明文：龍樹在前頌中明白的說：『諸佛依二諦，爲眾生說法』，怎麼影取本頌，唱說三諦說？這不合本論的體系，是明白可見的。第二、違頌義：這兩頌的意義是一貫的，怎麼斷章取義，取前一頌成立三諦說。不知後頌歸結到『無不是空者』，並沒有說：是故一切法無不是即空即假即中。如心經，也還是『是故空中無色』，而不是：是故即空即色。」（《中觀論頌講記》頁 474～475，正聞出版社，民國 76 年 4 月，七版，台北）。熊氏順「二諦說」爲言，不將其說爲「三諦說」，可見其對空宗確是有所體會。

空宗唯其能空法相或五蘊相，所以於法相或五蘊相，而皆證空理。易言之，即於一一法相或一一蘊相，無所取著，而直透澈其本體。《心經》說五蘊皆空，這裏空字，實含有兩種意義：一是說，五蘊法都無自性故，名之以空。（此云空者，即是空無義。）一是說，既知五蘊法都無自性，便於一一蘊相，遣除情見執著，而直證入其離諸戲論之清淨本然，亦說爲空。（此云空者，即謂空理，非空無義。清淨本然，亦空理之代語。）（同上頁 368～369）

而雖分爲二義，然二義本是相關，因諸法有實自性而不空，即無由於法相而見空理，故由法相之空無即見法性之空理，所以熊氏言空宗爲「破相顯性」，對空宗以般若空慧空一切法相，深所贊許，故說「空宗在認識論方面的主張，是我在玄學上所極端贊同的。」（同上頁 372）

其次，熊氏指出空宗滌除知見，必於宇宙萬象都說爲空，故無所謂之宇宙論；亦即於法相所由形見，絕不究問，不言眞如實性能顯爲一切法相，故以二語料簡之：

（甲）眞如即是諸法實性

（乙）眞如顯現爲一切法（同上頁 374）

由（甲）語則見諸法都無自性，應說爲空，因諸法之實性即是眞如，非離眞如別有諸法之自性可得，故知諸法但有假名，而實空無；由（乙）語則見諸法雖無自性，然非無法相可說，因法相即眞如之顯現，故應一面以一切法會入眞如實性，此即「攝相歸性」，一面則由法相即眞如之顯現，而有功用詐現，迹象宛然，故不妨施設一切法相，由此假立外在世界。亦即（甲）語只是「即體無用」、「即存有而不活動」，而（乙）語則「即體即用」、「即存有即活動」。熊氏認爲空宗畢竟只言及（甲）語，而不言（乙）語，只說眞如即諸法實性，而不言眞如能顯爲一切法，故有體無用，不能即體即用。眞如不生不滅，無有創化之功，而成一死體耳！

可見熊氏雖贊同空宗之認識論，但卻駁斥其宇宙論，甚至認爲「依據空宗的說法，是無有所謂宇宙論的」（同上頁 373），因其於一切法無所安立，對一切法相所由形見皆破斥之、空去之，而不究問其根源，故不能言「眞如顯現爲一切法」，而只能言「眞如即是諸法實性」，不能言「攝相歸性」，而只能言「破相顯性」。亦即在熊氏看來，在空宗之認識論下，一切法皆消融於此，一切皆如幻如化，無有一法可得，故無有宇宙之可安立，自無宇宙論之可言。

最後，熊氏更指空宗「破相顯性」，善言本體，然一往破空，至於其極，必連「法性」亦破之，成斷滅空矣。《新論》云：

> 《大般若》五百五十六云：「時諸天子，問善現言：『豈可涅槃亦復如幻』？善現答言：『設更有法勝涅槃者，亦復如幻，何況涅槃？』」是則法相，固不可執，若復於法性起執者，雖性亦相，故應俱遣，一切皆空。（同上三七七）

熊氏認為空宗之空法相，乃為破執，令人悟入法性、涅槃，有其深意。然復懼於空法相後，雖不執著法相，卻又執著於法性，故連法性亦須遮撥，亦須空去。如此則相破性亦破，「性相雙遣」，縱能「實證空寂」，然已「性歸寂滅」，其法性似有實無，成一無體之體矣！

綜上所論，可見熊氏對空宗實有會有不會。對於空宗空法相，不陷於法相中，而直透入法性，此種直透法性之般若空慧，熊氏不僅相當贊同，且有所資取，如其理論體系中，心（闢）如何能轉物（翕），即因心是陽明的、無染的，而此陽明的、無染的心，即是其有所取乎般若空慧之處，此亦是熊氏對空宗有所會之處。

然而熊氏卻以為空宗是性相兩分，而成破相顯性，此實是其骨子裏有一「體用」觀念之要求，故任何理論在其觀之，皆以此衡之而定其究竟與否，此則是其不客觀相應處。在空宗言來，雖說二諦，亦只是諸佛為眾生說法之方便，故「一以世俗諦，二第一義諦」，如不知此只是方便，而「分別於二諦，則於深佛法，不知真實義」（《中論》觀四諦品二四），並且「若不依俗諦，不得第一義，不得第一義，則不得涅槃」，由是而說世間即涅槃，涅槃即世間，可見世間與涅槃，亦即法相與法性，並非如熊氏所言是分為兩層，性相既非分為兩層，自無所謂「破相顯性」之問題。若依印順之說法，將性相分為兩層的乃是有宗，而非空宗，因此有宗才有所謂的「破相顯性」，空宗則無。〔註9〕

空宗言性相，皆就緣起論立場而言，因一切法空無自性，故是緣起，而「以有空義故，一切法得成」，即因一切法是緣起而成，而緣起之性即是空的，故說為空性，然此空則不可說成是諸法緣起之本體或根源。而熊氏因其有一

〔註9〕見印順〈評熊十力的新唯識論〉五、「空宗與有宗」（收入《無諍之辯》，正聞出版社，民國80年4月，一三版，台北）；詳後第四章第四節（二）「空有之辯」。

體用之要求，故將空宗之空，解為一、空無，屬用上義，二、空理，屬體上義，並將空理（空性）執實，而為一清淨本然之體。殊不知空宗之言空，雖有空無與空性二義，然此二義乃不一不異。空無是就其為緣起法而言，一切皆是因緣和合而有之緣起過程，皆無實自性可言，故須空去，而說空無；空性則就其寂滅相而言，因覺悟諸法本性空寂而即證顯此空寂，即是寂滅相，即是空性，此空性並非緣起法，而是直證無生之寂滅相而顯現之一種境界或一種意義。若說此空性亦是一個法，則亦應是第二序上之「意義」法，與緣起法亦不同，亦即空不是一個法，而是法之性，只是名上意義，而無存在意義，並非如熊氏所計為一能生起萬法之本體，因空宗只是以一「蕩相遣執」之方式而說諸法實相——空，而實無所建立。〔註10〕

至於熊氏引《大般若經》而謂空宗之言涅槃、法性，有「亦復如幻」，相破性亦破之失；其實，依經文脈絡義看，只是欲人不可執著於涅槃、法性，若於此成執，則涅槃、法性亦非涅槃、法性矣；且涅槃、法性本即是如幻如化，「無得亦無至，不斷亦不常，不生亦不滅」，既無得無至不斷不常不生不滅，則又何所執、而又何所遣，而成相破性亦破，「一切皆空」呢？熊氏此舉實有斷章取義之嫌，因《般若經》並非如熊氏所計有一本體而說實性不空，不但不說實性不空，且一再提及：「為久學者說生滅不生滅一切如化」，「真如非有性」，「涅槃亦復如幻如化」，《中論》〈觀涅槃品二五〉亦曰：「涅槃不名有，有則老死相」，「如佛經中說，斷有斷非有，是故知涅槃，非有亦非無」，

〔註10〕參見牟宗三《佛性與般若》上冊頁108～109。又關於「蕩相遣執」，乃牟氏於《佛性與般若》上冊一開頭對《大般若經》之性格之描寫，茲引數段以見其概，「大般若經主要地是講般若智之妙用。般若是無諍。般若智之妙用即是蕩相遣執。『一切法皆不合不散，無色無形，無對一相，所謂無相。』經只就諸法表示此意。它並無所建立，它亦未分解地說明任何法相。」（頁3）「般若部只是融通淘汰，蕩相遣執，則是事實，此見般若經之獨特性格。此一性格即是不分解地說法立教義，但只就所已有之法而蕩相遣執，皆歸實相。實相一相，所謂無相，即是如相。」（頁11）「諸法實相是依般若蕩相遣執而示顯（遮顯），不是依分解方式而建立，且實相甚至根本亦不是一個法。說它是『無諍法』，這『法』字是第二序上的虛說，只有名言意義，無實法意，『諸法』之法才是實法，雖然亦是假名。」（頁13～14）「般若經不是分解的方式，無所建立，因而亦非一系。它根本無系統相，因此，它是無諍法。此種無諍法，吾將名之曰觀法上的無諍。即是實相般若之無諍，亦即般若之作用的圓實，圓實故無諍。此是般若經之獨特性格。」（頁16）由以上數段，可見《般若經》之蕩相遣執的性格，而空宗之大意，亦含蘊於此。

而於最後則歸結爲「諸法不可得，滅一切戲論，無人亦無處，佛亦無所說」，而熊氏誤以涅槃、法性爲眞實而爲妨成執故亦遣破之，而成性相雙遣，此實其不會空宗之處也。

雖然熊氏於空宗有會有不會，亦受其影響，然終站在自己之立場，誤以空宗乃遮撥法相以顯法性，深覺其有所不足，而己則欲揭示現象以顯本體，此其大不同，不可無作以救之，故有《新論》之作也。

第三節　對有宗之反省

熊氏以空宗「破相顯性」，偏言本體，無有宇宙論可言，然熊氏既欲揭示現象以顯本體，必論及宇宙論，而有宗盛言之，故亦必言及之。熊氏言：「《新論》之旨，本出入儒佛，而會其有極。然原其所由作，則以不愜意於無著一派之學，而不容已於言，故書中評及有宗者特多。」（《論著集》頁 624）蓋熊氏於有宗之學，可謂出入有時，並有所得，〔註11〕後因所見不同，自爲新說，是故而有《新論》之作也。

有宗乃繼空宗而興，因空宗極言法性，而空法相，於宇宙萬象無所安立，至其末流，易使人以爲「一切法空」，最後連法性亦空，而成「一切皆空，連空亦空」，故有宗意欲施設宇宙，起而矯之。然自無著、世親爲矯空宗之弊而唱「唯識」之說以來，雖得十大論師之發揚，然間有異義，對識、境等看法不盡相同，故有所謂安慧之「無相唯識」與護法之「有相唯識」之別。安慧認爲應是「唯識無境」，《三十唯識論頌》曰：「識轉化分別，彼（我法二執）皆所分別，由此（分別）彼（二執）皆無，故一切唯表。」此與眞諦所譯《中邊分別論》第二：「虛妄分別有，彼處（分別有）無有二（能取所取）；彼中唯有空（二取空），於此（二取空）亦有彼（分別）」頗爲接近。亦即安慧基本上認爲識、境分別只是「虛妄分別」（表別），於此分別上之「二取」（能取之見分，所取之相分），乃遍計所執性，皆非眞實，所以是「二取無」，故稱爲「無相唯識」。而護法對境、識之看法，可據窺基《成唯識論述記》：「唯謂簡別，遮無外境；識謂能了，詮有內心」而知，亦即「否定外境，肯定內心」。《成唯識論》亦曰：「外境隨情設施故，非有如識。內識必依因緣生故，非無

〔註11〕《新論》云：「我從前有一個時代，是很傾向印度佛家思想的。……我當問無著和世親一派之學於歐陽大師，也曾經服膺勿失的。」（《論著集》頁348）。

如境。」亦即執外境為實有者，乃是一種遍計所執性，故是「情有理無」，而識則是依因緣生而實有之依他起性，故是不能不有的。〔註12〕又「種子」為「本有」或「新熏」，十大論師間，亦多分歧，主要有三說，護月主「本有」說，難陀主「新熏」說，護法則綜合各家，主「本有」「新熏」並建。

傳入中國後，又因所依譯典不同，對「阿賴耶識」起「染淨」之爭，而分為三支，一、菩提流支依所譯世親《十地經論》而成立「地論宗」，主阿賴耶為清淨；二、眞諦依無著《攝大乘論》而成立之「攝論宗」，主阿賴耶為半染半淨；三、玄奘、窺基依《成唯識論》（後簡稱《成論》）而成立之「唯識宗」（或稱為「法相宗」、「慈恩宗」），主阿賴耶非染非淨，乃無覆無記，而通於染淨。〔註13〕此中脈絡紛繁，系統龐雜，但大抵可分為兩系，安慧、眞諦是一系，稱為「唯識古學」，護法、玄奘和窺基是一系，稱為「唯識今學」。至近代，則有歐陽竟無與太虛同弘唯識，皆以玄奘所傳唯識為正宗，而熊氏出身歐陽門下，對唯識之學最熟悉者，即是以護法、玄奘「唯識今學」一系之「有相唯識」，而對其餘流派，似乎不大論及。顯然熊氏對有宗內部之紛爭，

〔註12〕 以上關於「無相唯識」、「有相唯識」乃參見曹志成〈眞諦的唯識古學、玄奘的唯識今學與熊十力新唯識論之唯識思想初探〉〈上〉〈下〉頁6、頁7而成，載《中國佛教》第三三卷第三、四期，民國78年3、4月，台北。

〔註13〕 關於此三宗之大概，在地論宗方面，地論師說阿梨耶識（即阿賴耶識）是眞識，然《十地經論》：曰「應於阿梨耶識及阿陀那識中求解脫」，則無眞識之意，故地論師之眞識說，可能是從菩提流支所譯《入楞伽經》之「自相阿梨耶識不滅」而來。攝論宗方面，眞諦所譯《攝大乘論釋》，於世親之解說中每多所補充解說，如曰：「阿梨耶識，界以解為性」，「聞熏習與解性和合，以此為依，一切聖道皆依此生」。於持種、異熟阿梨耶識外，又立解性梨耶，故阿梨耶有「眞妄和合」之意，此可能從《阿毘達磨大乘經》所說依他起性「彼二分」而來。眞諦於八識外，立阿摩羅識（無垢識），或即是《楞伽經》「八九種種識」之第九識。阿摩羅識之內容，乃八地菩薩（及阿羅漢）捨阿梨耶所得之「轉依」，又通於初地所證得的，及眾生之本淨心。眞諦所譯論典，重於阿賴耶種子識之轉變，稱為「一能變」說，而最特出者，即對阿梨耶識為所依，如來藏為所依兩大思想之疏解融通。唯識宗方面，唯識學乃依《瑜伽師地論》為本，無著《大乘莊嚴經論》與《攝大乘論》，闡揚阿賴耶之種子識變，因亦會通當時流行之大乘經，故亦會通如來藏與大我，依此發展下去，故有《楞伽》、《密嚴》等傳出。世親《唯識三十論》，依《瑜伽》〈攝決擇分〉闡揚阿賴耶、末那與前六識之三類現行識變。陳那、護法一系，重視理性思辨，而思想復歸於《瑜伽》，正智是依他起，有為生滅的；智與識相應；如與智不一。依此而論佛果——三身、四智，皆有詳密之分別；而《成唯識論》即不再談如來藏矣。以上乃參閱印順《印度佛教思想史》頁348～349而成，正聞出版社，民國78年11月，三版，台北。

並不關心，因儘管紛爭有所同異，但基本理論卻是相同，「一切法不外乎識（表象）」，〔註14〕以種子為現行之根源，及真如是無為法等，故實視其全部為一派，甚至以護法、玄奘一系代表全部，因此其對有宗之反省即以無著世親──護法──玄奘窺基這一系為主。故本文論述熊氏對有宗之反省，亦以此系為主，其餘若有關者，則亦及之。

由於空宗言真如不生不滅，而非生生化化，只是一平鋪之真如世界，而非一縱貫創生之世界，故無有宇宙之施設；有宗起而矯之，首先言及「三性」，由此而談宇宙論，宇宙由此而安立，此「三性」說可謂乃空宗過渡至有宗之橋樑，而後再言及「唯識」，建立阿賴耶識，其中含藏一切種子，而為一切法之所依止，如是「三界唯心，萬法唯識」，而「唯識」之義成。「三性」說較偏於「境」上說，「唯識」義則重於「識」上說，而其實是相通的。在熊氏看來，前者即所謂之宇宙論，後者即所謂之本體論，而欲評判有宗之得失，即可由此兩方面著手。故論述熊氏對有宗之反省，即可順此而分述之：一、對「三性」說（宇宙論）之檢討，二、對「唯識」義（本體論）之檢討。

一、對「三性」說之檢討

有宗之「有」，與世俗或小乘派者之「有執」不同，因有宗之有，乃是「妙有」。蓋原始佛學及部派佛學，尚是小乘時期，皆以離苦證果為目的，只言自我及如何解脫，限於人生論，而於現象界之建構，避而不談。至龍樹大乘空宗起，以般若智觀一切法空，離法相有無而顯法性之中道義，將一切法之獨立實在性消解於「因緣所生法，我說即是空」，亦即「緣起性空」中，而得「一切法空」。此空義、中道義雖與客觀對象意義無關，然既可建立此空義、中道義，則必有建立此空義、中道義之「理」。故妄執之為執，亦應有理；破妄執而建立之觀念言說，亦應有理；而破妄執之目的，亦應有理。空宗只言及空義、中道義，尚未言及其理；有宗繼之而起，故言及之，且依之建立「三性」說，即「徧計所執性」、「依他起性」及「圓成實性」。徧計所執性乃指於依他起之緣生法上，周徧計度，妄執一切，計為實有，而不知其為虛妄；依他起性即一切法皆因眾緣和合，方得生起，不論其為清淨或染污，皆為依他起攝；圓成實性即於依他起上，去除徧計所執，證我空法空，而得諸法之實性。此

〔註14〕《唯識思想》頁9，高崎直道等著，李世傑譯，世界佛學名著譯叢六七，華宇出版社，民國74年12月，初版，台北。

「三性」即一切法之自相，亦即一切法之自相皆有此三。此「三性」不即是「空」，但亦不違「一切法空」，故其之為有，乃非客觀意義之有，與俗諦之執有不同，故謂之「妙有」。

　　熊氏於「三性」說，乃透過與空宗之比較，而認為有宗「三性」之說，已失空宗本義，因「按《大般若經》言，慈氏（佛呼彌勒也）應如是知，諸遍計所執，決定非有。諸依他起性，唯有名想施設言說。諸圓成實，空無我性，是真實有。」（《論著集》頁 413）亦即熊氏認為空宗計初性、次性誠為非有，而唯第三為非空，故《新論》云：

> 初性但遣所執，次性盡遣所執之所依一切法相，然後一真之體揭然
> 昭顯，故終之以第三性。（同上頁 414）

而有宗則改變空宗之次性非有為非空，而計初性為非有，後二性為非空，已稍異於空宗，《新論》云：

> 蓋有宗以為，三性中初性純是所執，是誠非有。依他不應說無，圓
> 成則是真實有。故通依圓，總說非空。（同上頁 415）

熊氏認為兩者之根本分歧即在「依他起性」，「空宗說依他，元是遮撥法相。有宗說依他，卻要成立法相。」（同上頁 415）亦即空宗遣除依他起性，遮撥法相，故不言宇宙論，而有宗承認依他起性，成立法相，故有宇宙論可言。熊氏並以「遮詮」與「表詮」來說明二宗之異：

> 表詮承認諸法是有，而以緣起來說明諸法所由成就。
>
> 遮詮欲令人悟諸法本來皆空，故以緣起說破除諸法，即顯諸法都無
> 自性。（同上頁 417）

遮表二義截然異致，判若天淵。由於小乘有部談緣起，乃表詮義，故空宗欲遮其執，便得將眾緣一一破斥，則小乘有部妄計有從緣而生之諸法，即不待破而自空。空宗言三性，實將依他起與遍計執俱遣，而由遣依他起，即於法相不見為法相，而所謂萬象森羅原是一真法界，故遣依他起者，乃即依他起而悟其本是圓成實，無有依圓二性對立之過。而有宗卻根據小乘有部表詮義而反空宗，將遮詮義又變為表詮義，而有依圓對立之過。

　　熊氏又認為有宗因欲建構宇宙論，較小乘有部更變本加厲，至於其極，則將「緣起說」改變為「構造論」，而此一關鍵即在「種子」義之提出。「迨後，無著創發唯識之論，即於依他起性而改變空宗遮詮的意義，因建立種子，使緣起說一變而為構造論。」（同上頁 416）。亦由此因緣義之改造，使有宗漸

漸形成以種子爲中心，以阿賴耶識爲能變現之「唯識」系統。

　　綜上所論，熊氏以爲有宗「三性」說乃承空宗而來，呂澂則認爲熊氏「批評無著三性說，引據《大般若經》，以爲三性始於空宗，無著更張原意云云。此解無稽，眞出意外。蓋所引《般若》，爲〈慈氏問品〉原係瑜伽所宗，晚出之書取以自成其三性說者，此與空宗何關？……題名《般若》之經，非空宗所專有（如《般若》〈理趣分〉，爲密宗所依，與空宗亦無關），豈可一見《般若》，即目爲空宗之說？又經文說色等三法，原爲遍計色、分別色與法性色，瑜伽宗論書乃取以配合三性，豈可直接改經文爲遍計性、依他性與圓成性？」〔註15〕呂澂所說甚是，熊氏於此實有誤解妄改之處。空宗其實只言二諦，不言三性，熊氏以爲空宗亦言三性，顯與事實不符，其之所以如此認定，顯非由客觀事實言，而應是從義理脈絡演進言，認爲空宗雖無三性之名，而有三性之實，因二諦說中實已含有三性，只是未強調而凸顯之而已，至有宗則特別強調依他起，以爲餘二者之聯繫，故說三性；然此亦只是其自以爲是，即使如其所言兩者有內在義理關聯，有宗自空宗而來，亦絕不可以逆推方式，即謂有宗言三性，故空宗亦必言三性，此中實無必然性，難以成立，若謂其有必然性，則成倒果爲因。

　　熊氏又認爲依他起性與圓成實性，同爲是有非無，且是「實有」，則又不甚了然於依他起性乃通染淨，雖然是有，但卻是「假有」，而非如圓成實性之爲實有。蓋有宗「三性」之說，若以《瑜伽師地論》〈菩薩地·眞實義品〉之「假說自性」與「離言自性」言，「遍計執」略當於「假說自性」，「圓成實」略當於「離言自性」，此「假說」「離言」二性，與空宗「二諦說」相近，而有宗即是於二者間安立「依他起」爲聯繫樞紐，故有宗實承空宗而來，其差異只在於對「依他起」之肯認與否。若以染淨言，「遍計執」是染性，「圓成實」是淨性，「依他起」本身非染非淨，但又通於染淨，視其與誰結合，如與「遍計執」合，則爲染性，如與「圓成實」合，則爲淨性。若配合有無言，則遍計所執性出於對緣起緣生之遍計而執著之，故是「無」；依他起性乃遍計所生之依計，故是「有」，然因其乃與遍計執結合相順，故非實有，而是「假有」；而至圓成實性依依他起而去除遍計執，才可說是「實有」。

　　熊氏對有宗「三性」雖未能完全理解，但對其建立「三性」，欲由此而談宇宙論，安立施設宇宙，初亦頗爲贊同，然因其變異過甚，終至以種子義取

〔註15〕《呂澂文集》頁111，文殊出版社，民國77年3月版，台北。

代因緣義，使緣起說成爲構造論，雖由此漸漸完成其「唯識」理論架構，但已大違佛法最根本之緣起義，以至而有所謂種現對立之「二重世界」之失，種子眞如同爲本體之「二重本體」之失等。雖然熊氏認爲至無著始建立種子，在文獻考據上並不客觀正確，因種子思想在小乘時已有，但顯然地無著之言種子，其義已與小乘不同，種子無窮無量，能生一切萬法，在熊氏看來，如此多元之能生的主體並不究竟，此亦只是一「暫時之體」，故有二重世界、二重本體之失，若欲避免此失，則須尋求一更根本、一眞絕對之本體。熊氏即因不滿於此，認爲必須建立一普遍的、內在的、超越的本體，而漸漸改造有宗唯識義，形成其即用識體，體用不二之理論。

二、對「唯識」義之檢討

有宗唯識學並非由一人一時一地完成，而是在發展中完成的。由最初「三性」之偏於境上言，而後至「唯識」之偏於識上言，一重法相，一重唯識，故常有「法相宗」與「唯識宗」之異稱，甚至由此起宗名之爭。然不論如何，有宗既是在發展中完成的，即須以整體觀之，不可分割截裂，以部分代全體。

由「三性」至「唯識」，又有所謂「三無性」之提出。蓋「三性」亦只是隨名言區別而安立之三種活動，非即是離一切法而自存之理，故又提出「三無性」，即「相無自性性」、「生無自性性」及「勝義無自性性」。「相無自性性」是依遍計所執相言，因遍計所執相乃「假名安立」，而非「自相安立」；「生無自性性」是依依他起相言，依他起相乃依因緣而生，而非自然生；「勝義無自性性」則通依他起相與圓成實相言，因勝義是清淨所緣境界，在清淨所緣境中，無依他起相，故依他起相是「勝義無自性性」，而圓成實相是勝義，故亦是「勝義無自性性」。由是可知，「三性」乃依「三無性」而有，實無獨立性、存在性。世親《唯識三十頌》更說明此義：

> 即依此三性，立彼三無性，故佛密意說，一切法無性。初即相無性，
> 次無自然性，後由遠離前，所執我法性。此諸法勝義，亦即是眞如，
> 常如其性故，即唯識實性。

由「三性」與「三無性」之關係，可知一切法雖依他起而有所安立，實則皆無自性，故世親斷定一切法唯「識」，「即唯識實性」，有宗「唯識」之學於焉建立，現象界亦由此而得施設安立，《百法明門論》曰：

> 一切法者，略有五種：一者、心法。二者、心所有法。三者、色法。

　　四者、心不相應行法。五者、無爲法。〔註16〕

此中無爲法乃於現象界外之另一世界，因有宗欲說明一切法，故亦略及之，然其重點在於說明前四法，以建構現象界，而此四法中則以心法爲主，一切餘法皆由心法所生。心法即指八識而言，此八「內識」能變現一切「外境」，故曰「三界唯心，萬法唯識」，而宇宙萬象得以成立。外境乃依內識而有，故外境可說爲虛妄，而內識則非虛妄，乃是眞實，故名「唯識」。

　　此八識雖分爲八，然前七識皆可攝歸於第八「阿賴耶識」，亦以其爲所依止，故阿賴耶識實是外境之根源，亦即一切萬有皆是阿賴耶識「識變」之結果，一切萬法皆可收入阿賴耶識中，阿賴耶識即是一切法之根本依，故謂之「阿賴耶緣起」。而阿賴耶識中則含藏一切種子，以作萬法生起之因，阿賴耶識與種子之關係，乃互爲能所因果。阿賴耶識本身非染非淨，屬「無覆無記」；種子則有染淨可分，有「無漏種子」和「有漏種子」二種，又可依其如何成立，分爲「本有種子」和「新熏種子」二種。又「眞如」無爲法，與有爲法之關係爲何，有宗亦無說明。如此種種，熊氏認爲殊非了義，故對其作一徹底反省。觀其對有宗「唯識」義，固全面批評之，然最要者不外：（一）執識爲實之失，（二）種子、現行爲二之失，亦即本體、現象對立，有二重世界之失，（三）種子、眞如同爲本體，有二重本體之失，（四）眞如無爲無作，體不成用之失。

（一）執識為實之失

　　有宗唯識之學，可以二語蔽之，即「三界唯心，萬法唯識」，亦即所謂「阿賴耶緣起」，一切山河大地，乃識所變現。熊氏認爲窺基《成唯識論述記》（後簡稱《述記》）卷一：「唯遮境有，執有者喪其眞，識簡心空，滯空者乖其實」，〔註17〕是對「唯識」二字之界定，然此言成立識者，所以簡別於心空之見，而許識爲不空，則非了義，故曰：

　　　　夫妄執有實外境，誠爲喪眞，不可無遮。而取境之識，是執心故，
　　　　即妄非眞，云何而可不空？若以妄識，認爲眞心，計此不空，是認

〔註16〕此五法亦有一定次序，《百法明門論》：「一切最勝故，與此相應故，二所現影故，三位差別故，四所顯示故，如此次第。」「一切最勝故」指「心法」，「與此相應故」指「心所有法」，「二所現影故」指「色法」，「三位差別故」指「不相應行法」，「四所顯示法」指「無爲法」，有宗即依此建構現象界，然此現象界實由「心法」所變現，故曰：「三界唯心，萬法唯識」。

〔註17〕《成唯識論述記》頁7，新文豐出版公司，民國78年4月，二版，台北。

賊作子，過莫大焉。今謂妄境唯依妄識故有，而實非境，觀識則了
境無，於是遮境無過。妄識亦依眞心故有，而實乖眞，證眞則了識
幻，故應說識是空。（《論著集》頁 46）

熊氏以有宗遮境，尙有可說，而執識爲實，不知識亦幻有，此其根本差謬也。
熊氏認爲心有「本心」與「習心」之別，本心亦云「性智」，此性自覺故，本
無倚故，乃吾人與萬物所同具之本性，眞淨圓覺，虛徹靈通，卓然而獨存；
習心亦云「量智」，此雖依本心之力用故有，然不即是本心，乃分別事物，依
經驗後起而有，畢竟自成一物。而有宗之識，略當於習心，而非本心，故不
可執實，以爲萬有之本體。

有宗雖分八識，個個獨立，但以阿賴耶識爲主，前七識皆爲阿賴耶識所
攝，亦以其爲所依止；且不只前七識，凡一切萬有亦以阿賴耶識爲根本依，
亦即阿賴耶識含藏一切萬有之種子。〔註 18〕而種子與阿賴耶識乃互爲因果之
關係，以種子爲能生，阿賴耶識爲所生，則種子爲因，阿賴耶識爲果；以阿
賴耶識爲能藏，種子爲所藏，則阿賴耶識爲因，種子爲果。熊氏於此指出，
有宗之言種子，本有新熏並建，皆性通染淨，而皆執爲實有，故亦執阿賴耶
識爲實有，實已犯有「本識（阿賴耶識）雜多」之失。所謂「本識雜多」，依
熊氏之意，則有二說：

其一，人人有一阿賴耶識，故成「多我論」，且因各人之阿賴耶識皆能「生
心物諸行」實與「外道神我論」雷同。故熊氏曰：「夫謂人各具一本識，含藏
一切種，是生心物諸行。如其說，則與外道神我論同其根底，且爲極端的多
我論者。」

其二，每一眾生之阿賴耶識，皆含無窮無盡之種子，熊氏曰：「有宗功能
（即種子）說爲粒子性，是各各獨立的，是多至無量數的。……這種說法，
也可謂之多元論。」「殊不知，一切物的本體，元是絕對的，元是全的，既曰
多元，便是相對的物事，如何可以多元來談本體？」此多元之「阿賴耶緣起」，
已違本體「絕對」、「整全」之絕對唯一性。〔註 19〕

〔註 18〕《新論》頁 108：「彼計五識，唯外門轉，必有依故。第六意識，内外門轉，
　　　　行相麤動，此非根本，亦必有依故。由斯建立第八阿賴耶識，含藏萬有，爲
　　　　根本依。賴耶深細，藏密而不顯。前六則麤顯極矣。故應建立第七末那，以
　　　　介於其間。」（《論著集》頁 108）故知賴耶含藏一切種子，並爲其根本依。
〔註 19〕見《論著集》頁 471 及頁 443，請參見楊惠南《當代佛教思想展望》頁 239～
　　　　240，東大圖書股份有限公司，民國 80 年 9 月，初版，台北。

以上二說，皆可見阿賴耶識絕非宇宙萬法最後之根源，而有宗執爲實有，以爲萬法生起之本體，不知其乃虛幻。故《新論》曰：

> 若復妄執內識爲實有者，則亦與執境同過。蓋識對境而得名，則其形著也，不唯祇作用幻現，實乃與妄習恒俱。此識既雜妄習，所以亦成乎妄而不得爲眞心之流行也。故識無自性，亦如外境空而無物。故彼執識爲實有者與執外境，等是迷謬。（同上頁56～57）

此「執識爲實」之失，全由妄習雜染所致，而非眞心流行，故不可無遮。且種子又分染淨，則亦成善惡二元論，縱執爲本有，然其是否眞實，已屬可疑，而阿賴耶識與之俱起，則其是否眞實，亦復可疑。《新論》曰：

> 賴耶所藏種子，應分有漏無漏性。據大乘義，眾生無始以來，只是賴耶爲主人公。易言之，只是賴耶中有漏種子發現，而無漏種子從來不得現起。必至成佛，方斷盡有漏種，始捨賴耶。其時無漏種發現，即生第八淨識，是名無垢。……設問：「眾生無始時來，純是有漏流行，如何而修，如何作佛？」答曰：「據無著等義，唯依聖教，多聞熏習，生長淨種而已。」（同上頁589～590）

如此，阿賴耶識於眾生成佛，絕無必然之保證性，欲成佛，唯靠正聞熏習，而正聞熏習，純由外來，非從本心流出，故非眞實。且有漏絕不可成無漏，若可成無漏，即壞因果法；今阿賴耶識唯是有漏種子流行，縱有正聞熏習之外緣助力，然無因必無果，絕不可成無漏淨識，故阿賴耶識唯是虛妄而已。有宗之失，即在「執識爲實」，故熊氏首先破之。

以上所述乃熊氏對有宗執識爲實之批評，然在唯識家看來，自是不能同意，因有宗雖建立唯識，一切皆識所變現，然此識亦是虛妄，並非眞實，《成論》卷二曰：「爲遣妄執心心所外實有境故，說唯有識；若執唯識眞實有者，如執外境亦是法執。」〔註20〕可見由唯識所現之諸法，固是空無自性，如夢如幻，而變現萬法之阿賴耶識，亦非眞實；亦即境是空，而變現萬法之阿賴耶識亦無非是空。且熊氏對「唯遮境有，執有者喪其眞；識簡心空，滯空者乖其實」二語亦有誤解之嫌，蓋熊氏以依他起與圓成實同爲是有，而不知依他起實亦只是幻有，故亦認爲「識簡心空，滯空者乖其實」乃說識是有非空，因此說有宗有執識爲實之失。其實此句雖說識是有，但此識亦只是依因緣生而有之依他起性，因對外境是無，故而說爲有。窺基於此二語之前更有多語

〔註20〕《成唯識論》頁57，華藏法施會重刊，民國66年，台北。

皆是對「唯識」之界定，即：

> 唯識所成之名，以簡了為義。……唯謂簡別，遮無外境，識謂能了，
> 詮有內心，識體即唯持業釋也。識性識相，皆不離心。心所心王，
> 以識為主。歸心泯相，總言唯識。（《述記》頁6〜7）

此段之意，即否定外境，認為外境是無，而肯定內心，認為內心是有。然此心識之為有，乃誠如《成論》所云：「外境隨情設施故，非有如識；內識必依因緣生故，非無如境。」（頁13）可見識之為有，乃對境無而言之依因緣生之有，因此此識非是真實，乃是虛妄，故印順名此以虛妄分別識為依之唯識說為「虛妄唯識宗」。然此識雖是虛妄，但因恐如空宗末流之計為「一切法皆空」，才言「識簡心空」，而「識簡心空」並非意謂識即非空，是實有；其實正好相反，識並非實有，而是因緣和合之假有，因是假有，故不可滯於空而以為是空，否則即乖其實，故說「滯空者乖其實」。

不過，熊氏認為有宗執識為實，雖可能是如上所言，誤以虛妄之識為真實；但亦有另一可能，即熊氏認為即使識為虛妄，但有宗以識為萬法生起之因，其中含藏無量種子，實非了義，而有宗執此非究竟者有如真實，以為萬法之根本依，不只有執識為實之失，並有本識雜多之失。其實不管熊氏是否誤解，即使是誤解，亦不表示有宗「阿賴耶緣起」說即無問題，因無論如何，阿賴耶識既是虛妄的、雜染有漏的，並為一切法之根本依，則本自清淨之無漏法何須以雜染有漏之阿賴耶識為所依止，而雜染有漏法又何以能流出清淨無漏法，從染依而轉成淨依？亦即最重要之「轉識成智」說如何可能？此實乃唯識理論內部之大問題。熊氏不滿於阿賴耶之說，而以本心代之，即是欲以真實代虛妄，如此才有一普遍的、內在的與超越的本體，即存有即活動，而非如阿賴耶識只是一經驗之存有，須靠外在之正聞熏習，才能轉識成智，才有解脫可能。如此說來，虛妄之阿賴耶識對於眾生是否成佛，並無可能性與必然性之保證，因此眾生並不一定成佛，實與佛法所追求之人人皆有佛性，眾生皆能成佛，大違其趣。熊氏所反對者，即在於此，儘管其對阿賴耶系統並無客觀相應之了解，但其所要求須有一可能性與必然性之保證，則是有宗理論所最欠缺者。

吳汝鈞氏即認為有宗如欲真正建立「轉識成智」論或成佛理論，則須依兩原則來補立成佛可能性，使之成為真正的成佛可能性：

一、它必須被確立為先驗地（更確切言是超越地）有者；二、它必

須被確立爲可自緣起者。第一原則保證成佛可能性理論上的必然可

能有，第二原則保證成佛可能性理論上的必然可能實現。〔註21〕

如此，將「先驗地（超越地）有」與「可自緣起者」二原則合起來，即可保
證成佛爲一理論上必然可能之事，可由自己把握、作主；而有宗作爲成佛理
論的二要點，卻與此正相反，即無漏種子並非先驗地本有，而是經驗地本有，
而無漏種子須待正聞熏習，故亦非可自緣起者，而是待他緣現的。亦即無漏
種子並無眞正成佛可能性之保證，而無漏種子不能自身現起而須待他緣之
說，更成一無窮追溯之困難，此實是有宗理論之最大困難處。因此，如何將
經驗本有的無漏種子變爲先驗本有的，待正聞熏習的他緣現變爲自身現起的
自緣現，無疑是唯識學者當急之務；然此亦不可隨意更改，須在既有理論內
逐步尋其可行之道，否則唯識理論即須重新改造矣！

（二）種子、現行爲二之失

熊氏指出有宗執虛妄之識爲實之失後，進而論及其種子與八識（即現行）
之關係。

有宗阿賴耶識之提出，乃爲解決「無始時來界，爲諸法等依」此一問題，
亦即宇宙萬象以何爲依之問題，〔註22〕而宇宙萬象各不相同，絕非阿賴耶此
一根本識所能變現，故建立種子義，含藏於阿賴耶識中，而成現界之根本依，
亦即宇宙萬象之本體。如是則各各不同之種子，生不同之現行，再由現行變
現宇宙萬象。而種子與八識（現行），其關係乃「種子生現行，現行熏種子」
之「俱時因果」說。《成論》卷二曰：

> 能熏識等（即現行）從種生時，即能爲因，復熏成種，三法展轉，
> 因果同時，如炷生焰，焰生燋炷，亦如束蘆，更互相依，因果俱時，
> 理不傾動。（頁77）

此種子生現行，現行熏種子，看似有三階段，實乃同時俱起，即種子生現行
因果同時，現行熏種子亦因果同時，二者同時而有。且此俱時因果，無有過
末二世，只在現在一刹那中完成，〔註23〕《成論》卷三亦云：「前因滅位，後

〔註21〕吳汝鈞氏《唯識哲學——關於轉識成智理論問題之研究》頁73，佛光出版社，
　　　　民國78年8月，三版，台灣高雄。

〔註22〕參見呂澂《印度佛學思想概論》（案：原名應爲《印度佛學源流略講》）第四
　　　　章第二節〈經部和正量部的學說〉頁168～188，天華出版公司，民國76年7
　　　　月，再版，台北。

〔註23〕唯識宗將時間建立在「現在」（即刹那）上，且更進一步將現在或刹那，建立

果即生，如秤兩頭，低昂時等。如是因果相續如流，何假去來方成非斷！」（頁105）如是種現同時，互爲因果能所，故其「三界唯心，萬法唯識」之義成。

然熊氏既謂其本識虛妄，不可執實作本體，故八識現行與種子是否一體，實屬可疑，《新論》云：

> 有宗本以一切眾生各具八識，而每一識都可析爲相、見二分。如眼識，其所緣青等色即是相分，而了別此青等相之了別作用即是見分。眼識如是，餘耳識乃至第八賴耶識，各各有相見二分，類準可知謂一切識、或一切相見，通名現行，亦可總稱現行界。彼既肯定有現界，故進而推求現界的原因，於是建立一切種子爲現界作根源。種子潛隱於賴耶識中，自爲種界。現界雖從種子親生，但現行生已即離異種子而別有自體，如親與子，截然兩人。所以，種現二界，元非一體。（《論著集》頁421）

依熊氏之意，蓋謂有宗析八識爲相見二分，見分（能緣識）略當俗所謂心，相分（所緣境）略當俗所謂物，二者乃能所關係，見分乃能緣，相分乃所緣，由見分緣相分，而有宇宙萬象之顯現。相見二分，雖有能所之別，相對於種界，則皆屬現界，並以之爲體，故種現乃因果相對實非一體。且八識自種子親生現行已，即離種子而別有自體，因種子雜多無量，難爲現行之體，故種現斷爲二片；而此種現爲二，亦即體用爲二，實有「二重世界」之失。

除種現對立，八識相見對立外，熊氏亦謂種子相對八識相見二分，亦分爲「相分種」與「見分種」，復成對立。故熊氏謂：「有宗學說，根本只是一箇對待的觀念。」「有宗唯識之論雖極其繁密，而骨子裏究是一個對待的觀念。」（同上頁639～640）此種種對立，尤其種現爲二，猶爲熊氏所抨擊。《新論》曰：「有宗建立種子，亦名功能，自無著創說時，即以功能爲現界或一切行的本體。無奈他們有宗把能和現分成二界，不可融而爲一，易言之，即是體用截成兩片。」（同上頁441）

蓋有宗雖欲施設宇宙，故建種子義，以爲本體；然其數雜多無量，只成一「堆集論」，且識復析成八聚，宛如機械，體用不融爲一，故成兩片。故《新論》言：「他們最大的謬誤，就是劃成種現二界。」（同上頁423）

在種現熏習之因果關係上。然因對「現在」看法有異，除護法一系認爲「現在」是無有任何前後之延續性，故主種現熏習乃俱時因果說；又有勝軍，認爲「現在」是有前後延續性，故主種現熏習乃異時因果說。

以上乃熊氏對有宗種現、相見之批評，以爲有宗計種子爲實有之本體，
能生現行，故有種現二分之失，在唯識家看來，自是不能同意。熊氏除「以
心代識」，引起佛教界之批評外，此種現對立，相見二分，亦是雙方爭論所在，
而又比心識問題複雜繚繞。其實，種現熏習在唯識理論中，可謂乃其精義所
在，然種現乃俱時因果，同時而有，此刹那種熏說實有其困難在。《成論》卷
二言種子有六義，即「刹那滅」、「果俱有」、「恒隨轉」、「性決定」、「待眾緣」
及「引自果」，其中刹那滅義與果俱有義，皆說明種現間之因果關係乃同時因
果，而非前後異時之因果。〔註24〕然護法此系所主之俱時因果說是難以成立
的，因其既無「時間」之預設，即無有變化，既無「變化」之可言，即嚴重
違反因果法則，楊惠南氏亦曰：

> 首先，我人要指出，「變化」是因果法則最起碼的條件之一，因與果
> 之間如果沒有任何本質上的差異，就沒有因果關係可言。
>
> 我人還相信，「變化」是必須預設「時間」的，至少必須像龍樹中論
> 所說的那樣：變化與時間是相互依存的。〔註25〕

在俱時因果說之下，種現之間，不論種生現或現熏種，於此種現熏習之過程
中，或已完成後，皆是種即現、現即種的，其間無有本質上之變化，而此一
熏習亦只於現在一刹那中完成，無須涉及時間上之任何前後的延續性。而正
如楊氏所指出的，因果之間若無變化，即破壞因果律，而言及變化，即須有

〔註24〕《成論》言刹那義曰：「謂體才生，無間必滅，有勝功力，方成種子。」（頁
73）窺基《述記》卷一四釋之曰：「故體才生，無間即滅，名爲種子。有勝功
力，才生即有，非要後時。」（頁645）其中「才生即有，非要後時」，即謂種
現熏習乃同時因果，而非前後之異時因果。又《成論》言果俱有曰：「謂與所
生現行果法俱現和合，方成種子。此遮前後及定相離，……非如種子自類相
生，前後相違，必不俱有。」（頁73）《述記》釋之曰：「謂此種子要望所生現
行果法，俱現有。」（頁646）此中「俱時現有」，亦是說明種現熏習乃同時
因果。《成論》卷二亦提及所熏四義，即堅住性、無記性、可熏性及與能熏共
和合性，及能熏四義，即有生滅、有勝用、有增減及與所熏和合而轉，其中
與能熏共和合性即「若與能熏同時、同處、不即不離，乃是所熏。此遮他身、
刹那前後，無和合義故非所熏。」（頁75）與所熏和合而轉即「若與所熏同時、
同處、不即不離，乃是能熏。此遮他身、刹那前後，無和合義故非能熏。」（頁
76）皆是說明互爲能熏、所熏之種子與現行，乃同時因果，而非前後異時之
因果。

〔註25〕見楊著〈成唯識論中時間與種熏觀念的研究〉頁288、頁289，收入《佛家思
想新論》，東大圖書股份有限公司，民國79年10月，三版，台北。請參閱楊
氏另一文〈論俱時因果在成唯識論中的困難〉，亦收入前揭書。

時間上之延續，方可成變化。顯然地，護法一系所主之無有過未而只有現在剎那，俱時因果之種現熏習說，既無變化之可言，亦無時間之預設，正犯有此二過。

熊氏對有宗種現、相見等觀念，雖覺其有缺陷，對其之批評亦烈，但顯然地，其批評並非循上述所言，亦即其對種現、相見等批評，並非循唯識內在理論缺陷，而是以自己所以為是之觀點去批評。因此，熊氏是以何觀點去看待種現、相見，而誤解種現、相見，無疑是探討重點之所在。但在探討之前，應拋開俱時因果說之內在理論困難，而順原本理路，亦即種現熏習仍須順俱時因果說而為言，才能了解熊氏是如何去理解種現、相見，以至於誤解。

唯識家是以「潛能」來理解種子，《解深密經》曰：「阿陀那識甚深細，一切種子如暴流，我於凡愚不開演，恐彼分別執為我。」種子如暴流一般，相續不斷，只是潛能勢用而已，故不可「分別執為我」，可見並不視種子為本體，巨贊曰：「唯識家並未離諸行而別立實種，只依諸行的能生勢用，說為種子。」〔註26〕種生現、現熏種只是潛能勢力之轉變而已，種現互為因果，根本無有熊氏所謂之種現對立。印順亦指出熊氏所謂種現對立，決非唯識之本意，因「從種子與所依本識現行說，從種子與所生現行果事說，不一不異，唯識家是不承認為隔別對立的。在種子生現行時，『因果俱有』。」（《無諍之辯》頁30）熊氏則不以潛能視種子，而是以體用觀念以視種現，因而不解《成論》種現乃俱時因果之說，以為種現乃斷而為二。熊氏又以為八識現行等之相分見分，亦有分而為二之失，〔註27〕同樣遭到反駁。巨贊認為相分種與見分種即使非同生，亦不害其為唯識，熊氏不解此義，「沒有深究相分種之所以立，妄析相見為二，以致有「相見分途，虛言唯識」之誤，此乃「熊氏的思想與佛法乖異的關鍵所在」。〔註28〕其實，八識既分為八而各有異，即不可執

〔註26〕見巨贊《評熊十力所著書》，載《法音》1981年二、四期及1982年二期，此則間引自郭齊勇氏《熊十力與中國傳統文化》頁197，遠流出版公司，民國79年6月，初版，台北。

〔註27〕在熊氏當時，對相見同種或別種，曾有一激烈論爭，主同種的是景昌極，認為「惟實一分」可以「令人直入不二法門」，「深入唯識觀境」；主別種的是繆鳳林，宗主護法，以「相別有種，於理為勝」；太虛、唐大圓等亦相繼捲入論爭中。不歸楊則歸墨，熊氏極可能受相見別種說影響，故認為有宗有相見二分之失。參見霍韜晦氏〈相見同種、別種辨〉頁209，收入《絕對與圓融》。

〔註28〕見巨贊前揭書，此則間引自景海峰氏《熊十力》頁115。

一識以論其同別，若執一識以論同別，則又何須分爲八識？熊氏以一概全，不知相見應隨八識之各別相應而或同或別，〔註 29〕而將之皆視爲相見別種，故有二分之失，於唯識之義，略嫌不相應。

　　熊氏於此等處確是不合唯識本義，無怪乎唯識學者起而駁之。不過，熊氏雖誤解唯識，但於此等處，則可見其實已將唯識改造成自己體系之跡，觀其對虛妄雜染之阿賴耶本識，則欲以眞實清淨本心代之，而此則更可見其體用不二，用分翕闢之理論模式，實與種子生現行，現行分相見極其類似，極有可能是由此加以改造而來，只不過改造後之體用，乃是體用合一，而無種現對立之失，翕闢相反相成而成變，亦無相見二分之過。此中尤須注意者，俱時因果之種現熏習說，無有變化可言，無怪乎熊氏批評有宗之立種子，實將緣起說一改而爲構造論，完全無有生機，而成一機械論，實非如理；熊氏後來強調變化，可能即是有見於此，故對其加以批評而改造之，故極言翕闢成變，即用識體。

（三）種子、眞如同爲本體之失

　　熊氏認爲有宗犯「二重世界」之失外，又犯「二重本體」之失，而其過又甚矣。《新論》曰：

> 有宗功能是潛在於現界之背後，爲現界的因素。若僅如此，尚爲一般哲學家所同有的過誤，不幸有宗又本佛家傳統的思想，別立無起無作的眞如法界，過又甚焉。（《論著集》頁 441）

　　爲什麼說他們有宗有二重本體呢？他們既建立種子爲諸行之因，即

〔註 29〕關於相見同種或別種，十大論師中，即有二種說法，一、安慧「無相唯識」一系，認爲種子於起現行時，即同時開爲體、用三分，第一相分，第二見分，從體用觀點言皆是用，用不能無體，故別於相見二分外有一所依之體，即第三自證分（自體分），然相見二分，即此自體分上之兩用而已，離自體分外，無別實有相見，因體用是非一非異故，而嚴格言之，只有一分，即只識體一分是實有，此乃「相見同種」說。二、護法「有相唯識」一系，認爲相分應該別有種子，當識種起現行時，即轉相分種，似相而生，此乃「相見別種」說。後又各自發展，據慧沼《成唯識論了義燈》所計，共有四種說法，一、主三法均同一種子生，三法即本質相分、影像相分與見分；二、主兩法同一種子生，兩法指識種所變現之相分與見分，不包括本質；三、主八識之相分均於見分外別有相分種子，無一識例外；四、主八識之中，各識之相見二分種子應隨其所應而或同或別。若依唯識理論系統，則以第四說爲合理。以上各說之得失，請參閱霍韜晦氏〈相見同種、別種辨〉一文。

> 種子已是一重本體。然而，又要遵守佛家一貫相承的本體論，即有
> 所謂眞如是爲萬法實體。（同上頁 427）

此「二重本體」，即種子是本體，眞如亦是本體之謂。有宗既立種子爲現行諸法之本體，故種子即第一重本體；又於種子與現行法外，別立眞如，以爲萬法之本體，故眞如成第二重本體。有宗以種子與眞如並爲本體，然本體必是唯一，若有二物同爲本體，則其爲本體，必有可疑之處，故熊氏謂其有「二重本體」之失。

而更要者，種子與眞如既同爲本體，則其關係如何？熊氏以有宗之言眞如，「既不可說是生生化化或流行的物事，種子之中如本有種法爾有故，不可說是眞如現起的，以眞如自體無起作故。」如是，眞如「只許說是不生滅，或無起作的。」而原本所立之種子，則是「生滅不斷的」；此「生滅」與「不生滅」之「二重本體」作何關係，「有宗也無所說明」。故熊氏言「有宗種現界對立，已是謬誤」之餘，又言其「既立種子爲諸行因，此種又不即是眞如現起，眞如直是閒物。所以說，有宗有二重本體過。」（同上頁 428）

以上乃熊氏對二重本體之批評。佛家本是無體論者，不論何宗何派，皆不違此，有宗亦不能違，而熊氏視種子與眞如同爲本體，乃順其體用觀念而來，自難盡符唯識本義。不過，熊氏之以其爲本體，極可能受有其師歐陽竟無之影響。蓋有宗雖絕不違佛法「無我」之根本義，而視種子、眞如爲本體；然種子、眞如究是何意，其關係又是如何，有宗於此，總令人覺其理論不夠圓融，而歐陽竟無則於〈唯識抉擇談〉第一「抉擇體用談用義」以體用四義來說明其關係。體用四義，即一、體中之體——一眞法界；二、體中之用——二空所顯眞如（又三性眞如）；三、用中之體——種子；四、用中之用——現行。歐陽又加以說明之曰：

> 何以謂一眞法界爲體中之體？以其周徧一切故，諸行所依故。何以謂二空所顯爲體中之體？以其證得故，爲所緣緣故。何以謂種子爲用中之體？以種子眠伏藏識，一切有爲所依生故。何以謂現行爲用中之用？以現行有強盛勢用，依種子而起故。〔註30〕

明顯地，歐陽是以體、用中各有其體、用，因此即有如上四種體用，恰可說明一眞法界（即眞如）、二空所顯眞如、種子與現行等四觀念；此雙重體用

〔註30〕〈唯識抉擇談〉頁 124，收入《歐陽竟無文集》，文殊出版社，民國 77 年 3 月版，台北。

之說顯然是順著護法、玄奘「有相唯識」一系所主張之「雙重能所」與「識變說」而來，「雙重能所」即內外二緣的能所，「識變說」即「種生現」的因能變之轉變義及「識體轉似相見二分」的果能變之轉變義。然而「雙重能所」與「識變說」最後則必歸結爲「性相永別」。〔註31〕熊氏雖師承歐陽，但思路卻與之正相反，認爲眞如是體中之體，種子是用中之體，並未說明種子與眞如之關係，故成兩重本體。其實，熊氏與歐陽不僅思路不同，即其所言體用，字面上雖無不同，但卻是各有自己之含意，不可混爲一談。歐陽雖言體用，無疑乃藉體用以明用，著重於用，此觀歐陽此節之標題爲「抉擇體用談用義」即可知，其之所以言體，只是爲明用而已，故其體亦只是立論時所暫設之體。歐陽於後亦言：「又復須知一眞法界不可說，何以故？不可思議故，絕諸戲論故。『凡法皆即用以顯體』，十二分教皆詮俗諦，皆就用言。」（《歐陽竟無文集》頁 126）可見歐陽所言之體，仍是佛家義下之體，而非如儒家義下之夐然絕待、恒常不變之體。而熊氏所言之體用乃儒家義之體用，與歐陽佛家義之體用，大異其趣，兩者雖皆名體用，但卻互爲不同體用，誠如林安梧氏所言：

> 佛家是體無而用有，故有是假有，無是畢竟空無。儒家是體有而用
> 亦有，故有是眞有，有畢竟是實有。〔註32〕

儒佛體用之義既有如此大差異在，故熊氏以儒衡佛，自難合契。然歐陽以雙重體用以說明眞如、種子等，不僅在立義上易啓人生疑，〔註33〕且在理論上仍是未爲圓融。歐陽以眞如、種子皆爲本體，但一爲「體」（即無爲法）中之體，一爲「用」（即有爲法）中之體，兩體乃名同而實異，在熊氏看來，體唯有一，焉能有二，無怪乎會以其乃二重本體；而即使熊氏誤解歐陽之意，但依歐陽之言，種子爲有爲法（用）之體，眞如是無爲法（體）之體，但眞如是「周徧一切故，諸行所依故」，若以眞如相對於種子而言，顯然眞如是體，種子是用，亦即無爲法爲體，有爲法爲用，因此若謂種子是體（對現行而言），

〔註31〕參見曹志成氏〈眞諦的唯識古學、玄奘的唯識今學與熊十力新唯識論之唯識思想初探〉一文。

〔註32〕見林安梧氏〈當代儒佛論爭的幾個核心問題——以熊十力與印順爲核心的展開〉頁 176，載《諦觀》六七期，民國 80 年 10 月，台北。

〔註33〕印順即認爲歐陽以兩重體用，稱眞如爲體中之體，種子爲用中之體，而令熊氏以爲眞如不可說爲生滅，而沒有說明眞如與種子之關係，故責其爲兩重本體，「這可見立義的不可不愼！」請參見《無諍之辯》頁 30～31）。

則真如無異是體（種子）之體，如此「體上加體」，頭上安頭，實是佛法所忌，而歐陽此舉，不只徒勞無功，更且歧路亡羊，愈說愈混亂，由此亦顯唯識理論有不足處，而亦可見熊氏之置疑實非無的放矢也。〔註34〕

　　此中可再加注意者，即熊氏既反對歐陽雙重體用之說，亦即反對「有相唯識」一系所主張之「雙重能所」與「識變說」，然據演培法師所言：「真正傳承無著世親學的，是安慧論師的一系，而不是護法論師的一系」，〔註35〕因此，熊氏反對「有相唯識」之餘，為何不從此一更接近無著世親之傳承的安慧「無相唯識」一系來加以考量？相對於「有相唯識」而言，「無相唯識」主張「一重能所」與「識緣說」，「一重能所」即能分別的依他性與所分別的分別性，「識緣說」即識以非識為自性，顯現為境。由「一重能所」與「識緣說」最後則歸結為「性相融即」，亦即對現象界無有二取（能取、所取）之執著，即真實性之現證。〔註36〕顯然「無相唯識」之「性相融即」說較「有相唯識」之「性相永別」似應更能合於熊氏的口味。然因熊氏無多機會對「無相唯識」多加瞭解，因「有相唯識」盛行於中國，而「無相唯識」卻一向流行於西藏，

〔註34〕楊惠南氏則認熊氏之「體用合一」論，不只受歐陽「體用合一」論之影響，且兩者實有「異曲同工之妙」。楊氏認為歐陽以體中之體、體中之用、用中之體及用中之用來說明「體」與「用」之關係後，又言：「生滅向流轉邊是為有漏，向還滅邊是為無漏。從來誤解生滅之義，以為非無漏果位所有，所據以證成者，則《涅槃》『生滅滅已，寂滅為樂』之文也。此蓋不知寂滅為樂之言非謂幻有可無，大用可絕。滅盡生滅別得寂滅，亦幾乎斷滅之見而視佛法如死法也。」「有為不可歌，生滅不可滅」「凡法皆即用以顯體」，因此楊氏認為「歐陽居士並不認為涅槃（寂滅）之後，即是虛無而沒有『幻有』、『大用』存在的狀態。相反地，那是『有為不可歌，生滅不可滅』的狀態。因此，《涅槃經》中所謂『寂滅為樂』的意思應該是：世俗的生滅現象被消滅而達到『寂滅』的狀態時，即是大用流行的妙樂產生之時！無疑地，這和熊十力所了解的『體用合一』論，有著異曲同工之妙！」（《當代佛教思想展望》〈自序〉頁10）顯然地，楊氏站在佛家立場，認同歐陽，並認為熊氏之體用義乃承襲歐陽，而將兩者等同。然可怪的是，兩者若有異曲同工之妙，則熊氏又何須有《新論》之作，而歐陽又何須命另一弟子劉定權作《破新唯識論》以破熊氏，以至引起掀然大波。此中葛藤繚繞，常因觀點不同、立場有異，而莫衷一是，實有待進一步之研究；然熊氏與歐陽之體用義，大體言來應是判然有別，一屬儒家義，一屬佛家義，名同而實異，天淵相隔，截然不同。因此楊氏之論點，應須再加商榷。

〔註35〕演培《唯識法相及其思想演變》頁216，天華出版公司，民國79年2月，初版，台北。

〔註36〕同註31。

而不傳於中國，因此熊氏對此兩系間之差異雖亦約略知曉，但對於內部紛爭異同所在，並不求完全明瞭，而直將其皆視爲同一流派，而終以護法一系代全部；且「性相融即」說，雖由對現象界無有二取之執著，即眞實性之現證，然此是不但境無，且連識亦無，能取所取皆空，境識俱泯而爲二取空的，仍然不能有一眞實清淨之本心，仍然達不到熊氏之要求，故熊氏自不會對其多加考量。

（四）眞如無為無作之失

熊氏以有宗視種子與眞如爲本體，然一屬有爲法，生滅不斷，一屬無爲法，不生不滅，非特有「二重本體」之失，且其眞如不生不滅，無爲無作，其過亦大矣。

蓋有宗盛言「轉識成智」，轉有漏成無漏以成佛。未轉識成智前，屬有爲法；及其轉識成智，有爲法則成無爲法，而此境界即謂眞如。此無爲之眞如似外於有爲法，而爲獨立之體，與有爲法毫無相干，故熊氏曰：「然則其（有宗）所謂無爲法或眞如者，似只是有爲法所依托的一個世界」，但「此無爲世界是有爲法的實體，並不謂有爲法是此無爲世界自身的呈現，只是有爲法依托於此無爲世界而顯現其中。」如此，眞如只爲一凝然之體，無法生起現行界；亦即其偏重「無爲」，而不言「無不爲」，故此「無爲世界畢竟是與有爲法相對的，非可說即有爲即無爲。」（《論著集》頁 640）

熊氏認爲此眞如無爲無作之失，實不只有宗，其餘各宗亦犯之。《新論》云：

> 印度佛家，從小乘各部至大乘空有二宗，於體上都只說是無爲，不
> 肯說是無爲而無不爲。易言之，都不曾說此本體是生生化化的物事，
> 即不能說此本體是顯現爲大用的。（同上頁 409）

亦即因佛家各宗之言體，皆只說得「無爲」，而非「無爲而無不爲」，至於其極，則有「逆遏生化」，亦即「毀生人之性」之虞。此實熊氏棄佛返儒之要因，而《新論》之所由作也。

綜上所論，熊氏認爲有宗雖立種子，但與其餘各宗各派一樣，亦言眞如，且眞如亦是無爲無作，不生不滅，而非無爲而無不爲。同樣地，熊氏亦是以儒衡佛，認爲只有儒家創生性之本體，才能無爲而無不爲，才是生生化化的，而佛家之眞如，不論何宗何派，皆是一無創生性之眞如，以其必至逆遏生化，毀生人之性，故極力反對。熊氏仍是以體用觀念來看待眞如，在唯識家而言，

亦是難以接受；但有宗對眞如之看法，亦有難圓之處。

依有宗理論，有爲法由染轉淨，轉識成智後，即名眞如，而屬無爲法。若此則有能生之大用的是種子識，因其是有爲法，有染有淨，才能由妄識轉爲淨識（智）；而眞如則其性本寂，只是一空理而已，《成論》卷二曰：「若說空理，空非心因，常法定非諸法種子，以體前後無轉變故。」（頁70）此中「定非諸法種子」說明眞如不似種子之有能生之大用，而「體前後無轉變故」更說明眞如乃是一無生無滅，湛若虛空之常法。若此則熊氏以儒家體用義來了解眞如，誠有誤解，然其謂眞如只是無爲，而非無爲而無不爲，則亦甚是合理。

熊氏之誤解即是誤以有宗之眞如爲一本體論的範疇，而其實其應是屬於認識論的範疇。誠如郭齊勇氏所言：

> 唯識學的「眞如」範疇是一個認識論的範疇，而不是一個本體論的範疇。他們反對把「眞如」說成是攝一切法、生一切法的，而把這一任務留給阿賴耶識。（《熊十力與中國傳統文化》頁97）

眞正把眞如視爲能攝一切法，能生一切法的，無疑是至眞常系才如此，天台、華嚴、禪宗所據之《涅槃經》、《勝鬘經》、《大乘起信論》等，才將眞如視爲一切法之本源，一切事物現起之生因、本體（見同上）。顯然熊氏於唯識系與眞常系對眞如觀念，其間之差異，並不去分清楚，正如將「無相唯識」與「有相唯識」等同視之一般，熊氏亦將唯識系之眞如與眞常系之眞如視爲相同，因而誤解唯識系之眞如，以爲與眞常系之眞如同可作爲生起一切法之本體，不知其於此尚只屬一認識論之範疇，而未至一本體論之範疇。

第三章 《新唯識論》之理論建構

　　凡能破人之論者，雖能顯其才智，但仍屬反面之批評，未足以言創新；唯能於破人之論後，而又有所建立者，才能從正面挺立，顯現真理，方足以言創新。熊氏對佛學作一反省之後，且不管其批評是否的當，重要的是其能有所建立，〔註1〕如此，其破才不至流於無的放矢，其立亦不至流於空穴來風。熊氏之《新論》主要乃針對佛家而發，尤其是有宗唯識之學。上章已言其所破，即對佛學理論之反省，故此章繼言其所立，即《新論》之理論建構。觀《新論》之理論，可從二方面逐層剖析：（一）「唯識」釋義——熊氏義下之「唯識」，（二）理論內容——即體用不二論或體用合一論，又分五點述之：一、肯定本體，體必成用，二、用分翕闢，翕闢成變，三、即用識體，即用即體，四、承體大用，即體即用，五、歸本體證，默識冥會。

第一節 「唯識」釋義——熊氏義下之「唯識」

　　熊氏之破斥有宗「唯識」義，此乃屬「遮詮」法，即由非正面或反面來撥除，認為有宗「唯識」義，並非了義；然後即用「表詮」法，即從正面來詮釋其所界定意義下之「唯識」，應是何義。先遮而後表，有破又有立，故熊

〔註1〕 李澤厚氏認為「熊的要點本不在批判，不過藉批判以樹起自己的儒學體系而已。」（《中國現代思想史論》頁334，風雲時代出版公司，民國80年3月，初版，台北）。林安梧氏亦認為「純就學究立場來看，熊先生對於佛家空、有二宗的批評或有不當不公之處，但問題的重點不在熊先生的批評恰當與否，而是熊先生他到底針對的問題為何，其所回答的又是什麼。」（《熊十力體用哲學之詮釋與重建》頁15）。

氏自稱此種方式乃「義兼遮表」〔註2〕熊氏於《新論》〈唯識〉章破除有宗「遮境」之後，隨即加以刊定，認為有宗遮外境，而以外境為無，實非了義：

> 唯識為言，但遮外境，不謂境無，以境與識同體不離，故言唯識。
> 唯者殊特義，非唯獨義。識能了境，力用殊特，說識名唯，義亦攝
> 境。豈言唯識，便謂境無？（《論著集》頁53～54）

依熊氏之意，蓋謂境與識乃同一層次之兩種勢用，識必緣境，方得起用，境亦必為識所緣，方得現起，識為能緣，境為所緣，能緣緣所緣，二者同時而起，缺一不可。境不離識，識不離境，境識同體，本無內外，故境與識同體不離。然因識之力用較境為大，較為殊特，唯者即是殊特之意，並非原先之唯獨義，由此故說「唯識」（此處雖言「唯識」，只表「識」之力用殊特，並非謂「識」即是真實的。）但不可因識之力用較為殊特，而境只是隨識之作用方得現起，若無識之作用即不得現起，即謂只有識而無境。因外境雖得識起，方可顯現，從此方面看，固不可無遮；然外境非是本來即無，因其乃與識同體不離，同時而有，識有即境有，除非識無，方可言境無。

因此，若依有宗之「遮境」，必會導至「境無」，亦即無有外境，一切皆唯識所變。有宗之所以如此，乃因認為識與境是在不同層次上，識是真實，境則是虛幻，由識之作用，故變現外境，然此外境只是暫時施設，都無自性，故須遮遣，並加以否定，因此而說境無。

然熊氏雖指出有宗遮境，必至境無之失，並非意謂熊氏即認為一切外境即是真實的。蓋熊氏只是認為外境相對於心識而言，因心識之力用殊特，外境才跟著現起，若無心識之作用，外境則難以現起，故熊氏「只是不承認有離心獨存的外境，卻非不承認有境。」（同上頁270）但熊氏雖承認有外境，然此外境必在「不離心而獨存」之意義下，方可說有外境，故此外境亦非真實，因其仍是有所待的。

其實，不只外境不真實，即使心識亦是不真實。蓋此心識即熊氏所謂之「習心」，乃是與外境相對而立名，《新論》云：

> 心是對境而彰名的，纔說心，便有境，若無境，即心之名也不立了。

────────────

〔註2〕關於「遮詮」與「表詮」，熊氏藉助對有宗與空宗之判，曾有明確界定，「表詮承認諸法是有，而以緣起義來說明諸法所由成就。」「遮詮欲令人悟諸法本來皆空，故以緣起說破除諸法，即顯諸法都無自性。」（《論著集》頁417）熊氏將此二法融合，先遮後表，故熊氏自言此方式乃「義兼遮表」，參閱《論著集》頁59。

> 實則心和境，本是具有內在矛盾的發展底整體。就玄學底觀點來說，
> 這個整體底本身并不是實在的，而只是絕對的功能的顯現。（同上頁
> 270）

顯然地，心識和外境都是「絕對的功能」（即本體，亦即「本心」）之顯現，相對於體而言，心和境只是用而已，兩者必須相互依待，方可成立，故兩者皆非眞實。雖然心和境皆非眞實，但兩者卻都是本體之顯現，亦即都屬於用，兩者是在同一層次上，但兩者又不即相同，而是用上之不同的兩種勢用，心是似能取的，「是有自由的、向上的、任持自性、不爲境縛的主宰力。」而境則是似所取的，「是有和心相反的趨勢。」（同上頁271）亦即境是不自由的、向下的、不能任持自性、爲心所主宰的。

綜上所論，熊氏已對有宗唯識之學有所改造（或說爲替代較爲妥貼），即認爲：

一、有宗「遮境」，至於其極，必歸「境無」；而熊氏認爲「不是境無，而是境非離心而獨在。」亦即境雖不眞實，但不可即謂無有外境。

二、有宗執爲眞實的「識」，熊氏則認爲只是「習心」，與境同是不眞實的，只是本體所顯現之用的兩種不同勢用之一而已，而其勢用則較境爲殊特。

熊氏既認爲識與境只是用上之兩種勢用，亦即「絕對的功能」所顯現之用，由此可知，在識與境上，實有一「絕對的功能」可爲其本體，然此本體並非是離識、境（亦即心、物）二勢用而有的，乃是不即不離的。熊氏曾對此本體作一明確表示：

> 識者，心之異名。唯者，顯其殊特。即萬化之原而名以本心，是最
> 殊特。言其勝用則宰物而不爲物役，亦足徵殊特。《新論》究萬殊而
> 歸一本，要在反之此心，是故以唯識彰名。（同上頁239）

熊氏至此，既遮「境執」，復除「識執」，直接拈出「本心」，以代替有宗「識心之執」之「識」（即「習心」），易言之，熊氏已將有宗之「識心」，改造成「本心」，此「本心」力用殊特，可爲萬化之原，亦即可爲「本體」，而不再只是停留於用上之兩勢用之一而已。此「本心」能宰物而不爲物役，此宰字乃作主之意，非是宰制或主宰之宰，亦即本體能爲現象作主；且「本心」能究萬殊而歸一本，萬殊即指現象，一本即指本體，亦即現象歸本於本體。因「本心」之力用殊特，可爲萬象之體，故謂之「唯識」，然此「識」者，即是

「本心」之心，乃是眞實的，可作爲本體的，與有宗「唯識」舊義已大不相同，故熊氏名其書曰：《新論》，以示與有宗有所分別。

　　本體既能爲現象作主，且現象歸本於本體，則本體現象之關係可謂密切，實即本體現象不二，熊氏更進言其關係云：

　　　　原夫唯識了義，要在會物歸己，而實際敻焉無待；攝所歸能，而智體炯然獨立。（同上頁55）〔註3〕

熊氏於「會物歸己，而實際敻焉無待」下註云：「物即是己，則己亦絕待也，特假名爲己耳。實際者，本體之代語。會物我於一原，即敻絕而無待之本體於是乎顯現矣。人生之眞實而非虛幻，即在此耳。」如此，則現象即是本體，現象歸本於本體，強調由用而見體，亦即「即用識體」，如此之體是無待的，是主客皆泯的。於「攝所歸能，而智體炯然獨立」下註云：「心能分別境，亦能改造境故，故說爲能。境但爲心之所分別，及隨心轉故，故說爲所。智體者，智即本體，故云智體。……若切近言之，即本心是也。」如此，則本體即是現象，本體能爲現象作主，強調由體而顯用，亦即「承體大用」，如此之用是以本體爲用的，是主客合一的。〔註4〕由是可知本體即是現象，現象即是本體，本體不離現象，現象不離本體，本體現象不二，故熊氏稱自己之哲學爲「體用不二」論，或可稱之爲「體用合一」論。

第二節　理論內容

　　熊氏因覺有宗唯識之學有所不足，故加以改造替代，其最根本處，即（一）將有宗雜染不實之「識心」轉而爲眞實清淨之「本心」，此轉變過程並非一直線之取代，乃一辯證之昇進。之所以言其乃一辯證之昇進，而非一直線之取代，乃因熊氏所拈出作爲現象之本體的「本心」，已與有宗之「識心」大不相同，其內實已含有心、物兩方面的勢用；（二）將有宗認爲無有之外境，和執爲實有之識心，歸爲用上之二勢用，雖然不可說爲眞實，要亦不可說成是無有的。之所以言其是不可說成無有的，乃因此二勢用是可變化以彰顯本體的。

　　顯然地，熊氏所謂的「體」和「用」，與一般所謂的體和用並不一樣，有其自己之意義。然而此「體」之內容如何？此「用」之內容又如何？亦即「誰

〔註3〕參閱《論著集》頁275。
〔註4〕參閱林安梧氏《熊十力體用哲學之詮釋與重建》頁55～56。

爲能變？如何是變？」(《論著集》頁 68)熊氏即是由回答這些問題,而建構其「體用不二」之理論。茲分五點層層分述之:(一)肯定本體,體必成用,(二)用分翕闢,翕闢成變,(三)即用識體,即用即體,(四)承體大用,即體即用,(五)歸本體證,默識冥會。

一、肯定本體,體必成用

此「誰爲能變」之「能變」,即目指本體,誰才能爲本體,亦即本體之內容爲何?依此可知,熊氏實已預設宇宙必有一本體,《新論》曰:「我們先要解答第一問題,就不得不承認萬變不窮的宇宙,自有他的本體。」(同上頁 308)本體,熊氏即名之爲「本心」或「性智」。此本體之內容爲何?熊氏在爲此本體作一界說時,乃先考察斟酌古今哲人各種說法之得失後,才下論斷的。但此中須注意者,即〈文言本〉只曰:「世間談體,大抵向外尋求,各任彼慧,構畫搏量,虛妄安立,此大惑也」(同上頁 43),〈語體本〉亦只曰:「哲學家談本體者,大抵把本體當做是離我的心而外在的物事,因憑理智作用,向外界去尋求。……更有否認本體,而專講知識論者」(同上頁 250),顯然在《新論》中,熊氏只攏統概括地認爲古今中外言體者皆不究竟,對各言體者既未作區分歸類,亦未詳論其得失,故甚難確知熊氏對各種言本體者其得失如何之看法。不過,至《明心篇》時,熊氏即對之作了區分歸類,並詳論其得失;雖然至此方言明各言體者之得失,但此意實已具於《新論》中,只是未言明之而已,否則熊氏即無以斷定各言體者大抵皆「向外尋求」,甚至有「否認本體」之失。因此,欲瞭解熊氏對各言體者之看法,即可藉助於《明心篇》。在《明心篇》中,熊氏認爲古今哲人對本體之說法,不外以下三種:

　　(一)計執實體是超脫乎法象之上而獨在。

　　(二)計執實體是潛隱於法象之背後。

　　(三)計執實體是空洞寂寥、包含宇宙萬象。〔註5〕

熊氏認爲此三種說法,皆無法說明本體現象是何關係,且本體現象似斷裂爲二,有「用外求體」或「談體遺用」之嫌。第一種計執實體乃超乎法象之上而獨在者,「其所執實體、或承襲宗教之上帝。或反對上帝、而說爲宇宙本體。如佛家破大自在天、而建立不生不滅的眞如、涅槃。即是一例。唯心論者之

絕對精神、亦是此種見。」如此，本體現象之間顯然分裂，本體乃在現象之上，不能顯現爲現象，而是自己獨自存在，與現象毫無關係。

第二種計執實體是潛隱於法象之背後者，「如佛家唯識論、一方承襲舊說之眞如、而不敢削除。一方又建立種子、爲諸行生起之因。……唯識論之一切種子、都藏在第八識中、沉潛深伏。此可說爲在現象之背後。」如此，亦與上述同過，本體現象分裂爲二，無法解釋兩者間之關係。

第三種計執實體是空洞寂寥、包含宇宙萬象者，「如老子以太虛、爲神與氣之所從生、即是無能生有。有從無而生、遂爲虛無之所包含。此種見、恐是道家所獨有。宋儒亦頗襲其說。張橫渠正蒙、有明文可證。」如此，本體既是空無，然卻能生萬有，包含萬有，豈非矛盾？故熊氏認爲此亦不合理。

熊氏認爲「上述三種見、同犯一大過、即皆脫離宇宙萬有、而純任空想去造出一種宇宙實體。」（《明心篇》頁 206）亦即於用外求體，求絕對於相對之外。其餘若有持「無體之論」者，抑或持「以用爲體」者，是皆取消本體，不承認有本體，如此，本體不立，何可言用，故體用之名不立，更是熊氏所難允許。

熊氏對古今哲人所說之本體，既皆不能滿意，然又拈出「能變」，認爲宇宙必有一本體，以爲其根源，然則此「能變」爲何？於此，熊氏在〈文言本〉首先肯定有此能變，並加以描述：

> 變不從恒常起，恒常非是能變故。變不從空無生，空無莫爲能變故。
> 爰有大物，其名恒轉。淵兮無待，湛兮無先，處卑而不宰，守靜而弗衰。此則爲能變者哉！（《論著集》頁 68）

此能變既非由恒常之外在實體而來，亦非由空無而生，因無不能生有也。此能變乃不假外界而自有，故說爲「無待」、「無先」；若是有所從來，則此能變必是有所待而爲後矣。然亦非有一所變與其相對，故說爲「不宰」、「弗衰」；若有所變與其相對，則此能變必爲所變之主宰而有所衰矣。此能變亦即是本體，熊氏於〈語體本〉則更清楚地對其加以界定，認爲本體雖是「無可措思的」，但本體所以成其爲本體，可略說具有如下諸義：

（一）本體是備萬理、含萬德、肇萬化，法爾清淨本然。

（二）本體是絕對的，若有所待，便不名爲一切行的本體了。

（三）本體是幽隱的，無形相的，即是沒有空間性的。

（四）本體是恒久的，無始無終的，即是沒有時間性的。

（五）本體是全的，圓滿無缺的，不可剖割的。

（六）若説本體是不變易的，便已涵著變易了，若説本體是變易的，
便已涵著不變易了，……本體是顯現爲無量無邊的功用，即
所謂一切行的，所以説是變易的，然而本體雖顯現爲萬殊的
功用或一切行，畢竟不曾改移他的自性。（《論著集》頁 313
～314）〔註6〕

此中前五義，大底乃形容本體之清淨無染，絕對無待，無形無相，難以擬容，
無始以來即已存在，盡未來際亦不毀滅，圓滿整全，無有欠缺，大致仍襲自
傳統思想，無大改變。而最值得注意者，即是最後一點，這一點可説是熊氏
與眾不同，亦是最值得注意之處。蓋熊氏認爲本體雖是不易的，但卻是能變
的，能顯現爲功用，故説他是不易而涵著變易；然本體雖是能變而成功用，
但此功用畢竟不離本體自性，故説他是變易而涵著不易。亦即熊氏所謂之本
體，並非是一死體，而是其中有物，可以有活動，可以顯現爲功用，此乃熊
氏所最強調者。

綜上所論，可知熊氏肯定宇宙萬象必有一本體，而本體必能顯現爲功用。
然此本體則與一般哲學家所言本體截然異致，並非如彼等「皆脱離宇宙萬有，
而純任空想去造出一種宇宙實體」；而是一不易中涵變易，變易中涵不易，即
於宇宙萬有，而不離宇宙萬有之體。但亦不可太過執實以求，以爲有一本體
可當光景去把捉，如若以爲有一光景可予把捉，即失其義矣。

熊氏所謂本體，其實乃從《大易》「乾元」悟得而來。熊氏於《新論》屢
言其學得力於《大易》，於《大易》乾元性海生生不息之旨，體證特深。《新
論》曰：「《易》以乾元爲萬物之本體，坤元仍是乾元，非坤別有元也。」（《論

〔註6〕 又《明心篇》頁 19～20 亦提及本體六義：
一、實體是具有物質、生命心靈等複雜性、非單純性；
二、實體不是靜止的，而是變動不居的；
三、功用者，即依實體的變動不居，現作萬行，而名之爲功用；
四、實體本有物質心靈等複雜性，是其內部有兩性相反，所以起變動，而成
功用。功用有心靈物質兩方面，因實體有此兩性故也；
五、功用的心物兩方，一名爲闢，一名爲翕。翕是化成物，不守其本體，闢
是不化爲物，保任其本體的剛健、炤明、純粹諸德。一翕一闢，是功用
的兩方面，心物相反甚明；
六、翕闢雖相反，而心實統御乎物，遂能轉物，而歸合一，故相反所以相成。
文句與《新論》略有不同，但不背《新論》之旨，可視爲《新論》之進一步
説明。請參見林家民氏〈熊十力內聖學後期轉變説之商榷〉一文。

著集》頁 568）坤元即是乾元，乾元之外別無他元，萬物皆以乾元爲本體，離此乾元亦無有別體。熊氏所謂本體即是據乾元而作一創造性之詮釋，從而確實實踐而得之體驗，而此亦構成其體用不二說之基本而重要的中心論旨。

此乾元本體乃不易而涵著變易，變易而涵著不易，雖似空寂，然非空無；因其是不易的，故說空寂，因其是變易的，故非空無。若是空無，即無有變化可言，則本體何可顯現爲功用？故由本體顯現之用，雖非眞實（似空寂故），卻有其勢用（非空無故），而此勢用既非空無，而是能成變化、功用，而不斷生成的。因此，熊氏所肯定之本體，並非是一可執實的死體，而無疑是著重於變化義的，故與其以一實體視之，倒不如視其爲一活動，而就此活動以言其爲本體，本體亦在此活動中而成其爲本體也。

由上所言，熊氏所謂之本體，確有其奧妙之處。熊氏雖肯定本體，但更著重本體之有活動義，若無活動，則與死體何異？本體之所以爲本體，即因其能活動，從而由此活動，而成其爲本體，故說「體必成用」。若體不成用，則亦無體可言，因無無體之用，亦無無用之體故也。

二、用分翕闢，翕闢成變

熊氏既肯定本體，且假說爲「能變」，此「能變」之能字，乃形容詞，只是形容其能由體顯現爲用，並不意謂有一「所變」與之爲對。而此「能變」本體既然可以成變，顯現爲功用，那麼此「變」或此「功用」是如何而成的？亦即「如何是變？」「如何才成功這個變呢？」

熊氏認爲一般人言「用」，大抵都只說到用是由體而來，用就是用，不可再分；但熊氏認爲由本體顯現之用，雖非眞實，卻有其勢用，而此勢用因性質不同，不妨假說爲兩方面。因熊氏認爲本體具有複雜性，非單純性，且是變動不居，能起變化而成功用，因此變化絕非單純之事，若是單純之事，變化就不成其爲變化，而流行成功用。

熊氏認爲要成功此變，即須於萬變不窮中，尋出其最根本最普遍之法則，此一法則即「相反相成」，因說到變化，即是有對的，是有活動的，有內在矛盾的，雖有矛盾，但能於矛盾中成其發展。此一「相反相成」之法則，乃熊氏據《大易》卦爻之理和《老子》「一生二，二生三」之義而悟得，《新論》云：

> 因爲有了一，便有二，這二就是與一相反的。同時，又有個三，此三却是根據一，而與二相反的。因爲有相反，才得完成其發展。（《論

著集》頁 316）

熊氏認爲《大易》談變化之法則，即此「相反相成」是也，每卦列三爻即是一生二，二生三之意，正表示相反相成。此中的「一」即目指「本體」，「二」和「三」則目指「用」上的二種性質，亦即「兩種勢用」。此兩種勢用是同時俱起，同時而有，不可分先後，之所以說成「二」、「三」，只是爲言說方便。此變化相反相成之兩種勢用，熊氏則藉助《大易》「翕、闢」觀念以說明之：

> 變復云何？一翕一闢之謂變。原夫恒轉之動也，相續不已。動而不已者，原非浮游無據，故恒攝聚。惟恒攝聚，乃不期而幻成無量動點，勢若凝固，名之爲翕。翕則凝於動而乖其本也。然俱時由翕故，常有力焉，健以自勝，而不肯化於翕。以恒轉畢竟常如其性故。唯然，故知其有似主宰用，乃以運乎翕之中而顯其至健，有戰勝之象焉。即此運乎翕之中而顯其至健者，名之爲闢。一翕一闢，若將故反之而以成乎變也。夫翕凝而近質，依此假說色法。夫闢健而至神，依此假說心法。以故色無實事，心無實事，只有此變。（同上頁 68～69）

此中「恒轉」即指本體而言，恒者非斷，轉者非常，非斷非常，故名恒轉，此乃就其從本體顯現爲大用而言，因其變動不居，故說非常，若是恒常，即無變化可言，亦因其變動不居，才說非斷，如或斷滅，亦無變化可言。因本體不常不斷，才能成變化，才成爲大用流行，而此大用流行則可分爲翕闢二勢用，如此一翕一闢方謂之變。

「一翕一闢」中之兩「一」字，乃顯勢用動力之殊異，並非說翕闢各有其自體，因其乃本體之兩勢用，故不可說爲有自體；亦不可以爲翕先而闢後，因翕闢皆非本體，只是本體相反相成的一種顯現，都只是假名，乃同時俱起，才能相反而相成，若有先後，即是單獨而起，則不成變化，何來相反相成，故不可分先後。

熊氏認爲本體必顯現爲功用，才能成其爲本體，就本體之能生化流行言，翕闢即是相反相成之兩大勢用。翕之勢用是凝聚的，是有成爲形質之趨勢的，故依翕故，假說爲物，也說爲物行；闢之勢用是剛健的，是能運行於翕之中而轉化翕以從己的，故依闢故，假說爲心，也說爲心行。將翕說爲物，闢說爲心，亦不表示翕闢即是有實自體，其實亦是無自體，因心與物乃相依待而互名，只是一體之兩面。

　　當本體顯現為大化流行，常會不守其自性，流於物化，此即翕之勢用生起，然當翕之勢用生起，即有一種勢用與之俱起，此即是闢，此闢之勢用亦由本體而來，故說「有了一，便有二，同時又有個三，此三乃根據一，而與二相反」（同上頁316）。然翕之勢用雖常不守自性，趨於物化，然卻能接受闢之開導，而順從闢，以歸返其自性，亦即回復至本體之初；而闢之勢用，雖不即是本體自身，但卻是根據本體，有剛健陽明之德，能開發升進翕之勢用，領導翕而同歸於本體之初，此亦即熊氏晚年所著《乾坤衍》所常言的：「乾主變而開坤，坤承乾而化。」乾亦即闢也，坤亦即翕也，如此乾變坤化，翕闢成變，才見大用流行。

　　然熊氏亦強調此大化流行，是頓起頓滅，曾無少法，可容暫住，一切皆剎那生滅。關於「剎那」義，熊氏「雖未嘗不以剎那為至小至促而不可更析之時分，要是為言說之方便計，才用此詞。」（《論著集》頁334）依此，「剎那」一義是不可以世俗時間觀念來說的，而只是一種方便之設詞，不可執實以求。而何謂「生滅」？「凡法，本來無有，而今突起，便名為生。」「凡法生已，絕不留住，還復成無，名之為滅。」（同上）熊氏認為變化乃方生方滅，翕和闢都是才起即滅，翕有翕的生滅，闢有闢的生滅，時時都是故滅新生，絕無舊勢用保留著。熊氏還舉《易傳》「不疾而速，不行而至」與《莊子》〈大宗師〉「藏舟於壑」之典故，以說明此變化密移，乃方生即滅，方滅即生，剎那生即剎那滅，剎那滅即剎那生，滅滅不停，即生生不已。

　　然須注意的是，熊氏之「剎那生滅」義，雖說是受佛家「五蘊皆空」和「緣起緣滅」之影響，皆言「剎那生、剎那滅」，但熊氏認為其「剎那生滅」義與佛家有很大不同，佛家強調「剎那滅」，於是「滅滅不停」，終將世界說為無常，隱存呵毀，故有厭離超脫之意；熊氏則強調「剎那生」，於是「生生不息」，大化流行無有窮盡，森羅萬象，皆是本體之顯現。

　　綜上所論，熊氏認為本體顯現為功用，可假說有兩種勢用，亦即闢與翕，或說為心和物，如此才能成變化，亦即翕闢成變；而翕闢之所以成變，即是循著相反相成之原則，此原則乃宇宙萬變中，最根本最普遍之原則。此相反相成，翕闢成變，乃熊氏悟自《大易》卦爻之理與《老子》「一生二，二生三」之義。顯然此處熊氏並非客觀相應地瞭解，而是抉擇其精粹而加以發揮。〔註7〕此翕闢二勢用相反相成，故能成變，但此二勢用亦只是跡象宛然，而

──────────

〔註7〕《大易》三爻成卦之理，並非如熊氏所謂乃言一、二、三相反相成之原則，

非真實，絕不可執實以求；若執此二勢用為真實，則亦無變化之可云。熊氏所言翕闢義，誠然有其精意，但或因論證不夠周密，故不免有所瑕疵，而引起一些誤解。由於翕闢兩勢用亦只是跡象宛然，而非真實，因此易啟人以為此世界亦如佛家一般同是虛幻，故陳榮捷氏曰：「我們很難了解，設若沒有明確而真實的事物可資轉變，則轉變如何發生？」（《現代中國的宗教趨勢》頁 46）「他儘管一再強調體與用是為一體。可是他在根本上就認為現行的世界是假的。」（同上頁 169）熊氏之翕闢義顯然並不易瞭解，無怪乎陳氏有此疑問，此仍須善加體會，再予商榷。

熊氏又藉助佛家「剎那生滅」之義，認為翕闢成變而大化流行，然此大化流行乃頓起頓滅，無有少法可容暫住，一切皆剎那生滅，如此才能故滅新生。翕有翕的生滅，闢有闢的生滅，一切皆是方生方滅，才起即滅，滅而又生，故能成此變化而大用流行。但須注意者，熊氏所重視的乃「剎那生」，而非「剎那滅」，故剎那滅滅不停，即剎那生生不息。

熊氏之「剎那生滅」義雖從佛家來，但已與佛家異，乃著重「剎那生」，而非如佛家著重「剎那滅」，然熊氏著重「剎那生」的「剎那生滅」義，或因解說稍顯疏略，不夠細密，故亦不易為人瞭解，而反生誤解，而最大之誤解，即是易令人以為其說雖與佛家異，其失則與佛家同，皆有否定世界之失。景海峰氏即認為熊氏「剎那生滅」義，雖較佛家之悲觀厭世，能令人奮然起作，但理論上至少有二缺點：「一是混淆了頓變和突變，以剎那生滅代替質變，否定了量變階段的存在，抹殺事物之間的界限，從而導致相對主義。二是割斷了事物之間的聯繫，否定變化的因果連續性，將變化看成是沒有發展和飛躍的『忽起突滅』。」（《熊十力》頁 194）顯然熊氏之「剎那生滅」義，仍須再加以說明，而後學者亦須善於體會，方不致有誤解。熊氏此處誠然有所缺如，不過，景氏似亦不太瞭解熊氏著重的乃是「剎那生」，而非「剎那滅」，故有此評，此中實值得再加商榷。

而實是熊氏藉彼以明己之翕闢義也；《老子》「一生二，二生三」亦如是。《老子》原文乃「道生一，一生二，二生三，三生萬物。萬物負陰而抱陽，沖氣以為和。」（四二章）而熊氏解為一生二，二否定一，但三又根據一，而與二相反，從而同時肯定一和二；顯然與《老子》原意不合。熊氏更因此以為「老子之學，源出於《易》」（《語要》頁 247），「老子……蓋孔氏之旁支，《易》家之別派也。」（《論著集》頁 331）顯然在學術上是立不住腳的。參閱陳榮捷氏《現代中國的宗教趨勢》頁 39。無疑地，熊氏著重的是抉發經典中之精粹，加以發揮其內在意含，而非如注疏家般客觀而相應地瞭解之。

三、即用識體，即用即體

熊氏既回答了「誰為能變？」及「如何是變？」認為宇宙必有一本體，體必成用，而用分為二，此二勢用則可成變化；亦即「肯定本體，體必成用」，且「用分翕闢，翕闢成變」。然本體顯現為二勢用，即翕與闢，翕闢是能成變化的，但闢能開導翕，翕能受其開導，而成變化，此只言及「如何」才能成功此變，尚未言及成功此變後的變是「什麼」，亦即此變之本質「為何」之問題。故可順勢一問：此變之本質「為何」，亦即大用流行是何狀態？

關於此問題，可由熊氏所謂「變之三義」來探討，所謂「變之三義」，即一、非動義，二、活義，因活字難以形容，故略言之以六，即無作者義，幻有義，真實義，圓滿義，交徧義及無盡義，三、不可思議義。

> 一者，非動義。世俗之言變也以動。動者，物由此方通過餘方，良
> 由俗諦，起是妄執。變未始有物，即無方分可以斛畫。（同上頁74）

依上所言，熊氏所謂之「變」是和世俗所謂之「動」不同，世俗之「動」乃依於時空、質量而有，故是相對的，由此則易成妄執。而「變」則非此，乃超越時空而無時空相，因無時空相，亦即不在時空相對之中，故亦無質量之可云，即不可以物擬之。此「變」乃是無對的，「是要向無物之先去理會他」，這樣的「變」，亦是「不曾有物移轉，而法爾有這樣奇妙的變。」（同上頁351）

> 二者，活義。活之為言，但遮頑空，不表有物，說是一物即不中。（同
> 上頁74）

此「活」字，或可以孟子「原泉滾滾」一語形容之，因其原泉滾滾，故生生不息，此活字，可說是形容大用流行之妙，妙而不可言也，鳶飛魚躍，活潑潑地，生機無限。因其難以擬容，故熊氏略說以六。

> 無作者義是活義。若有作者，當分染淨。若是其淨，不可作染，若
> 是其染，不可作淨。染淨不俱，云何世間有二法可說？又有作者，
> 為常無常。若是無常，不名作者；若是其常，常即無作。又若立作
> 者成就諸法，即此作者，還待成就，輾轉相待，過便無窮。又凡作
> 者，更須作具，尚有常模，便無妙用。反復推徵，作者義不得成。
> 由此，變無適主，故活義成。（同上頁74～75）

熊氏認為「變」是無對的，故是無有作者的，因若有作者，即有「能作者」和「所作者」之對立，如此，染則永染，淨則恆淨，常、無常亦如是，即無變化可言；且若能作者為所作者之作者，而此能作者又必有一能作者為其作

者，如此，則犯無窮過，何有變化可言；又若作者須待作具，方成其作者，如此，作具反成作者，更無變化可言。故熊氏指出「變無適主」，即變非是由一作者造作而成，因其無作者，才不受任何限制，而能自由變化，由此才說變是活的。

> 幻有義是活義，雖無作者，而有功能。功能者，體是虛偽，猶如雲氣，闓然流動，亦若風輪。雲峰幻似，剎那移形，唯活能爾，頓起頓滅。風力廣大，蕩海排山，唯活能爾，有大勢力。（同上頁75）

此「變」既無作者，然亦不可能從空無而起，因無不能生有，則其又是如何起變？依熊氏之意，雖無作者，但有「功能」，此功能乃法爾本有，亦名「恒轉」，由此恒轉，顯現為大用流行，即說為變。因此變之本體，即是恒轉，故離恒轉，則變即無自體，由此而說變是「幻有」的。然「幻有」一詞，不涵好、壞之別，只是就其無自體，故說為幻有；亦因其幻有，故能剎那移形，頓起頓滅，故故不留，新新而起，而有大勢力，活潑潑地，由是而說如此之變是活的。

> 真實義是活義。大哉功能，徧為萬物實體！極言其燦著，一葦一法界，一葉一如來。帝網重重，無非清淨本然，即覿目而皆真實。非天下之至活，孰能與於此？（同上）

就變之無自體，則說為幻有；然就變之根源言，其乃功能之顯現，亦即功能是變之實體，而恒轉乃絕對真實的，故就變之實體根源而言，此變亦是至真至實的。

> 圓滿義是活義。洪變唯能，圓神不滯。秋毫待之成體，以莫不各足。宇宙無偏而不全之化理，吾人思想所及，又無往不呈全體，故乃於一字中持一切義，於一名中表一切義。翃復攝億劫於剎那，涵無量於微點，都無虧欠，焉可溝分？了此活機，善息分別。（同上頁75～76）

由至真至實之實體所顯現之大用流行，雖萬變不齊，然無不得其實體之全，各各圓滿，都無虧欠，猶如月印萬川，每一水月皆得其全，具足無缺，熊氏亦常舉大海水與眾漚為例，即大海水顯現為眾漚，每一漚皆以大海水全量為體，毫無虧欠。每一物之實體皆是全的，絕對的，圓滿無缺的，則雖有萬變不齊之象，然不齊而齊，是謂大齊，則又有何大小物我等可分別？故了此圓滿義，即是活義，則一切分別自當泯息。

> 交徧義是活義。神變莫測，物萬不齊。不齊而齊，以各如其所如。
> 因說萬法皆如，彼此俱得，封畛奚施？極物之繁，同處各徧，非如
> 多馬，一處不容，乃若眾燈，交光相網。故我汝不一而非異，高下
> 遺蹤而咸適，唯活則然。（同上頁76）

由實體顯現為萬殊的妙用，雖各不同，然每一妙用皆是實體之顯現，故每一妙用與其餘妙用皆不相礙，是可互相涉入，交徧為一體的，猶如室中眾燈，每一燈皆徧滿室中，故每一燈皆與餘燈互相交徧，如網相疊，而不相礙。

> 無盡義是活義。大用不匱，法爾萬殊。一切不突爾而有，一切不突
> 爾而無。是故諸有生物，終古任運，不知其盡。（同上）

然此重重相疊，無有窮竭之妙用，之所以不虞匱乏，乃因其力用盛大，不容已矣，無有竭盡，故說為無盡，因其無盡，故是活義，源頭活水不斷流出，變化無窮，「終古任運，不知其盡。」

> 三者，不可思議義。此云不可，本遮遣之語。既非不能，又異不必。
> 將明不可之由，必先了知思議相。思者，心行相。議者，言說相。此
> 是染慧，即意識取物之見。夫以取物之見，逐而推論無方之變，則恣
> 為戲論，顛倒滋甚。故不可思議之云，直以理之極至，非思議所可相
> 應。易言之，即須超出染慧範圍，唯由明解可以理會云爾。（同上）

此「變」既是「非動義」，亦是「活義」，遠離相對而入絕對，妙變神化而難以測，非世俗言說心思所可形容，若強加形容，即成妄執，故是「不可思議」。此不可思議之大用流行，既非思議所可表達說明，然於無可說處而必有說，則唯歸之證會一途，由此而了大用流行，是謂「明解」。

綜上「變之三義」之分疏，可見由本體顯現之大用流行，乃是「非動的」、「活的」、「不可思議的」，由此「非動的」、「活的」、「不可思議的」大用流行處，即可識得本體之真實無妄，於變易而識不易，於流行而識主宰，於化跡而識真實，從相對而識得絕對，由現象而把握本體，故謂之「即用識體」。然用實無異於體，體亦無異於用，體即是用之體，離用亦無體，故亦可謂之「即用即體」、「即活動即存有」。

此即用識體之說乃熊氏體用不二論之精要處。歷來言體用者，雖亦能言及體用不可分，體不異用，用不異體，然大抵皆主由體發用，謂體是未發，屬於靜，用是已發，屬於用，故收歛乃常道，發散乃不得已，若不得已而發散，則須發而皆中節，如此之由體發用，亦只是一靜態之發散而已，雖說是

體用不可分，然終有體用分爲二段之嫌。而熊氏則著重於用上識體，於用上而有兩大勢用，即翕與闢，兩者相反相成而成變，而於翕闢成變之用上，即識得本體，故說爲體用不二。熊氏實已將靜態之發散，一轉而爲動態之創生，由翕闢成變之用上，而見本體原是生生不已流行不息之眞機，本體之大用顯現無遺，攝體歸用而又即用識體，實成一辯證的動態之創生。於此動態之創生過程中，即於用上而識體，現象界與本體界融合爲一，故無體用分而爲二之失。

　　林安梧氏則以「存有的三態」說明熊氏翕闢成變，即用識體之義，甚有理致。所謂「存有的三態」，即：

　　　　一、「存有的根源」――「x」

　　　　二、無執著性、未對象化前的存有

　　　　三、執著性、對象化了的存有（《熊十力體用哲學之詮釋與重建》頁

　　78）

所謂存有的根源之開顯，其展開的動勢乃一全副生命的參與而非知識的掌握；而存有的根源探索必須越過執著性、對象化的存有，才能進到一無執著性、未對象化的存有之境域，而後才能進一步觸及存有的根源。此展開的動勢，即翕闢成變也。翕假說爲物，闢假說爲心，翕闢不是異體，只是勢用有分殊而已；之所以說爲翕闢，亦只是暫時性之區分，作用上之區分，而非實體上之區分，二者實是一不可分之整體，而又以翕爲首出。由翕闢成變，存有因之而開顯，而其實況則爲刹那生滅，而此刹那刹那、生滅滅生，並非是歸本於寂，而是開顯於覺，亦即是一具道德創生義下之刹那刹那、生滅滅生。而此道德創生義下之存有，無疑地已破解有宗執著於意識之染執性與權體性，而呈現並超越空宗的意識之本然的透明性與空無性，更進而指意識之本然亦隱含著明覺性與自由性，此明覺性與自由性即是存有的根源開顯之動力也。因此，熊氏此一道德創生義下之本體，實已超越有宗，亦超越空宗，已從有宗橫面的執取與空宗平鋪的眞如，轉而成一縱貫之創生，故林氏亦稱熊氏之學爲一「活生生的實存而有的體用哲學」。〔註8〕

　　林氏以「存有的三態」以說明熊氏之學，不僅能客觀相應地解釋之，並

〔註 8〕林氏所謂「存有的三態」與論熊氏超越空有二宗之說，見《熊十力體用哲學之詮釋與重建》第五章〈存有的根源的開顯〉、第六章〈從平鋪的眞如到縱貫的創生〉與第七章〈從橫面的執取到縱貫的創生〉等章。

能進一步說出熊氏已言而未明或未言而已含之意。不過，無論如何，熊氏終是偏於存有的根源性，於乾元性海之本體體會特深，而於其開顯為橫面的執取，則略顯不足；亦即熊氏於內聖學得力甚多，而於由內聖開出之外王學，則有所不足。熊氏畢竟只挺立其所體證的生生不息之乾元性海，亦即性智，而於由性智所發用之量智，則終究未有說明，觀《新論》只成〈境論〉，而〈量論〉終不出，亦可知熊氏於其已言而未明或未言而已含之意，終是道不出也。

四、承體大用，即體即用

由「變之三義」，而知熊氏「即用識體」之意，然於此吾人可有一問，即熊氏為何不由體而識體，而必由用而識體？由體識體豈不比由用識體直接簡易，而熊氏為何捨此不由？更可由此進一步問，熊氏是否只反面地由用言體，而無正面地就體言體？若有，則熊氏是如何表述？

觀熊氏之意，之所以不直接由體識體，而由用識體，並非意謂體不可說，只好依用顯示，乃因體較為幽隱，難以直揭，不若由用較為顯明，因用乃體之顯現，由體顯現之大化流行，千差萬別，無量無邊，而有相狀詐現，此詐現之相狀，則有跡象，宛然可索，故由用言體，必視直接由體言體，較易了然。

蓋熊氏恐若一開始即就體言體，一則不易形容，二則恐人成執，不如由用而言，則無此過。然熊氏並非只「即用識體」而已，其於大用流行處識得一真絕待之本體後，更由反面之遮詮，而正面的表詮之，《新論》〈功能〉章繼〈轉變〉章言「變」之後，即曰：「前之談變也，斥體為目，實曰恆轉。恆轉者，功能也。此乃前所未詳，故次明之。」（《論著集》頁78）先遮而後表，此「義兼遮表」法，乃熊氏一貫之立論方法。熊氏之正面表詮本體，即藉「功能」義以彰顯之，而其義乃與有宗之功能義，截然不同。〔註9〕《新論》曰：

一曰，本論功能即是真如，無二重本體過。

二曰，本論依功能假立諸行，無體用分成二界過。

三曰，本論功能是渾一的全體，但非一合相，亦非如眾粒然。

四曰，本論功能、習氣，不容混同。（同上頁441～448）

〔註9〕在「肯定本體，體必成用」段，亦提及熊氏以六義言本體，然只是一擬設之詞，而此處則是經一辯證之推論而正面表詮之，相對而言，或可稱前者為反面之表詮。

一、熊氏認為有宗之言功能，犯二重本體過，因其不只「計有現行界，因更計有功能沈隱而為現界本根」（同上頁 78），既以功能乃潛在於現界背後，為現界之因，則「因果隱顯，判以二重；能所體相，析成兩物」（同上頁 79），將體用說成二片；而又本佛家傳統思想，於種子功能外，別立無起無作之真如為體，故成二重本體過。熊氏所言功能則異於是，《新論》曰：

> 余以為現界自性本空，唯依妄情執取故有。若了現界實無，則知因緣亦莫從建立，唯由妄情所執現界空故，而本有不空實性，方乃以如理作意得深悟入。元來只此實性，別無現界與之為對。（同上頁 79）

此功能實性，是無現界與之為對的，若能如理作意，則能悟入功能實性，而了現界乃依妄情執取而有，本無有物，實無自性可言。由悟入諸法實性，而了現界本無，實因功能實性之顯現流行，詐現跡象，宛然可尋，故假言施設而有現界之安立，現界之安立既由功能實性而有，則可由此而攝用歸體，會性入相，功能即真如，真如即功能，故體無二重之過，而此功能或真如，是能顯現為大用流行的。

二、由本體功能顯現之大用流行，雖萬變不齊，各各不同，然此萬殊卻「壹是皆資始乎功能之一元而成形凝命，莫不各足，莫不稱事」，「故觀其殊，即世界無量；會其一，則萬法皆如。」故說「功能者，一切人物之統體，非各別。」（同上頁 80～82）如此一來，則一切大用流行皆由功能本體顯現而有，離此體即無有用，一切的用皆是「承體大用」，故無須於用外再立一凝然不動之體。

然此「承體大用」，即由功能本體能顯現之大用流行，並非如有宗之言功能一經顯現之後，便有自體，與功能對立為二，成體用二分之過；而是雖依功能假說翕闢或心物諸行，然此諸行並非與本體截然二片，因翕闢心物乃假言施設，而說為功能顯現為用之兩勢用，並非真實，若能於此翕闢而悟「生而不有，即本無生」，「動而不滯，即本無動」之功能本體，則知「離翕闢外，無所謂功能；離功能外，無所謂翕闢。」（同上頁 442）體即用之體，用即體之用，故無體用二分之失。

三、此「承體大用」之體，亦即一切人物之統體的功能，非是各別，各不相屬，乃是渾一之全體，徧一切時，徧一切處，恒自充周圓滿，都無虧欠。每一功能皆具有內在之矛盾而能成其發展，此矛盾即相反相成之翕闢兩勢

用，翕故疑於物化而實為闢作工具，闢則守其不可物化之本性，運翕而使之與其俱轉，每一功能本自具足功能之全體大用，非是僅得其一分，故不妨說功能看似有無窮無盡的部分，然皆互相涵攝，互相融貫而成渾一之全體，雖是渾一之全體，而能成無量無邊之功能，於全中見分，於分中見全，全體與部分並非相互對立，乃是相互攝入，故說為渾一之全體，而非一合相。

且此功能亦非如有宗之言功能似粒子性，多至無量而各自獨立，毫不相干，如此則成多元論，然本體原是絕對的、整全的，有宗既說為多元，便成相對，則何可以此多元之種子而言本體？熊氏所謂功能實與有宗殊異，乃是每一功能皆涵無量無邊功能，亦即任一功能，即具一切功能，每一功能與其餘功能互為主屬，而一切功能皆是生生化化流行不息之真機，能顯現為大用流行，故此「承體大用」之功能，不只有本體義，且有活動義，實是即體即用，即存有即活動。

四、因功能具活動義，故可顯現為大用流行，然與一般所謂「習氣」大有不同。熊氏認為有宗立義最謬者，即混習氣為功能，故特以三義以別功能、習氣之異，（一）功能即活力，習氣有成型，（二）功能唯無漏，習氣亦有漏，（二）功能不斷，習氣可斷。（同上頁84）

熊氏認為人之生也，形生神發，即受形氣之限，亦即「習氣」，而有物化之勢，隨波逐流，淪沒生死海中，難以超脫。然從另一面言，人有「功能」，此功能即宇宙之本體，亦即吾人之本性，夐然超脫，畢竟不墮於形氣中。此功能本性，無染無滯，無有虧欠，健而又健，生生不息，故謂之「活力」，若其發用，則精剛勇悍，任而直前，不但不拘於習氣，且能主宰習氣。

有宗因主種子有有漏和無漏兩種，故其言功能，即習氣，亦通有漏無漏；而熊氏所言功能則具純淨義、升舉義，故能主宰習氣，乃法爾神用不測之全體，光明晃曜，無有障染，唯是無漏。此無漏功能乃法爾本有，窮其始則不知其始，究其終亦莫知其終，無始無終，即是恒常，故說功能永無斷絕；而習氣則本非法爾固具，乃是後起，因有生以後，種種造作，故有餘勢輾轉流傳，然只要功能鼓其不測之神用，即可中斷有漏之習氣，以歸於無漏之功能本體，故說習氣可斷。然有一點須注意者，即熊氏雖嚴分功能、習氣之異，但非即意謂功能、習氣斷而為二，毫無相干。熊氏曰：

> 無事於性，有事於習。增養淨習，始顯性能，極有為乃見無為，盡
> 人事乃合天德。習之為功大矣哉！（同上頁89）

性亦即功能也，因性上不容纖毫著力，故只能著力於習上之修為，亦即體上難以著力，但可著力於用上，則可於有為處而見無為，克盡人事而合天德，而宇宙萬象，科學知識亦可由此安立，故習之功用大矣哉！然習之功用雖大，但習有染有淨，若純是染習乘權，則其為害之功亦大，故須捨染歸淨。而要捨染歸淨，則須盡力歸本於性，因習由性而來，故性能主導習，故能捨染以歸於淨，可見性習並非截然為二，亦即功能本體若要活動，實須借助於習氣，但不拘於習氣，且能導習氣純歸於淨，故而顯現為萬化流行之大用。

綜上「功能四義」之解析，可見熊氏乃假設功能，以方便顯示本體實性，此本體具大功能，能顯現為大用流行，故謂之「承體大用」，而體實無異於用，用亦無異於體，用即是體之用，無體即無用，故可謂之「即體即用」、「即存有即活動」。

而由「變之三義」及「功能四義」，既知用是如何之用，體是如何之體，則可進一步問最後一個問題，即體用之關係如何？顯然地，其既是「承體大用」，亦是「即用識體」，亦即「即體即用」、「即用即體」，「即存有即活動」、「即活動即存有」，故其關係實是體無異於用，用無異於體，體即是用，用即是體，體即用之體，用即體之用，無體即無用，離用亦無體，體用雖若不一而實不二，故謂之「體用不二」，或亦可稱之為「體用合一」。熊氏曾以二義明之，簡潔扼要，即「即體而言用在體」與「即用而言體在用」（同上頁434、頁435），由此二義，可知體用雖若不一而實不二。攝動有歸寂無，泊然無對，會寂無歸動有，宛爾萬殊，故若不一；然寂無未嘗不動有，全體成大用故，動有未嘗不寂無，大用即全體故，故知體用畢竟不二。由是而熊氏之「體用不二」論，於焉成立！

熊氏亦自認此「體用不二之義自《新唯識論》出，始圓融無礙」（《語要》卷三頁512），已解決本體論之根本問題。誠然，《新論》言體用不二確已遠超前人，有其獨特創見，但是否即已圓融無礙，則又因仁智之見不同而互異。陳榮捷氏對熊氏雖極為稱許，但於此則頗為置疑，認為「一方面心是自由的，一方面卻又被習性束縛，這可是要另外費一番口舌的。」（《現代中國的宗教趨勢》頁167）林安梧氏則較能體貼熊氏之意，認為熊氏所謂功能與習氣，乃就不同層次而為言：

> 顯然的，「功能」是就存有的根源說，而「習氣」是就存有的開展與
> 執定說，「功能」之說著重在其超越性、根源性，而「習氣」之說著

重在其歷史性與社會性。（《熊十力體用哲學之詮釋與重建》頁 150）
功能與習氣實是分屬兩不同之層次，而非同一層次，故無陳氏所謂一方面心
是自由的，一方面又爲習性束縛之矛盾。而亦因其並非同一層次，故屬超越
性、根源性而爲存有之根源的功能，即必須假習氣以行，使此存有之根源得
以開展與執定，從而才得以有其歷史性與社會性之意義。若無習氣之助，則
此存有之根源即無由開展與執定，而既無歷史性與社會性，則亦無由見此超
越性、根源性之功能也。故在熊氏看來，此分屬不同層次之功能與習氣，心
與習性，體與用等，實是可通極爲一而無所罣礙，雖分爲二而實不二，故說
爲體用不二也。

五、歸本體證，默然冥會

　　熊氏體用不二之論，不只是理論的，亦是生命的，不只通貫本體論、宇
宙論，更落實於人生論上。若只停留於理論之探討，則熊氏之說亦將如他人
一般，不見精釆；正因熊氏之說並非高談闊論，乃落實於生命之眞實感，強
調生活上之體會，眞眞實實地冥會默識，人人有此必然性，亦有此可能性，
故不必假他人之手，亦無須假他人之手，完全是一種「實證」，即「自己認識
自己，絕無一毫蒙蔽」（同上頁 43），乃一「探究眞實的存在」之學。〔註 10〕
正因熊氏之學乃一「活生生實存而有的體用哲學」，著重的是「自己認識自己，
絕無一毫蒙蔽」，唯有如此才能成爲一「探究眞實的存在者」，故熊氏特著重
於本體之「心」，此心不只是體，而亦是用。由於此心乃兼含體用，故能自己
認識自己，絕無一毫蒙蔽，故熊氏《新論》以〈明宗〉章爲首，開宗明義即
說此義，而於最後一章更說此義，特標以〈明心〉，可見熊氏無疑是更著重於
人生，著重於體證。熊氏曰：

> 今造此論，爲欲悟諸究玄學者，令知實體非是離自心外在境界，及
> 非知識所行境界，唯是反求實證相應故。（《論著集》頁 43）

本體爲何是非離吾人之心而外在？因本體不礙顯現爲一切分，而每一分皆得
本體之全，一一物既本來即具本體之全，故不可離自心而向外求索本體。如

〔註 10〕杜維明氏〈探究眞實的存在 —— 熊十力〉一文，認爲熊氏乃一「探究眞實的
　　　　存在」之思想家，所謂「探究眞實的存在」，亦即「實證」之學是也。杜氏此
　　　　文，收入《中國近代思想人物論 —— 保守主義》，傅樂詩等著，時報出版公
　　　　司，民國 71 年 9 月三版，台北。

大海水顯現爲眾漚，則每一漚皆即大海水全體之顯現，甲漚具大海水之全，乙漚亦如是，以至丙漚、丁漚及其餘一切漚皆如是。從大海水之觀點看，大海水即全體地現爲一一漚，故非超脫於無量之漚上而獨在；從眾漚之觀點看，每一漚皆攬大海水爲體，故雖是各各微細之漚，實際上每一漚皆是大海水全體之直接顯現。由此比喻可知，本體不礙顯現爲一切物，而一切物又各各即是本體，故說本體非是離自心外在境界。若離自心而向外求，則如求龜毛兔角一般，無有是事，而放失本心矣。

　　本體既非離吾心而外在之物，乃人人法爾本有，本自具足者，亦即非由吾人之知識理智所能構畫造作而成，故吾人既不可離吾心而向外求索，亦不可以知識理智強求，因其「非知識所行境界」故。熊氏認爲知識理智乃依後天經驗，分別事物故起，將一切物事視爲離吾心而獨立存在，非是依於吾心之認識而始存在，如此則向外推求，以爲有客觀獨存之物事，熊氏名此種知識理智爲「量智」或「慧」，〔註11〕「慧義云者，分別事物故，經驗起故。」（同上）若以此慧或量智推求外界客觀之物，尙可相應；如欲推求本體則不可得，因本體雖能顯現爲一切物事，但卻是無形無相，故不可執定本體以爲亦如物事一般。若執本體如外界物事而求之，則必如離心而外索，其法雖異，其過則一也。

　　本體既非離吾心而外在，又不可以量智推求，則須如何求得本體乎？熊氏認爲唯「反求實證」一途，方可悟入本體，與之相應。「反求實證」，亦即所謂「性智」，此「性智」與「量智」不同，乃是「自性覺故，本無倚故」（同上），即眞的自己（即本體）底覺悟，此覺悟即是眞的自己，離此覺悟，即無所謂眞的自己。此眞的自己，本即獨立無匹，故其覺悟雖不離量智，卻能不滯於量智而恒自在離繫；且其自明自覺，虛靈無礙，圓滿無缺，雖無形無相，然眾理畢具，能爲一切物之根源。

　　此本體、性智本即獨立無匹，離繫自在，且又具備眾理，而爲萬物之源。

────────────────

〔註11〕熊氏《新論》本擬爲兩部，部甲〈境論〉，部乙〈量論〉，但只完成〈境論〉，即今之《新論》，而〈量論〉未出，誠可惜也！然〈量論〉雖未有完本出，但熊氏於其著作中亦偶提及，故仍有跡可尋，尤其《原儒》上卷〈緒言〉中，熊氏自言欲作〈量論〉，實「早有端緒」，全書原擬分「比量篇」、「證量篇」兩篇，「比量篇」復分上下，上篇論「辨物正辭」，下篇論「窮神知化」，「證量篇」則專論「涵養性智」，見《原儒》頁1～7，史地教育出版社，民國63年10月，初版，台北。參閱景海峰氏《熊十力》第六章〈量論索迹〉頁215～248。

然亦因其乃自己認識自己，自己覺悟自己，故本體、性智即非一死體，乃一能活動、能發用的，若不能活動，不能發用，即不能認識覺悟自己；亦因其備眾理而為萬物之源，故亦非一死體，乃一能顯現、能流行的，若不能顯現，不能流行，亦不能於萬有處識得自己。故本體、性智終是要發用，且具有主體能動性，為一縱貫的、創生的道德主體性，即本體即工夫，即體即用的。此一縱貫的創生的本體，既非空宗只顯空寂，無有生化，而為一平舖之真如所能企及，更非有宗體用為二，而成一橫面之執取的阿賴耶識所可比擬。

然熊氏之言性智，既如此之殊勝，但亦非其憑空懸擬，乃有所本也！熊氏亦稱性智即「本心」，乃吾人與萬物所同具之本性，此本心實即孔子所謂之「仁」，孟子所謂「性善」，《大易》所謂「乾元」，以至程顥所謂「仁者渾然與物同體」，陽明所謂「良知」，雖異名而實同，楊慈湖、羅念菴、徐魯源及史玉池亦深識此旨，故於反本求仁之學，皆深有所得。〔註12〕熊氏之言性智、本心，雖有其自身道德感之強烈要求，要亦深受此傳統思想影響之結果，且能融通佛老，將佛家之法性心，道家之道心收攝於一爐，而尤讚賞禪門之直識本心，發明心地。

然當此性智、本心發用時，即須假量智，亦即習心以行，此量智即性智之發用，性智既依量智而發用，而量智卻常反假之以自用，爰是迷以逐物，而妄見有外，由此生習。此習心雖依本心之力用故有，然不即是本心，畢竟自成一物，因此，若欲使本心「自己認識自己，絕無一毫蒙蔽」，則須有「保任」之功，常保得本心炯然若存，涵養之而加深邃，擴推之而益充盛，習心自不得乘權，純是性智之如實發用，則何有妄習之生？然此「保任」之功為何？《新論》云：

一、保任此本心，而不使惑染得障之也。

二、保任的工夫，只是隨順本心而存養之。即日常生活，一切任本心作主，却非別用一心來保任此本心也。

三、保任的工夫，既是隨順本心，即任此心自然之運，不可更起意來把捉此心。（同上頁565）

保任本心，即須落實於日用之間，不論動靜，每一念皆恒由本心作主，勿使習心乘權，起而障弊本心。然一切恒由本心作主，並非以另一心來保任此本心，而是即此本心來保任此本心，因其唯有此一本心而已，此外別無他心。

〔註12〕參閱《論著集》頁567～568。

但亦不可起執而把捉本心，只須順其自運即可，此即是工夫，熊氏稱此是「即工夫即本體」。此工夫實即是本體，原只是一體之兩面，亦只是保任而已，《新論》云：「工夫只是保任，原非於本體有所增益。但勿爲染習所縛，勿順軀殼起念，而使本心恒爲主於中，則大明朗乎無極，性海淵兮絕待。」（同上五六六）欲使本心朗乎無極，淵兮絕待之工夫，亦只是於每一念當下，皆由本心作主，而無走作，方是眞工夫，如是之眞工夫，方是眞本體。此當下一念返本，即是眞工夫、眞本體，而若當下一念走作，則非眞工夫、眞本體，此中絕無轉圜處，絕不容有二念之思，如有二念，即非本也，即失本矣！此一念返本，亦即熊氏所引古德之語：「一念迴機，便同本得」（同上頁 582）是也。

　　此當下一念返本，即工夫即本體，乃重在工夫下手處，「儒家自孔孟，其談本體，畢竟於仁或生化的方面，提揭獨重。」（同上頁 574）因此若太過強調於此，則易流於忘失本體，故應輔以佛家之言寂體，「佛家談本體，畢竟於寂靜的方面，提揭獨重。」（同上）如此，才能保住本體，不致流失，故熊氏曰：「會通佛之寂與孔之仁，而後本體之全德可見。」（同上）此亦是熊氏雖對空宗不無微語，但亦盛讚之，而受其影響之處，因空宗之空法相而悟入法性，實有見於此寂體。

　　熊氏固重視本心之保任勿失，當下一念返本，即是本心；但熊氏亦認爲與本心相對之習心，雖不即是本心，卻是依於本心而有，故習心實非於本心之外另有一心，而是本心因依根取境之結果，由此可知，習心與本心乃是在不同層次上而言的，並非是種類之不同。即因其是不同層次，本心乃本有故，習心乃後起故，故熊氏除重視本心之保任勿失，一念返本，以明本心之要，亦強調習心之不可忽視，且由習心之修學，亦可明了本心，熊氏曰：「今更申言欲了本心，當重修學。」（同上頁 620）而修學之要，熊氏則略舉二義：

　　　　一者，從微至顯，形不礙性故，性之所以全也。本心唯微，必藉引
　　　　發而後顯。既凝成形則化於物者多，而其守自性而不物化者遂爲至
　　　　少。……而形氣既生即自有權能，則性之運於形氣中者，既因任無
　　　　爲，形乃可役性以從己，而宛爾成乎形氣之動，故性若失其主宰力
　　　　矣。所謂本來惟微者此也。然則形爲性之害乎？曰：否否。若無形
　　　　氣，則性亦不可見。且形者性之凝，即形莫非性也。（同上頁 151～
　　　　頁 152）

形即性由微而顯，雖常役性，然卻不礙於性，性亦須藉其凝成，方可盡性，

故說形莫非性也，實亦形即性也。熊氏特舉孟子「形色，天性也」以明之，其實形是不礙於性的，因形之役性，本非其固然，乃屬一變態，猶如水就下而使之過顙或在山，豈水之本然？形雖一凝成，染習即與俱起，隨逐增長，而障弊性，使其不得顯發；然性能主乎形，行於形氣之中，使形與其相應，引發無窮，而全體頓現，此亦即先儒所謂「踐形盡性」之說。

> 二者，天人合德，性修不二故，學之所以成也。《易》曰：「繼之者善，成之者性。」全性起修名繼，全修在性名成。本來性淨爲天，後起淨習爲人。故曰：「人不天不因，天不人不成。」故吾人必以精進力創起淨習，以隨順乎固有之性，而引令顯發。在《易》，乾爲天道，坤爲人道。坤以順承天，故爲善繼乾健之德。是故學者繼善之事，及其成也，性也。（同上頁 153）

性乃人人本有，若無有此本然具足之性，則將何所因而爲善？故曰：「人不天不因」。但若不善於繼之，則性亦成不善矣，故須本此本性，全性起修，則無不善，可謂善繼。然雖有此本性，而若不盡人事，亦無以成其爲性，故曰：「天不人不成」。須本著全幅生命，精進勤奮，全修起性，唯以成此本性爲志。吾人只須本此天性，克盡繼善成性之事，性修不二，則克染成淨，天人合德，而一切莫非善也，皆即本性也。

綜上所論，不論其爲保任本心，一念返本，或著重修學，性修不二，皆是以此本心自己認識自己，由此本心而體萬物而不遺，可知熊氏之學實乃一「見心」之學，亦即「見體」之學，「見心」者，即心自見也，「離能所內外同異等分別相，而實昭昭明明，內自識故」（同上頁 44），故謂之「見心」，亦謂之「見體」，而亦由此謂熊氏乃一「探究眞實的存在」之思想家。

熊氏之所以強調本心，乃自然而然地由其本體論、宇宙論、認識論熔冶於一爐，而特著重於人生論，從而歸結於道德實踐之必然結果。由本體內部含有矛盾之二勢用爲起始，以探究宇宙萬象之本源，從體用、翕闢與心物等相反而又相成，互相對立而又互相融合中，認識到宇宙萬象發展之過程，與反躬內證之重要，從而收攝歸結於「本心」，因本心不只爲實體之代稱，而又具有能動性。一切物事皆在本心中融合爲一，本體與現象，整體與部分，絕對與相對，天與人等，皆融合爲一，而無斷裂爲二之失，可見本心之重要。而唯於此心有所見得，亦即見得此心昭昭明明，方是眞「見心」，而此見心亦非別有一心以見此心，實是此心具能動性而自見此心，不假外求而內自識也。

此見心亦即「見體」，欲見得此心，見得此體，唯有內自識也，於道德實踐上確確實實地體證。熊氏體用不二論，無疑即是以實踐為主的體證之學，而熊氏終其一生實是以其全幅生命，為此作見證，從而挺立之矣！

第四章　佛學界對熊氏之反駁

第一節　論戰經過

　　熊氏《新論》乃評判佛家空有二宗而折宗於《易》之產物，不只予佛法以根本性之打擊，更予有宗唯識學以全盤性之改造。熊氏此舉，乃因其不容已於心之心，而對佛教界以無情之挑戰，實本著「吾愛吾師，吾更愛眞理」，對追求眞理之一心嚮往而有以致之。然在佛教界看來，熊氏此舉無異離經叛道，而熊氏更說若視自己爲一「新的佛家」，亦無不可，更引起佛教人士強烈不滿，紛紛起而衞道護法，對熊氏展開反擊，而熊氏亦爲文反駁，再三申述《新論》旨趣，所謂「當代儒佛之爭」，即由此揭開序幕。〔註1〕

　　熊氏《新論》〈文言本〉於一九三二年十月甫一問世，即引起支那內學院之反擊，認爲熊氏背叛師門，歐陽竟無即授意門下劉定權（衡如）著文反駁，名爲《破論》（即《破新唯識論》），歐陽且親爲作序，刊於《內學》第六輯。隨後一九三三年二月，熊氏即撰《破破新唯識論》（後簡稱《破破論》），針對劉文所破，一一駁斥。於此雙方往復論辯之際，佛門新派領袖太虛法師，於一九三三年初，發表〈略論〉（即〈略評新唯識論〉）一文於《海潮音》，公開批評熊著；其門人燃犀亦發表〈書熊十力著所謂新唯識論後〉於《海潮音》，對太虛一文作進一步申述。同年秋，北京「三時學會」韓清淨一派，與歐陽

〔註1〕 熊氏《新論》亦引起哲學界（儒學界）之注意，大抵褒多於貶，對熊氏雖不無微辭，以其誤解佛法，但在儒佛有別上，則同一立場。可參閱郭齊勇氏《熊十力與中國傳統文化》第九章第一節〈三、四十年代哲學界的評價〉。

同為弘揚唯識，時稱「南歐北韓」，其門下周叔迦著《新唯識三論判》，對《新論》、《破論》及《破破論》三書內容詳加審覈，進而批評熊氏。熊氏於一九三四年間作一長文，對《新論》所遭之批評一一反駁，此文以書信形式收入《十力論學語輯略》（此書後收入《語要》，作為卷一）。此後，內院之巨贊法師撰〈評熊十力所著書〉，以筆名萬鈞部分發表於《論學》。

抗戰期間，論辯亦不曾斷。先是陳真如（銘樞）與熊氏往覆函辯，談各自習唯識心得，歐陽則作〈與熊子真書〉及〈答陳真如論學書〉，對熊氏「孤冥自許，縱橫恣睢」之行為再予痛責。惜因戰亂，資料流失，只保留幾封刊於一九三九年《內院雜刊》上的有關書信。而一九三九年，歐陽圓寂，熊氏與內院繼任者呂澂為師事、法事等多所函商，而引起論爭，書信來往達十七函之多，由呂澂弟子談壯飛輯錄保存，至一九八四年才以〈辯佛學根本問題〉為名，刊於《中國哲學》第十一輯。之後，內院之王恩洋撰〈評新唯識論者的思想〉，刊於《文教叢刊》；太虛又發表評熊氏之第二篇文章〈再評〉（即〈新唯識論語體本再略評〉），劉天行則撰〈新唯識論述評及置疑〉，言辭犀利，同刊於《海潮音》。至一九四四年，熊氏將約九萬言之《新論》〈文言本〉，改以語體文而重述之，擴充為三十七萬言之〈語體本〉，基本主張不變，理論則愈益精密；又作〈新唯識論問答〉、〈與友論新唯識論〉、〈略談新論旨要〉等長文，答疑釋難，兼有反駁論敵之意；其門下周通且亦作〈熊十力先生哲學釋疑〉、〈讀新唯識論〉，闡發《新論》思想。

一九四七年，《世間解》刊有熊氏所著〈讀智論抄〉，對熊氏頗多贊譽，同時亦登載子韜之〈讀讀智論抄〉及廢名（馮文炳）之〈體與用〉，兩篇同以佛家觀點而批評熊氏。此後太虛門下之印順法師，撰〈評論〉（即〈評熊十力的新唯識論〉），較有系統地從八方面批評熊氏，此篇可謂繼《破論》之後，佛教界反駁《新論》最有份量之作，引起熊氏相當重視，隨即命門人黃艮庸著文反駁，題為〈環繞「新唯識論」的儒佛諸問題〉，一九四九年三月刊於《學原》，隨後收入《十力語要初續》中，並改名為〈新論平章儒佛諸大問題之申述（黃艮庸答子琴）〉，而其實從現有材料看，此文實即熊氏本人親筆所寫，只是借弟子名發表而已。至此，熊氏意猶未了，於次年又將此文重新刪改增補，擴充至八萬字，即《摧惑顯宗記》（後簡稱《摧記》）一書，此乃熊氏繼《破破論》後另一本專門論辯之作。

五十年代後，內院解散，釋門流離，熊氏亦隱居滬濱，此一論戰雖漸歸

消寂，但並未就此了結。一九八四年，劉述先氏編選《熊十力與劉靜窗論學書簡》一書問世，共收錄熊氏與編者父親五十年代後之往來書信九十多封。一九六三年，熊氏著《存齋隨筆》，略釋十二緣生之義，雖非專爲論辯而作，但行文間實包含對佛教意蘊之批判。一九六八年，熊氏謝世，臺灣佛教界人士朱世龍撰〈評熊十力哲學〉，對《新論》作嚴厲批評。至八十年代初，巨贊將其三十年代所作〈評熊十力所著書〉，重加增補，改文言爲語體，發表於《法音》。至此，由熊氏《新論》所直接引起之儒佛論爭，方暫告停止。〔註2〕其後，熊氏弟子牟宗三氏，與印順於儒佛問題亦多爭論，可謂乃其延續。

　　由上可知佛學界對熊氏之批評，可謂精英盡出，包括歐陽、劉定權、巨贊、呂澂、王恩洋、太虛、燃犀、印順、周叔迦、劉靜窗及朱世龍等，尤以劉定權與印順之著作爲最重要。各家對熊氏之批評容或有異，但大致皆持否定態度，則是各家皆同。此諸多著作中，大抵屬「唯識系」，但亦有可代表「眞常系」與「般若系」之立場者。〔註3〕唯識系之著作，可以劉定權《破論》爲代表，因其較富系統，熊氏亦相當重視，並作《破破論》破之；其餘皆爲散論，其中呂澂與熊氏之論學書信，即〈辯佛學根本問題〉，雖頗值重視，但其乃因論他事而言及《新論》，〔註4〕故是間接而非直接針對《新論》而發，不若《破論》之專門系統也。眞常系之著作，可以太虛〈略評〉、〈再評〉爲代表。太虛雖號稱「法相唯識」，而實以「法界圓覺宗」自居，其對熊氏之批評

〔註2〕 以上「當代儒佛之爭」之經過，乃據景海峰氏《熊十力》第三章第三節（一）〈論戰之主要經過〉頁 101～104 綜述而成。又本文所謂「當代儒佛之爭」，只限於由《新論》直接引起者，至於牟宗三與印順間之論爭雖可視爲其延續，但其所論，另有主題，故不在此範圍內。

〔註3〕 林安梧氏認爲「劉衡如（定權）先生所作，代表佛家『唯識系』發言。……太虛法師可說是站在『眞常系』發言，……印順法師所著『評熊十力新唯識論』，其立場則爲『般若系』。」（見氏編《現代儒佛之爭》〈卷前語〉頁 4，明文書局，民國 79 年 6 月，台北）。

〔註4〕 呂澂與熊氏之辯論，乃因歐陽新喪，呂澂致函熊氏，熊氏回函囑其師事、法事務必一肩挑起，責無旁貸，並附「與梁漱溟論宜黃大師」一函，中有「竟師願力甚大，惜其原本有宗，從聞熏入手」，「惜乎以聞熏入手，內裏有我執與近名許多夾雜，胸懷不得廓然空曠，神智猶有所圍也。因此而氣偏勝，不免稍雜伯氣」數語（見《呂澂文集》頁 257，頁 258），亦即謂歐陽從有宗聞熏入手，未爲了義。熊氏此舉引起呂澂置疑，來往函辯遂達十七封之多。關於此一函辯得失，請參閱江燦騰氏〈呂澂與熊十力論學函稿評議〉，收入氏著《現代中國佛教思想論集》（一），新文豐出版公司民國 79 年 7 月，初版，台北。

乃宗佛法全體以立言，此宗佛法全體雖不能以一宗一派概括，然若以其認為最究竟之「法界圓覺宗」稱之，無疑乃最恰當，因此宗實近於真常系，故太虛對熊氏之反駁可謂乃代表真常系者；而此系與儒道兩家之學頗為接近，故對熊氏雖不無微訾，但亦予相當正面之讚揚，不似劉氏之嚴厲。至於劉靜窗亦是站在真常系立場，但其與熊氏論學之書簡，已是熊氏晚年之事，乃兩個真實心靈的生命體證之對話，較無涉於《新論》，在時間上及內容上均不如太虛之有代表性。般若系之著作，自以印順之〈評論〉為代表，印順以空宗方是佛法之所歸，對熊氏之批評亦烈，引起熊氏相當之重視，並著《摧記》以駁之。

綜上所論，佛學界對熊氏之反駁，實以劉定權《破論》及印順《評論》為最要，而又恰好分站在唯識系與般若系立場，此實熊氏對有宗及空宗所作反省後，而有宗、空宗分別起而回應也。而太虛〈略評〉、〈再評〉二文，可視為真常系對熊氏以儒家《大易》來改造佛家「唯識」義，企圖融合儒佛之看法。故探討佛學界對熊氏之反駁，可順此三系而論，即得一全面之了解，而各系各以一人為代表，可免葛藤枝蔓而成重複之失。因其發表先後，《破論》最先，〈略評〉、〈再評〉次之，〈評論〉最後，故先述《破論》，次述〈略評〉、〈再評〉，後述〈評論〉。

第二節　「唯識系」立場之反駁──劉定權《破論》

《破論》分〈徵宗〉、〈破計〉及〈釋難〉三章以破《新論》之失。〈徵宗〉章先明《新論》絕非佛家著作，熊氏雖言《新論》乃由佛家轉來，然其所言處處與佛家異，「任情取捨」、「挾私逞妄」，不顧佛家本義，未有相當了解，即予曲解改造，其過誠非小也。《破論》云：「彼（指《新論》）蓋雜取中土儒道兩家之義，又旁采印度外道之談，懸揣佛法，臆當亦爾」，「於是順者取之，違者棄之，匪唯棄之，又復詆之」，「且淆亂是非，任意雌黃」（《論著集》頁212～213），乖宗亂極，故不可無辨以破之也。

〈破計〉章則分「一元之體」、「眾生同源」、「宇宙一體」、「反求實證」、「真如為體」、「種子為體」、「一翕一闢」、「能習差違」等八項以破《新論》；〈釋難〉章則辯熊氏誤解「唯識」而一一為之釋。茲為脈絡之清晰，先論〈釋難〉章，即熊氏誤解「唯識」之處；再論〈破計〉章，則可區分為三，前六

項皆論熊氏言本體之誤，可總歸爲「本體論」之誤；第七項言熊氏「一翕一
闢」之誤，亦即「翕闢論」之誤；最後一項言熊氏「能習差違」之誤，亦即
「能習分」之誤。

一、熊氏誤解「唯識」之處

劉氏在〈釋難〉章，主要批評乃集中於熊氏對「唯識」之根本內容——「八
識」說之誤解。劉氏認爲熊氏對有宗文獻並不熟悉，故一、不知八識成立於
何時，二、誤以八識與諸法平列，三、誤以世親之言識爲非空，四、誤以八
識各分心、心所，每一心、心所又皆析以三分爲支離片斷。

劉氏以熊氏既言「八識之談，大乘初興便已首唱，本不始於無著，但其
爲說，以識與諸法平列」，又言「逮於無著始成第八識，引世親捨小入大。此
爲接引初機，固猶未堪深議。」（同上頁 229～230）如此，第八識成立於何時，
熊氏實首鼠兩端，無有定解，豈不自相矛盾？其謬誤不待言也。劉氏認爲熊
氏若解《阿毗達磨經》「一切種子識，勝者我開示」，及《解深密經》「阿陀那
識甚深細，我於凡愚不開演」之說，則不致不知八識成立於何時。又不論熊
氏所謂「八識之談，大乘初興便已首唱」，是指世尊所說之經，抑菩薩所造之
論，皆無「以識與諸法平列」之談。因若是佛所說之經，則「《阿毗達磨》『本
聲聞一切智』義，詳敍諸法種種，說蘊處界三科。而至《華嚴》『唯心所現』
之言，《深密》『唯識所現』之訓，則抉擇唯識特列以立義，又曷與諸法平列
耶？」若指菩薩所造之論，「則除《起信》等僞書外，大乘初興時龍樹菩薩等
所造論中，固亦未見有首唱八識與諸法平列之說也。」（同上）

熊氏之誤認世親以識統攝諸法，成立識法非空，更是劉氏所不允，故即
以子之矛攻子之盾云：「即如熊君所舉之《百法明門論》，開卷標宗，明明引
如世尊言一切法無我，全書始終明明皆釋此一義，則世親明明如以前諸大乘
師將識與諸法一例認爲無自性也。」且「世親又不但說識從種生，並說一切
有爲法如色聲等皆從種生，皆是緣起，是故皆無自性。」（同上頁 230）由上
可知，有宗之言識，絕無將識執爲眞實者，故自劉氏看來，無異乃熊氏強作
解人，而成此過。熊氏又認爲護法惟恃分析法，將八識各分以心、心所，每
一心、心所又皆析以三分，則成「斷片相狀」；劉氏認爲熊氏此說實屬妄訶，
蓋「蘊處界法，佛口親宣，三乘共許。雖或六或八，有多有寡，而共許不唯
一識，不唯一心所，昭昭然也。」（同上頁 231）劉氏並引《成論》所引種種

聖言，以明護法之有所根據，而熊氏之爲妄訶也。

以上乃〈釋難〉章之大概，劉氏此等處之批評乃據傳統唯識家義，甚爲的當，熊氏雖於《破破論》中又一一反駁，無非堅持己說，以自改造之「新唯識」義，反覆陳述，若衡以唯識家本義，熊氏自是較爲理虧。劉氏認爲熊氏於此根本大義，不能把握而有所誤解，則由此誤解而來之推論，自是錯上加錯，實無須多論。故於〈釋難〉章後，雖亦言及八識間之關係及種子義等，無非亦明熊氏之誤解「八識」義也，然皆過於瑣碎且無關宏旨，因其已於〈破計〉章言之，故不若〈破計〉章之詳，故於此可先勿述，而於〈破計〉章再述。

二、熊氏「本體論」之誤

劉氏於〈破計〉章分八項以破熊氏，其中論及熊氏「本體論」之誤者有六項，即「一元之體」、「眾生同源」、「宇宙一體」、「反求實證」、「眞如爲體」及「種子爲體」。此中前四項乃論熊氏所謂「本體」義爲何之誤，可并而論之，後兩項乃論熊氏以其本體論而比附有宗種子、眞如皆爲本體之誤，亦可并而論之。

（一）劉氏認爲熊氏肯定宇宙必有一本體，此本體亦即恒轉、功能或實性等等，隨其立義而名不一，名雖不一而其實一也，亦即熊氏計有一元之體；如此，則熊氏實「譎怪之極」，因熊氏最反對玄學家之立一元、二元或多元之論，然不意熊氏亦以萬有皆資始乎一元，計有本體，實早墮入一元論而不知自哀。劉氏繼言熊氏所立一元之體，既能生成萬有，即萬有皆資始乎此本體之一元，亦即眾生同源，同以本體爲根；但萬有既皆以本體爲同一根源，則此本體必湛然純一，因其湛然純一，則應物物皆同，何以又有生天生地以致生物之種種差異？

劉氏又認爲熊氏之言本體雖可顯現爲萬有，但兩者卻是渾然一體，無有間隙，故說爲宇宙一體，實非了義。《破論》云：「當知一體、多體，皆就分位施設假立。一可分多，多可合一，都無自性，不可執實。然既假立，亦一成不變；又法相鑿然，更不可亂。」（同上頁 214）如此，則何可說宇宙萬有爲渾然一體？劉氏更以熊氏書中言及宇宙一體諸義反詰熊氏，認爲熊氏所舉「交徧義」、「圓滿義」、「全分義」、「中心義」、「增上義」、「仁愛義」及「唯識義」等諸多比喻以明宇宙一體，然此諸多比喻實無法證明宇宙一體之義。

劉氏更譏熊氏之言體，歸於「反求實證」，其過不小。蓋熊氏以《新論》乃見體後之作，乃自家體悟而得，雖說是由佛家轉來，但於佛家則屬創作，只須「善反，則當下便是，無須窮索。反之一義最宜深玩，止觀雙運方名反求。」而「眞見體者，反諸內心，自他無間，徵物我之同源。蓋滿座之人之心，即是一人之心，元無自他間隔。」(同上頁 219～220) 劉氏則認爲熊氏並無止觀雙運之眞功夫，空言證體，而嘮嘮作《新論》，實是大言欺世。劉氏更引《解深密經》以明無論何人修何止觀，無論如何反求，終不能親緣他心，則何可言「自他無間」、「滿座之人之心即是一人之心」？蓋「凡是所緣唯識所現，無有少法能見少法」，「止觀俱轉，通達三摩地所行影像唯是其識」(同上頁 220)，一切法爲唯識所現，故說唯識，而說唯識則基於定慧之修持經驗而來，如無定慧功夫，則亦無唯識可言；然定慧功夫有深淺，所現影像自然不同，如《攝大乘論釋》卷四所舉譬喻：「如人見是水，魚見是窟宅，鬼見爲火，天見爲七寶莊嚴。」〔註5〕可見因定慧功夫不同，雖同見一物，於不同人心中，自現爲不同影像，如是則何可今一反求即見他心即我心，眾人之心即一人之心？

綜上所論，劉氏批評熊氏「本體論」之誤，亦頗有理致，但正如熊氏之誤解唯識義一樣，劉氏亦誤解熊氏所謂之本體。因熊氏所謂之本體，非是離用之外而別有一體，可爲用之體，而是即於此用中即可識得此體，亦即「即用識體」，此本體「非是離自心外在境界，及非知識所行境界，唯是反求實證相應故。」故與一般玄學家以思議所行境界，一往向外求理，計有一離自心外在之本體大不相同。而劉氏即誤認熊氏之言體，有如玄學所計本體爲一元之失。其實不只劉氏誤以熊氏計執本體，而能生萬有，即使太虛亦以其爲一「唯心的順世外道」，印順亦以其屬於「玄學的唯心論」。蓋凡是言說，即有限制，而雙方立場各異，若不善會而得其言外之意，則易成誤解也。

劉氏以熊氏所舉「交徧義」等以反詰熊氏之「宇宙一體」義，雖亦可說，但並不契理，因熊氏所舉「交徧義」等，乃藉比喻以明宇宙一體，然喻取少分，不可求其與所喻本義全合，若全合即無須取喻，此乃熊氏所常言，而佛家「因明」之諸論諸疏亦常言及，故劉氏於此略嫌不善會。

至於劉氏批評熊氏無體證工夫，顯然是站在宗教上之修行而論，此種甚深微妙不可思議之境界，若非親證，實不易分判孰是孰非。若以此嚴格意義

〔註 5〕間引自印順《印度佛教思想史》頁 271。

而論，熊氏自無此體證工夫；但無疑地，熊氏所謂體證乃是儒家義下之體證，是不離日常生活而即在日常生活中，亦即孟子所謂「必有事焉」，陽明所謂「事上磨練」，只須於日常生活中，當下一念反己，收其放心，即復其本心，而本心既是人人本有，則復己本心之時即見己心，同時亦見他人之心，原來是一，無二無別，故能「自他無間，徵物我之同源」。由上可知熊氏與劉氏於體證工夫，立場並不一致，一儒一佛，無怪乎各言其所言。

（二）劉氏於〈破計〉章前四項先破熊氏計執本體之過後，進而更破熊氏以本體論比附有宗眞如、種子，視眞如、種子亦為本體之失。劉氏認為「以體用名所詮之義，印度與中國截然不同故也。中國體用之說固定，印度則不固定。」（同上頁 223）既然印度與中國之言體用義並不一致，則熊氏以中國體用義比附印度體用義，自是不為劉氏所贊同。劉氏以熊氏計有恒轉實體，不從因生，而能生萬有，實違佛家緣起性空之理，蓋因其「不明立種深意，於是緣起之義昧；緣起之理不彰，於是外道之說斯起。」於是而有三誤，「一誤現界以種子為體，二誤現界以眞如為體，三誤兩體對待有若何關係。」（同上頁 222）

其誤現界以種子為體者：劉氏認為熊氏所陳護法唯識學之大概，以為種現截然二分，現界並以種子為體，實非護法之旨，因「護法說現行生種，種起現行，種子前後自類相生，皆是因緣。功能現行互為因果，互為能生，互為所生，皆待緣生。」（同上頁 223）「護法種現互生之義，見《成唯識論》第七『有為法親辦自果之因緣，其體有二，一種子，二現行』」（同上）是故可知種現相生互為因果，亦即種現互為其體，豈獨種為現體？熊氏於體用之義不明，妄計種為現體，而成一誤，故劉氏破之。

其誤現界以眞如為體者：劉氏認為熊氏將佛家眞如義說成是「一翕一闢」，由翕闢成變而顯現天地人物之功能，即是本體，即是眞如；然佛家實無此一翕一闢之眞如，蓋佛家所謂眞如，「無非顯示諸行無先後，顯示二無我，顯示唯識，及顯示四諦。」（同上頁 221）且熊氏以因緣說眞如緣起，亦違聖言，因「聖說眞如緣起者，但有所緣緣緣起之義。蓋當正智以眞如為所緣緣而生起時，能引自無漏種為因，親生一切無漏諸法。非謂眞如為因緣，能親生一切染淨諸法也。」（同上頁 221～222）可見眞如實無生住異滅之相，更非變化天地人物之有為法，眞如乃是無為法，只是諸法實相也，而熊氏於此義不明，又成一誤，故劉氏亦破之。

其誤兩體對待有若何關係者：熊氏認爲有宗犯有二重本體之失，既立種子爲體，又要遵守佛家一貫相承之旨，以眞如爲萬法實體，故成二重本體，然此二重本體，一屬有爲法，一屬無爲法，兩者關係爲何，有宗則無說明。劉氏則謂實無有所謂「兩體對待有若何關係」之問題，因「護法既未嘗以功能爲現界之體，又未嘗以眞如爲變成萬物之體」（同上頁 223）護法亦唯依緣起而說諸法無自性，故無所謂種子與眞如兩體，既無兩體，則兩體之關係自亦無從問起。而熊氏務以一法爲萬有之體，強以種子、眞如比附，並求其關係，又成一誤，故劉氏不得不破之。

　　以上所論乃劉氏針對熊氏以種子、眞如爲體，而一一破之。熊氏將種子、眞如說爲本體，實已將原本爲緣起論之種子、眞如，變成爲宇宙論及本體論。然佛家實以緣起說爲主，緣起故性空，性空故緣起，乃是一「無我論」者，其所謂種子、眞如，以至法性、涅槃等，並非實體字，而是抒義字，乃抒緣生法之義，故種子等亦是因緣所生法，不可執實以爲本體。熊氏不了此根本大義，即將種子、眞如說爲本體，實出於誤解也。

三、熊氏「翕闢論」之誤

　　劉氏於破熊氏「本體論」後，隨即續破其「一翕一闢」之義，蓋此翕闢成變，即用識體之義，乃熊氏立論精神所在，故破其體後，即破其用。劉氏分兩點以破之，（一）立翕闢說之由來，（二）闢之戰勝於翕。

　　（一）立翕闢說之由來：熊氏假一翕一闢，以明相反相成而變化，由此而即用識體，而翕闢亦只是本體所幻化之兩勢用，以其爲本體自性之顯發而說爲闢或心，以其爲顯本體自性之資具而說爲翕或物，皆是假說，不可執實。而劉氏認爲熊氏此說之由來，乃襲自周子（周敦頤）〈太極圖說〉，其言恒轉，即「無極而太極」義也，其言闢者，即「太極動而生陽」義也，其言翕者，即「動極而靜，靜而生陰」義也，而其所謂「翕闢」云者，即「一動一靜，互爲其根，分陰分陽」之義也。又此翕闢義，並拾有橫渠《正蒙》之餘唾。

　　然〈太極圖說〉，據考證乃道家授受之物，與《大易》殊不相侔，蓋道家者流誤解〈繫辭傳〉「易有太極」一段，故有〈太極圖〉之作，而周子爲之解說，即〈太極圖說〉是也，不只橫渠受其影響，而有《正蒙》，即連熊氏亦不辨，因襲之而成翕闢之論。因此，劉氏認爲熊氏翕闢義既是襲自道家方士之一二言，實不足盡孔子之妙義，更遑論唯識家言。

（二）闢之戰勝於翕：熊氏雖言翕闢乃本體顯現之兩勢用，但因闢之勢用較翕殊特，故可運乎翕之中而顯其剛健之德，不爲翕轉，而能轉翕使之從己，故有戰勝之象。劉氏則認爲熊氏「以乖本成物爲翕，以如性成心爲闢。心轉物而不爲物轉爲闢之戰勝於翕者，勝敗之數，視轉與被轉，更視其數之多寡。」（同上頁 226）然轉者之數畢竟極少，不如被轉者之數多，若言戰敗則可，而何可謂之戰勝耶？

劉氏又指出熊氏犯有「自語相違」之過，如「既主張『闢以勝翕』。却又教人『法坤』。」「既信奉『生物進化』。却又教人『復初』。」（同上）等等，如此則何可以翕必不如闢，而闢必戰勝翕，豈非前後矛盾？

以上兩點乃劉氏破熊氏翕闢義之內容，然其所破，並非確解。於第一項中，劉氏以熊氏翕闢義乃來源於〈太極圖說〉，而非《大易》；然熊氏翕闢之義實本於《大易》，此熊氏於書中所常言及也。蓋熊氏出入佛老，參及晚周諸子，以歷宋明儒諸老先生，皆不愜意，爰是闊然達觀，反求諸己，而後悟得此心此理，而孔子《大易》實早已言之，先得我心之所同然，故據《大易》乾坤翕闢之義，成此翕闢成變，即用識體之說。姑不論熊氏對《大易》乾坤翕闢之理解，是否合乎本義，此是另一問題，然其翕闢之義不出於〈太極圖說〉則明矣。

熊氏認爲歷來言《易》，唯漢儒「陽動而進，陰動而退」，皆以動言，衡以乾卦「行健」，坤卦「行地無疆」之義，可謂深得《易》理。而〈太極圖說〉以動靜分陰陽，實與《易》反，後儒大皆受其影響，以動言陽，以靜言陰，故昧於化理，而不知一翕一闢，翕闢成變之義。

熊氏亦認爲〈太極圖說〉乃周子早年著作，其時思想可能尚未成熟，至其晚年所作《通書》有云：「動而無靜，靜而無動，物也。動而無動，靜而無靜，神也。」（動靜第十六章）明明與〈太極圖說〉相反。而熊氏之說實與《通書》爲近，與〈太極圖說〉爲異，則劉氏何可說其乃襲自〈太極圖說〉耶？至於劉氏指熊氏亦拾橫渠《正蒙》餘唾，因劉氏並未徵引《正蒙》之文，不知其說爲何義，可予勿論；熊氏於《破破論》則指其乃「橫誣襲唾，此不成語。」（《論著集》頁 190）

關於第二項何以闢能勝翕，而又須法坤等，劉氏能注意及此，亦甚可貴，但以轉與被轉之數量多寡以破之，並不恰當，蓋闢能勝翕，亦只形容每一人之心皆能轉物而不爲物轉之意，亦即此轉與被轉，乃指每一個體之內在兩勢

用而言，並非意謂將所有個體之數量，分爲少數之轉者與多數之被轉者，而少數之能轉者，能轉多數之被轉者。

至於「法坤」之義，蓋熊氏認爲翕闢，一爲轉者，一爲被轉者，雖因轉者之力用較爲殊特，但轉者與被轉者乃同時而有，不可分先後，亦不可以被轉者之力用較不殊特，即忽視之，因若無被轉者，亦無所謂能轉之轉者，轉者若要能轉，即須藉被轉者之力，亦即闢須藉翕，方可展其闢勢，而此翕勢必有收攝凝聚之功，若任其流散，則何可爲闢所用，故須「法坤」。此須善會，否則易誤以熊氏犯「自語相違」之過。

然劉氏所破雖不恰當，亦不意謂熊氏闢能勝翕之說，即無問題。蓋本心既是自由的，無染的，又可以亦是一種習性，而有物化之勢，於是心既是自由的，但又爲習性所縛，最後此心再本其原來自由的、剛健的勢用，突破束縛，以歸於其本，《新論》千言萬語反覆究明者，無非即此。然本心既是自由，爲何又要如此纏繞，自成坎陷而成習氣，以自束縛，而後再本其自由剛健之力以突破之，使其與之歸本，熊氏只以「本心具有複雜性」一語釋之，實嫌簡略，而本心爲何具有複雜性，熊氏則歸於乃自家體證而得，實難究詰，無怪乎易啓人疑慮。因一歸於體證，則人人皆可本其體證而各自言說，如此言人人殊，熊氏可言，別人亦可言，則熊氏何可以自說爲準？

熊氏此說一歸於體證，理論上雖嫌簡略，但亦不可因此而忽之，蓋熊氏尚在開創時期，其開創啓發之功，自是不小，至於理論之精密，則有待後學者繼之也。

四、熊氏「能習分」之誤

劉氏於〈破計〉章言熊氏之「本體論」、「翕闢論」後，於最後一項則論護法所言功能與習氣，原無差別，而熊氏既以體用立論，比附於功能習氣，將本無差別之功能習氣，視爲體用二分，而成「能習差違」之過。此「能習分」，並非護法本義，而熊氏誤計，故劉氏於論熊氏「體」、「用」之失後，又論其以體用義比附功能習氣而有「能習分」之失。

劉氏分七點辨之，一辨「能掍爲習」之失，蓋能習不分，非始護法，護法義下之功能、習氣及種子，名雖異而實同，無有差別，能習本不分，而熊氏強分，並謂護法能習分，實有改名自立，犯有不極成過。二辨「業爲或然、又爲定論」之失，熊氏既言「吾人有生以來經無量劫，業勢等流。其徇形軀

之私而起者，必皆有遺痕，成有漏習。」亦即以決定說習氣，然卻又言：「有情業力不形盡，理亦或然。」如此，業為定論，又為或然，實成自語相違。三辨「本來面目」之失，熊氏既言「成形稟氣之始，忽執形器而昧其本來面目者，是之謂惑。本來面目是不落形氣的，是無私的，是無所染執的。」又言：「吾人有生以來經無量劫」，如此熊氏所謂「本來面目」，不僅在「一期初生之時」，且實「在無量劫先人未生之前」，如是之「本來面目」，熊氏果親證之耶？

四辨「捆天為人」之失，劉氏認為熊氏既以功能為天事，習氣為人能，乃後起也，故不可捆同功能。此「能習有天人之辨，眾生儲留其無始來之成能，以自造為一己之生命者，謂之為人。」此明以生命力為人，卻又謂：「斯人性具生命力。性具者，謂先天之稟。」實有以人捆天之謬。五辨「習伐其性」之失，且此功能（性）乃本來故，習氣乃後起故，則「何以純淨無染之性，凝成氣質，乃有萬殊難齊甚美不美？且既凝成，何以又自有權能？乃至『習伐其性』。」六辨「捨習之疑」，蓋熊氏認為吾人生活內容，莫非習氣，若捨習而談，便有許多疑問；劉氏則謂若宇宙人生莫非習氣，又何必於習氣外，增益所謂功能，且熊氏以疑為別境心所乃習氣之一，既捨疑矣，又何從而有許多疑問？七辨「疑為悟幾」，劉氏認為熊氏言心所而謬者，莫如將本惑之疑移入別境，諸聖教但說疑能障善品，未聞疑為悟幾。〔註6〕

以上所論，乃劉氏認為熊氏誤計護法能習之義，而成「能習差違」，實有「能習分」之失，故一一駁斥，熊氏亦於《破破論》中對劉氏所破一一反駁。然因兩者對能習各有不同界定，往來論辯，較無交集，熊氏以意而改造護法之能習義，劉氏則本護法原義而釋難反駁，以破熊氏所計。所據不同，自難望合，然用名定義，各有其權，熊氏雖可借彼名而出之以己意，而實不可以己意而改彼意也。

第三節 「真常系」立場之反駁——太虛〈略評〉〈再評〉二文

太虛除致力於佛教之復興與改革運動外，對唯識學亦頗用力，於唯識學之再興，貢獻良多；但太虛並不局限於一宗一派，對其餘各宗各派仍是一體

〔註 6〕 以上七辯所引諸文見《論著集》頁 227～229。

提倡。由於近代唯識學之再興無異於即是整個佛教思想之發展，而太虛又是此潮流之第二個浪潮，因此而說太虛屬於唯識系，固無不可；然究其實，太虛雖忠實於唯識學之正統，但與歐陽所復興之「唯識學」仍有所不同。從太虛有關此方面之論文與演講辭之結集出版，名爲「法相唯識學」，亦可約略得其端倪。〔註7〕若再追根究底，無疑地，「法界圓覺宗」才是太虛之宗主所在，而「法相唯識」實已包含於內；亦即除唯識外，天台、華嚴更爲太虛所重視，而其主要工作，即融合此三家之言，而成其所謂的「法界圓覺宗」。雖然太虛自言：「余宗佛法全體而不主一宗一學，⋯⋯故余昔評支院師資之掊擊起信，今評熊論之掊擊唯識，皆宗佛法全體立言，非主一宗一學而建義。」〔註8〕太虛對熊氏之批評既宗本佛法全體而立言，此宗本佛法全體，雖不能以一宗一派概括，但顯然地若以其所謂最究竟之「法界圓覺宗」來稱之，實最爲恰當。太虛實本此以批評熊氏，而此宗實近於眞常系，故太虛對熊氏之反駁可謂乃代表眞常系者。

　　相對於劉定權而言，太虛對熊氏之批評則較溫和，褒貶互見，亦不若劉氏之有理論系統，篇幅亦嫌略少，比較是一整體性綜觀論述之批評。在總體上，太虛認爲熊氏《新論》殆爲一「新賢首學」；熊氏既爲一新賢首學，太虛又進一步細論，認爲《新論》有襲名未當之過，且不解護法之功能、習氣等義，而有計護法「能習掍」之失。因此即可分三點述之，即一、熊氏爲一「新賢首學」；二、《新論》襲名未當；三、計護法「能習掍」之失。

一、熊氏爲一「新賢首學」

　　太虛分大乘佛學爲「性空」（法性空慧）、「唯識」（法相唯識）及「眞心」（法界圓覺）三宗，後來印順據此而定名爲「性空唯名論」、「虛妄唯識論」

〔註7〕據陳榮捷氏言太虛與歐陽彼此對立，主要問題即在對「眞如的性質」看法有異上，而其差別大體上有五：第一、唯識與法相在太虛不必分別，但在歐陽則分爲二宗；第二、太虛不分別法相與法性，而歐陽則相反；第三、太虛等人並不批判『大乘起信論』，他們維護『大乘起信論』。⋯⋯太虛認爲歐陽對『大乘起信論』的批判論據太弱；第四、歐陽認爲眞如是絕對的超越，而太虛則認爲眞如是超越而又內入的；最後，歐陽攻擊華嚴宗與天台宗，視之爲敵人，而太虛則不然。（《現代中國的宗教趨勢》頁156～157）。

〔註8〕《太虛大師全書》冊四九頁145，太虛大師全書影印委員會印行，民國59年11月，再版，台北。

及「眞常唯心論」，亦即所謂「般若系」、「唯識系」及「眞常系」。〔註9〕而屬
於眞心宗者，則有華嚴、天台及禪宗，此宗與儒道之學最爲相近。〈略評〉謂
熊氏《新論》乃「本禪宗而尙宋明儒學，斟酌性、台、賢、密、孔、孟、老、
莊、而隱攝及數論、進化論、創化論之義，殆成一新賢首學。」（《太虛大師
全書》冊四九頁 144）由於太虛乃本佛法全體而並不主一宗一派，雖以「新賢
首學」概括熊氏之學，此中實不含強烈之褒貶，並不如劉定權因立場分明，
而對熊氏強烈指責。因此，太虛即使認爲《新論》有襲名未當之過，並有計
護法「能習掍」之失，但在結尾處仍許其「不失爲眞如宗之屬，以其提撕向
上，主反求實證相應，鞭辟入裏，切近宗門，亦正爲義學昌熾中之要著。」（同
上頁 164）太虛又引其昔所作〈慈宗三要〉序，認爲熊氏對於唯識之學因名相
雜多，條理繁密，而使治其說者常有茫無頭緒之失，亦能頗中其弊。

　　不過，在〈略評〉中，太虛對熊氏尙多褒揚，以其近於眞常系，尙以新
賢首學稱之；但後來《新論》〈語體本〉出，太虛則作〈再評〉，認爲其大意
仍舊，然詞益枝蔓，足以眩惑初學，〈再評〉曰：

> 大易之明世間法——因緣和合生滅相續法，原頗恰當，且終于未
> 濟，示非究竟。則應不遮出世，但於出世法未論及，故亦無超世出
> 世之佛果法界事。熊論不確知此爲世間流轉事，生死惑報說爲或然，
> 因之亦誹出世解脫爲印度風尚，遽以上比佛果法界之事事無礙。以
> 言哲學——即各派見趣，雖不妨自成一派，如依佛法立場評之，則
> 不得不說是「順世外道」。佛經上古傳之順世外道，是四大極微論之
> 唯物的順世外道；而熊論則宗在反究心體，故爲唯心的順世外道也。
>
> （同上頁 187～188）

因此，太虛前雖許其接近禪宗、華嚴，現則撥之爲順世外道，因尙宗在反究
心體，故爲「唯心的順世外道」。

　　以上乃太虛對《新論》總體之概論。由於太虛乃本佛法全體而非主一宗
一派，對各宗各派皆一體提倡，即使於各宗派不免有所偏重偏輕，但至少不
至於排斥。故《新論》〈文言本〉出，太虛判其爲一新賢首學，自成一家之言，
屬眞如宗一系，猶有褒揚之意，以其尙在佛法系統內故也；但至〈語體本〉

〔註9〕關於大乘三系的立名，印順與太虛雖不同，但印順認爲其名雖異，而內容大
　　　體是相同的，只是太虛著重中國宗派，而己則著重印度經論，參閱印順〈大
　　　乘三系的商榷〉頁 125，收入《無諍之辯》。

出，以其詞益枝蔓，眩惑初學，將生死惑報說爲或然，而誹出世解脫究竟之佛法爲印度風尙，實大違佛法本旨，已不屬佛法系統，相對於佛法內學而言，則應爲「順世外道」，因尙宗在反究心體，故是「唯心的順世外道」。顯然太虛對熊氏之批評前後不同，褒貶互異，而其衡定之標準，仍是落於儒佛有別此一大差異上。因此，太虛雖較劉氏更能了解熊氏，但在儒佛有別上，仍不免是各行其所是。熊氏對太虛之批評雖無專著以駁之，但從其對劉氏《破論》之反駁，以及其一貫立場而言，若有專著以駁太虛，想必於儒佛有別上，亦將如太虛而各行其所是。

二、《新論》襲名未當

太虛既以熊氏乃一「新賢首學」（後來甚至以其爲一「唯心的順世外道」），若依佛學系統乃屬眞心宗，故其論應名「眞心論」，不應以「唯識論」爲名。太虛之所以如此認定，乃援引昔所作〈佛法總抉擇談〉而加以論證的。太虛認爲大乘佛法皆圓說三性而無不周盡，但因施設言教，所依托、所宗尙之點，則不無偏勝於三性之一者，故析而分之則有三：

> 一者、偏依托偏計執性而施設言教者，多破尠立，以遣蕩一切偏計執盡，即得證圓成實而了依他起故。此以中觀等論爲其代表，所宗尙則在「一切法智都無得」，即此宗所云「無得正觀」，亦即「摩訶般若」。而其教以能「勵行趣證」爲最勝用。

> 二者、偏依托依他起性而施設言教者，有破有立，以若能將一切依他起如實明了者，則偏計執自遣而圓成實自證故。此以唯識等論爲代表，所宗尙則在「一切法皆唯識現」。而其教以能「資解發行」爲最勝用。

> 三者，偏依托圓成實性而施設言教者，多立尠破，以開示果地證得之圓成實令起信，策發因地信及之圓成實使求證，則偏計執自然遠離，而依他起自然了達故。此以起信等論爲其代表，所宗尙則在「一切法皆即眞如」。而其教以能「起信求證」爲最勝用。《太虛大師全書》冊四九頁 145～146）

由上可見太虛於三性之別，解說至爲精詳。若配合太虛所謂大乘佛學三宗而言，則偏勝於偏計執性者乃「般若宗」（性空宗），偏勝於依他起性者乃「唯

識宗」，偏勝於圓成實性者乃「真如宗」。此三宗因所托之性各有偏勝，因而即各有擴大與縮小之異，而「其擴縮之爭點，尤在心法」，「般若宗最擴大偏計執性而縮小餘二性」，「唯識宗最擴大依他起性而縮小餘二性」，「真如宗最擴大圓成實而縮小餘二性」（同上頁146～147），若不如此，即不顯偏勝之相，則不成宗別矣。

太虛即以此三宗三性以衡熊氏，認為《新論》乃「唯是反求實證相應故」，故「即知其論屬真如宗，以彼所計『實體』，即指『真如性』故，宗在直明直證真如性故。」（同上頁147）因此太虛認為熊氏所宗既別，雖亦自成其說，然襲用「唯識論」為題，並據自宗以非別有其宗之護法窺基之唯識學，殊不應理。太虛又云：「熊論以心以智以功能攝歸真如實性，即楞嚴所謂『本如來藏妙真如性』，若以此立其自宗，固無不可。然既許有染淨中容心所有法以為習氣，現前身心器物皆習氣俱行；且許佛果不斷淨習，不唯不斷，且須藉淨習增盛以成以顯。」（同上頁148）據此，不只護法窺基「唯識」之學足以成立，且「唯識論」即「唯習論」，亦為「唯行論」，因無事於性，唯事於習故也；依此則豈只唯識學可成立，即空慧學亦可成立。可見熊氏《新論》襲名唯識之未當，而欲斥護法窺基，實徒勞無功也。

由於三宗各有論據與立場，互不相奪而盡，遂成「各存而互容相攝」之局，各有其長，殊難定其高下優劣，故至此太虛只認為《新論》襲名唯識之未當。但太虛隨即又認為「佛法大乘之說，孰為至真極成，應定於一而正信解，安用三宗並存而談容攝耶？」（同上頁151）故又援引〈佛法總抉擇談〉中所云：

> 然此三宗，雖各有當，若從策發觀行而伏斷妄執以言之，應以般若宗為最適；……若從建立學理而印持勝解以言之，應以唯識宗為最適；……若從決定信願而直趣果覺以言之，應以真如宗為最適；……要之，「教」以真如宗為最高，而「教所成益」每為最下，以苟非深智上根者，往往僅藉以仰信果德故；於「教」以般若宗為最下，而「教所成益」卻為最高，以若能絕慮忘言者，必成妙觀而發真智故；於「教」以唯識宗為處中，而「教所成益」亦為處中，以如實了解唯識相性者，雖或進未行證，而必非僅能仰信故。（同上頁152）

顯然地，太虛雖認為三宗各有所當，但若以「教」及「教所成益」為繩準時，即不免有高下優劣之分。雖然「教」以真如宗為最高，但「真如教除極少頓

證者，大氐皆依以欣慕崇仰，而爲彷彿恍惚之揣摩耳。」（同上）因而其「教所成益」反而最下。太虛以「教所成益」判高下，雖非直接指斥熊氏，但隱然已含貶抑之意，因在太虛看來，熊氏乃一新賢首學，屬眞如宗，故其「教所成益」爲最下。太虛曰：「反觀熊論雖托本宗門曰：『夫最上了義，諸佛實證，吾亦印持』。究其語旨，亦推闡如來藏不變隨緣隨緣不變之說耳。而復推尊大易，傅合儒言，貌似頓證，實纔欣仰而已。」（同上頁 153）太虛又引昔所作〈大乘之革命〉，認爲「大乘法粗觀之，似與世間政教學諸善法同；細按之，大乘法乃經過重重革命，達於澈底之後——謂大涅槃，遂成爲法界事事無礙；其革命之工具，即二空觀是也」，「學華嚴、眞言者，未經過二空之澈底革命，亦不能達眞實之事事無礙」，從而說明「儒、道、莊、易之學，與佛法之懸別如是其遠，而熊論捆而類之」（同上頁 154～155），而益可見眞如宗之「教所成益」每爲最下，洵爲可信也。

綜上所論，太虛認爲大乘三宗於三性各有擴大與縮小，而擴縮之爭點則在心法，因而三宗於三性皆各偏勝其一，但大乘佛法皆圓說三性而無不周盡，故三宗雖各偏勝其一，而實亦含有餘二者。因其各有殊勝，實難判其高下，故太虛對爲新賢首學之《新論》，亦許其屬於眞如宗。不過，太虛亦認爲《新論》既爲新賢首學，屬眞如宗，即應名爲眞心論，而不該承襲唯識宗之名，題爲唯識論，故有襲名未當之失；而由襲名未當，亦可見《新論》雖以唯識爲名，然實屬眞如宗，因此欲以此眞心論以駁斥護法窺基之唯識學，自是徒勞無效，因兩者名雖同而實異，既是實異，則亦只能如三宗之各行其是，而無法以此代彼也。

然雖說三宗各有其當，但若以「教」與「教所成益」爲準時，太虛顯然即對熊氏有所指斥，因眞如宗雖於教爲最高，但於教所成益反而最小，不只不如於教爲處中之唯識宗，其教所成益足以「資發初信入大乘者之勝解勝行，益在由十信而十住十行十向」（同上頁 152），亦不如於教爲最下之般若宗，其教所成益足以「破相顯性，由加行入眞見，益成入地」（同上），而熊氏既屬眞如宗，因此其教所成益自亦無足觀矣！無怪乎太虛認爲熊氏《新論》，誠如賢首初列玄奘三藏譯場，以意趣不合而退，別弘杜順、智儼之學，而成華嚴宗，熊氏則初從內院歐陽遊，因所見不同，旋易塗改轍而自創新說；其學雖亦成說，而仍襲唯識之名，欲一蹴而踣護法窺基，但因已非唯識本義，襲名已誤，又何能以踣護法窺基耶！

三、計護法「能習混」之失

太虛又藉對梁漱溟《東西文化及其哲學》之批評，亦即〈評梁君漱溟東西文化及其哲學〉以爲論據，進而批評熊氏。太虛認爲梁氏所謂「人生三路向」（或「人生三態度」），亦即以生活意欲向外求增進，說明西洋古代及近代之文化；以處中調適，說明中華之文化；以向內求解脫，說明印度之文化，此「但言人世，雖覺甚當，統觀法界，殊不謂然！」（同上頁 155）因而加以刊定，認爲此三種文化及三乘共法皆屬「思議的障礙生活」，而只有分證的菩薩法界與滿證的佛法界，此種大乘佛法才是「不可思議的無障礙生活」（同上頁 156）。而梁氏又將佛家現量、非量與比量，說爲現量、直覺與理智，並以爲西洋文化是直覺運用理智的，中華文化是理智運用直覺的，皆引起太虛之反對。太虛認爲「非量原以指似現量、似比量者，梁君似專指似現量言。且直覺非不美之辭，在凡情之直覺雖屬非量，而聖智之直覺亦不違眞現量、眞比量，故成爲無得不思議之任運無障礙法界智。」（同上）故太虛曰：「由余觀之，當言佛法是由聖智的比量排除非量的凡情直覺，獲眞現量；起不思議無障礙法界之直覺而運用比量的。」（同上頁 157）〔註10〕不只批評梁氏，並進而批評熊氏，認爲「熊論不用聖比量以排除非量的凡情直覺，而反引凡情直覺以排除聖比量，又適成顛倒矣。」（同上頁 158）

因此，太虛認爲熊氏之排斥護法窺基之學，每成自語矛盾。如《新論》既自許「毋妨於無可建立處而假有施設，即於非名言安立處而強設名言」，太虛則舉《成論》「若執唯識眞實有者，亦同法執」，「眞勝義中心言絕故，如伽陀說：心意識八種，俗故相有別，眞故相無別，相所相無故」以駁之，認爲既可於非名言安立處而強設名言，「則護、窺之施設安立諸識、諸心所、諸分、諸種，孰不謂於第一義皆假非實者？」（同上）其餘如計護法視「宇宙實體，將爲分子之集聚，適成機械論」（同上），「舊師分析心識，歸之眾多種子，一如分析物質爲極微或分子、原子以至電子者然」（同上頁 159），皆有誤解以至自語相違之處。

自太虛觀之，熊氏若爲一新賢首學，自可成一家之言，自無不可；然因《新論》襲名未當，於護法窺基一系之唯識學，襲其名而改其義，不只不能

〔註10〕關於太虛對梁漱溟「人生三路向」之批評，可參閱楊惠南氏《當代佛教思想展望》（後簡稱《當代佛教》）四「太虛之『人生佛教』和梁漱溟之『人生三路向』的比較」。

如實了知，反多誤解。故熊氏於《新論》中，痛陳護法最謬者，莫如捉功能為習氣；但太虛認為用名定義，各有其權，熊氏「功能」義重在「直明實體，不在依幻習識用而彰相性」（同上），而護法之言功能、種子、習氣，自有其義，熊氏何可依己之功能實性，而遮護法之功能、種子、習氣？且熊氏之言功能，亦多自語相違，如其「亦說習種功用相需，『功能』『功用』為別幾何？」又「既謗無著以來『性決定』、『引自果』之種子義；他處又自許『即此無量種子各有恒性』。」（同上頁 160）如此等等，前後相違，取捨任情，實乖理也。

顯然太虛認為熊氏於唯識義誤解甚多，殊不知「夫六識聚，一切佛法所同立，七識依意根立，八識依各有情各有前後經驗之統持力而立；且依根、依境、依心所相應熏習異故，雖說八聚非一，但亦不說定異。經說八識如水波等無差別故；定異應非因果性故；如幻事等無定性故；諸心心所依相見分說自證體差別，而自證體唯現量離言故，別不可及。」（同上頁 160～161）雖然熊氏對唯識學之批評，主要乃針對護法一系，但由於太虛乃本佛法全體以立言，一切唯依其所當行而行，故不僅本護法之義以駁熊氏，並言及安慧，而歸於禪宗，以見熊氏之失：

> 安慧唯自證體，當可由此進明心體，故唯識觀遣虛存實，但遣妄執外境；捨濫留純，始唯心心所而無境；攝末歸本，始無相見而唯自證；隱劣彰勝，始無心所而唯識存；遣相證性，乃無識相而唯識性。若至遣相證性，遣相即般若，證性即真如；⋯⋯法性、法相，依證依教，則性前而相後：非不證真如而能了諸行，猶如幻事等，雖有而非實故。依行依觀，則相前而性後：唯識觀印所取空，般若觀印二取空故，智光三時依觀行判，戒賢三時依教證判，義各攸當，隨用無諍。（同上頁 161）

由以上所言，太虛認為古唯識義安立無動，而熊氏反多過咎，蓋一真法界心言絕故，出世間智不思議故，華嚴、法華、涅槃、淨土諸經，寄之詠歎，欲示輪廓，使生欣向；而真言之祕密，則微露於威儀聲音光色香味之事；楞嚴、起信稍有開發；禪宗則激之反究令自悟而已，終不以「名理」示之。龍樹、無著皆真覺中人，乃一以遮詮空執情，一以假說表幻事，雖熾言而皆導悟於言外，斯其所以為善巧。天台、賢首爭立圓教；日密橫分二教，豎判十心，藏密於教理唯宗龍樹、無著，故無增立；賢首尤恣談玄境，既滯於言解，反成鈍置（見同上頁 161～162）。太虛又引昔所作〈曹溪禪之新擊節〉為論據，

以為自達磨以逮曹溪，雖別傳之心宗實超教外，而悟他之法要不離經量，惟後時宗既混入荷澤等知解宗徒，而教徒亦強挺荊榛，故四教先亂般若，五教尤亂瑜伽，而至江西、石頭以下諸師，方或由旁敲側擊使親悟，或由電驟雷轟令頓契，然皆要期自證，不為語通，絕言思之妙心，終不用父母所生口為說。曹溪曰：「吾有一物，無頭無尾，無名無字，無背無面，問諸人還識否？」纔被神會喚作本源佛性，即呵之為「知解宗徒」。以說一切法雖不離這個，而這個終不能言陳出之，神會名作本源佛性，以為「假智詮」可得之，遂滯於名相知解中而失教外之傳。此與賢首等知解教徒，以諸美妙言辭，種種形容繪畫絕言思之一真法界，自謂超越先哲，能言龍樹、世親所不能言，殊不知先哲豈不能言，特以實非言思之所及耳！雖構種種形容繪畫之說，徒益名想之影，反障證悟之門，故曹溪呵之。（見同上頁 162～163）

　　顯然太虛認為教外別傳證悟之法雖亦不離經量，然大抵皆要期自證，不為語通，絕言思之妙心，以其實非言思之所及也，故能不滯於名相知解；而荷澤與賢首等知解宗徒，徒恃「假智詮」，以為以此即可得之，而實徒增名想之影，滯於名相知解，反障證悟之門。因此太虛認為屬真如宗之熊氏，既為一新賢首學，自亦如賢首等而為一知解宗徒，構作雖多，而障誤愈深。故熊氏以轉變，變，恒轉，翕闢，剎那不住等，及功能即實性非因緣義，一切人物之統體非各別義，與習氣非一義，舉轉變、恒轉、功能諸名，以能斥實性真體自居，在太虛看來，其視華嚴六相、十玄能上之歟？縱能上之，亦徒障悟門，此探頭太過也。而其不及者，以一切有為法皆緣生法，則心識亦緣生法，都無自性，而復說唯識在統緣生而轉染成淨，乃不依無始「許多不同之聯繫，更互相依持，自不期而具有統一」之賴耶，末那施設有情界，則生死流轉義不成，而涅槃還滅義亦失！乃曰：「夫有情業力，不隨形盡，理亦或然。」付之或然，則不免斷見！而別言宇宙生生不容已之大流，則類「耶和華」、「大梵」一神之常見，此於有情相續亦未能充分說明。而以恒轉翕闢之變，成色成心，酌「太極兩儀」與柏格森「生命衝動張弛」及天演「元氣抵吸」之流，聊成一說；較之於「一切種起一切現」，「一切現熏一切種」，「熏起無始」，「依變無始」，「依我執習氣成自他別」，「依有支習氣成界趣別」，尤不啻處幽壤而望朗霄歟！（見同上頁 163～164）

　　以上乃太虛論熊氏計護法「能習捉」之失。熊氏從護法入，以意趣不合，對護法所言頗多不滿，而尤以功能、習氣等義最受其批評。但太虛認為用名

定義，各有其權，熊氏自可襲其名而變其義，而實不能據此以遮護法，因護法亦自有其本義在。無疑地，太虛仍是本護法本義，以駁熊氏誤計護法「能習掘」等諸失，認為用名定義，各有其權，護法所言自有其系統，在此系統內，護法自亦有其精意在，而熊氏在此系統外橫施評破，則甚無謂，此則頗為的當。除此之外，太虛亦從內在理論以駁熊氏，此因涉及立場之異，故較主觀，不似前者之較為客觀。太虛雖不偏主唯識宗，但於唯識學仍用力甚多，頗忠實於護法，因此不太能從熊氏認為唯識理論之不圓融處，多所反省，而以之以駁熊氏，亦只能本其立場為護法圓說，故使其批評減弱不少。

　　熊氏從護法入，又從護法出，自抒所見，欲以繩正護法舊義，然其所言之功能、習氣等，太虛則認為亦常常前後相違，任意取捨，而不得圓融。除列舉熊氏自語相違之處甚多外，太虛並本全體佛法以評熊氏，從理論上指出其不足。太虛認為熊氏所言功能、恒轉、翕闢、轉變、剎那生滅等義，其視華嚴六相、十玄猶不能上之，更何況其所不及者。而即使能上及華嚴，亦徒障悟門，因其亦只成一專恃「假智詮」之「知解宗徒」而已。太虛之所以如此認為，顯然基本上仍是本著佛家立場，即使對熊氏之反駁不似劉定權激烈，但終究是站在反對立場，因此對《新論》未為圓融之處，雖能言中，但顯然對《新論》之精意所在，並不能如實了解，予以肯定，不免有因小失大之嫌。不過，由此亦可見因立場之異，雙方往往互相攻難，至於客觀而相應地了解對方，其可能性顯然並不高。

第四節　「般若系」立場之反駁──印順〈評論〉

　　印順系出太虛門下，但與乃師之立場不盡相同。太虛乃站在「人生佛教」之立場，雖主「法相唯識」，但對其餘各宗各派亦能融通兼攝。印順則站在「人間佛教」之立場，其判教思想，乃建立於印度佛教在時間流變上之轉化。〔註11〕對全部佛教，雖曾曰：「我不說『愈古愈真』，更不同情於『愈後愈圓滿，愈究竟』的見解。」（《說一切有部為主的論書與論師之研究》序頁 3）但顯然地，其對原始佛學及初期大乘佛學，即龍樹之中觀學，亦即其所謂的

〔註11〕參閱楊惠南氏《當代佛教》頁 249。又關於太虛「人生佛教」與印順「人間佛教」，可參閱楊氏前揭書之第三、四、五、六等四篇，江燦騰氏《現代中國佛教思想論集》（一）之第二、三兩章。

「性空唯名論」一系，最是讚美；而認爲愈是晚期的佛學，愈有可能吸收婆羅門教之外道思想，故凡主如來藏、佛性、常樂我淨等思想之經論，大抵受此外道思想影響，以致與原來純正佛法有所出入，故對眞常系，不論重義理之天台、華嚴，或重修行之禪宗、淨土，大體皆採貶抑看法。而熊氏《新論》在其看來，無乃近於眞常系，故須加以反駁，其〈評論〉即站在以原始佛學及中觀學之「人間佛教」立場，亦即本著「般若系」立場，而對近於眞常系之《新論》作一嚴厲批評。

〈評論〉在唯識學方面，因唯識系者之批評已極多，故只從大體上略論一二；對熊氏所建立之理論，亦不多批評；而專注重於《新論》對佛法有特別關係處，作一分判，以見是非。共分「引言」、「佛法與玄學」、「入世與出世」、「融會與附會」、「空宗與有宗」、「性相與體用」、「心與物」及「相似證與顚倒說」等八項有系統地批評《新論》，茲順其理論內容，前四項可總歸爲一項，餘則可各爲一項，故可分五點述之，一、儒佛之辯，二、空有之辯，三、體用性相之辯，四、心物之辯，五、體證之辯。

一、儒佛之辯

印順於「引言」中對熊氏作一總論，認爲熊氏乃一「玄學的唯心論」，「發揮即寂即仁的體用無礙說，誘導學者去反求自證，識自本心。」〔註 12〕自有其苦心在。關於此，印順之評略嫌不恰，蓋熊氏之學既是「反求自證，識自本心」，故與一般高唱唯心或唯物之玄學者實不相同，其學無乃是一本體論、宇宙論，而更著重於人生論，此三者合而爲一的「體用不二」論或「體用合一」論。印順又認爲《新論》「融佛之空以入易之神」，雖非確當，要亦有兩點值得同情：「一、『行業』與『空寂』，爲佛法兩大論題。依行業而有流轉與雜染，依空寂而有解脫與清淨。在近代學者的著述中，能尊重此義，極爲難得！二、關於儒、佛，《新論》不說三教同源，不說儒、佛合參，不說『眞儒學即眞佛學』；關於空有，不說空有無諍，不說『龍樹無著兩聖一宗』」（《無諍之辯》頁 1～2）顯然地，印順乃站在般若系立場，以緣起法爲佛教正信，而對眞常系將行業、空寂混而不分，並言三教同源，是不許可的，而熊氏《新論》雖近於眞常系，卻能無此過失，故認爲其「自有常人所不及處」（同上頁

〔註12〕《無諍之辯》頁1，後引〈評論〉文均此。

2）。然終覺其不免附會，故自此以下，即對熊氏展開一連串批評。

首先，印順認爲佛法之動機，不外乎爲己的「出離心」，爲他的「悲愍心」，此現實的苦迫，惟從察果明因中，正見苦迫之原因何在，而後予以改善，才得蘇息，故佛法之中心論題，並非本體論，乃是因果相關的緣起論。不僅世間因果如此，即使無爲涅槃，亦必從依彼而有必依彼而無之法則，故亦是「此無故彼無，此滅故彼滅」。大乘極唱的本性空寂，亦是從緣起極無自性中深悟得來。故依緣起現爲緣生，明事相與事行；依緣起而體見寂滅，即顯實相與理證。緣起論乃不落有無、常斷等邊見，是徹上徹下，即俗即眞，不拘於事相，不蔽於理性，故是「處中之說」。印順即以此，即佛法乃緣起論，而非本體論，來批評熊氏「即用顯體」之學，認爲《新論》『體用說』的根本假定，根源於滿足求知的願欲，爲了給宇宙以說明。」（同上頁 3）然一切法皆是緣起法，宇宙萬象皆因緣而有，則如何可立一不依緣起法的本體以爲宇宙之根源？而熊氏爲說明宇宙而立本體，即犯此失。

印順認爲熊氏之犯此失，乃爲滿足求知願欲所致，而佛法則非如此。佛法之說涅槃，說空寂，並非即以此爲宇宙本體，乃是深入緣起本性而自證的，依緣起因果以明現象，亦依之以開顯實相，依之成立世間的增進行，亦依之成立出世的正覺行，若離此緣起中道而說，即難免與神學同化。《新論》不知此，離因果緣起而說本體，說勢用，說轉變，說生滅，縱然熊氏自以爲其本體並非是猜度的，而是反求實證相應故，與一般玄學者不同，但依佛法觀之，作爲萬化根源而予宇宙以說明的本體，不管是向內或向外，皆是情見戲論之產物，即神之變形。印順更說明執有本體者，妄構一類似神般而能造作一切之錯誤，乃根源於現實經驗及其錯亂。由於不悟時間之延續相，亦是緣起如幻，而執取之，設想宇宙有一原始，而生尋求宇宙根源之願欲，因而以爲有獨一自在之神，或懸擬一萬化根源之本體等種種妄想推求。熊氏所言之神化，雖不以時空觀念去理解，然此至神至怪之神化，乃推原萬物之始，其初凝也，不外流行猛疾所致，一翕一闢，故始凝而兆乎有；印順認爲如此從至無而始有之宇宙，亦何嘗脫離時間情見？若眞超越時空，則又何必談萬物之原始？

綜上所論，印順本緣起法而批評熊氏之本體論，實是一「神我論」者，而熊氏於《新論》亦批評佛家乃前門謝絕天神（大自在天），後門延進神我，亦是一「神我論」者。雙方雖互責對方爲神我論者，然其所指責者則有不同。熊氏誤以佛家亦言本體，故將種子、眞如等誤以即是本體，殊不知佛家乃一

無我論者、無體論者，皆只抒緣生法之義，不可執實以求。〔註 13〕然佛家於此亦易啓人疑慮，蓋一切既是因緣所生法，眾生無固定不變之自性，故眾生有成佛之可能；亦因一切皆是因緣所生法，不立本體，則眾生亦無成佛之必然性與可能性之保證。亦即眾生若非緣起性空，而具常住不變之自性，則無論如何化度之，其仍是不能轉化；然亦因其緣起性空，即使眞如、涅槃，亦是不能說，不可執爲實有，故無本體，則其如何能有根源力、動源力，以轉化眾生、世間？此不立本體，在佛家自無問題，因其重在修證，不在理論，而在非佛家者言，自不免以理論視之，覺其有「無體」之失。熊氏即是以此視之，認爲欲免此失，即須立體，熊氏即因此誤以種子、眞如等皆爲本體，更誤以其乃一「神我論」者。而印順之以熊氏爲一「神我論」者，亦不恰當，蓋熊氏固言本體，但其本體乃一「即用識體」之體，並非離用別有一體，乃是體用不二，體用合一，故非與「神我論」者之言有一創造神同一類也。

熊氏與印順對本體之所以看法不同，實因對佛法之理解不同所致，熊氏近於《大乘起信論》立場，走眞常系路子，故言本體；印順純是空宗，自以般若系爲尚，一切皆因緣所生法，無須立體，故楊惠南氏曰：

> 印順導師堅持不追求渺不可知的本體，這一態度，的確標舉出佛法
> 和世間學問的不同處，而且是上承了原始佛法不回答形上學問題的
> 基本精神。（《當代佛教》頁 257）

印順不言本體等形上問題，此正佛法之所以爲佛法，而與世間法最大之殊異處也；然亦因此殊異，則雙方皆以己衡彼，即不免有以己爲是而以彼爲非之主觀意識在。因此，熊氏要求佛家亦須立體，固是不解緣起法；而印順以本體論與緣起論分判儒佛，認爲熊氏誤以佛家緣起論爲本體論，並尚言本體論而成「神我論」者，實皆戲論，此中前半言熊氏誤解佛家緣起法，亦尙中肯，

〔註13〕林安梧氏曰：「依印順，則佛法絕不同於本體論，佛法是一解構本體的理論與
　　　　實踐行動，它是一無我論者、亦是一無體論者。」（《當代儒佛論爭的幾個核
　　　　心問題──以熊十力與印順爲核心的展開》（後簡稱〈以熊、印的展開〉）頁
　　　　158）此中以「解構本體的理論與實踐行動」一語來概括佛法，甚有理致。林
　　　　氏又謂「佛法若就其理論大致看來，它仍然有其本體論，當然這種本體論並
　　　　不同於西方傳統哲學所謂的本體論，而是一種特殊的本體論，即可以名之曰：
　　　　佛家的本體論（或佛家的存有論）。」（同上）此種特殊的本體論，亦即是林
　　　　氏於稍後所言的乃「著重的是『破』」，「以不立立」的一種本體論。不過，即
　　　　使以此「特殊的本體論」來稱謂佛法，不知堅持佛法爲一無體論的佛教中人
　　　　是否能同意？

然後半以熊氏言本體而成「神我論」者，則又不解熊氏「即用識體」之旨矣。

印順又從入世、出世觀點言儒佛之別。印順認爲據《阿含經》，於如實之自證中，世間與出世，都是閒話。在一般心境，安於現實的世間，或不滿現實的出世，皆是情見。佛家從涅槃見中，開發「空相應緣起」之智見，若能契合，則不只是出世，更是入世（不是戀世）。佛家說緣起、緣生，並不言生生不息之至德，因生與滅是平等觀的，由「生者必滅」而「滅者不起」，故言「此生故彼生」後，必言「此滅故彼滅」，如此解脫才爲出世，而眞出世才是眞入世。此出世以信、戒爲基，正覺甚深緣起，不僅通達因果的秩然有序——法住智，且悟入緣起的性自寂滅。即使無餘涅槃，亦是「離欲、滅、息沒已，有亦不應說，無亦不應說，有無亦不應說，非有非無亦不應說」，「生亦不然，不生亦不然」，而但說「甚深廣大無量無數皆悉寂滅」（同上頁11～12）。可見佛家之空寂，確與出世有關，如不能出世，即無此非一般玄學所及之空寂；然此出世卻非如一般人所了解之出世，而是含有入世精神之出世。且出世或戀世，常因時代、環境等不同，而不可強同，戀世有其長處，而出世亦未必如熊氏所謂的「根本差謬」。

印順亦言儒家文化乃代表庸眾之人生觀，缺乏出世思想，局限於平凡淺近之現實，於天地間之生生不已，雖亦感到「天地不與聖人同憂」，雖然終究歸於未濟，但到底傾向生之愛好，深覺宇宙間充滿生之和諧，一片生機！故將天擬人化，稱之爲「天地之大德曰生」，「上天有好生之德」，故將物種的「仁」，說爲道德之根源，即生生之機。印順認爲「《新論》也稱生生不息的眞機爲『仁』，仁也即是從能生的桃仁、杏仁推想而來。這與種子有多大不同？」（同上頁30）印順又以爲儒者只欣賞生生不已之生機，故說「仁」；卻沒見到老子所言：「天地不仁，以萬物爲芻狗」，這一面乃是滅滅不已之殺機，即「天發殺機」，故說「不仁」。現實即是如此，有生亦有滅，儒者言生生不已而以仁爲本體，可說是有所見而有所不見。

印順既認爲儒者有所不見，故對熊氏本此生生不已之仁體，而言佛家於此仁體無生而生之眞機，不曾領會，但見爲空寂而已，亦不能贊同。如《新論》之言無餘涅槃，曰：「入無餘涅槃時，以惑盡故，得出離人間世或生死海；而個體的生命，乃與寂然眞體契合爲一。」如此之無餘涅槃是什麼？其有世間可出離否？其有生命可與涅槃冥合否？此眞不解佛家涅槃之義。且《新論》以儒家之仁即是空空寂寂，無需出世空慧之融冶，印順則駁之曰：「其實，儒

家何處說仁是空寂的？讚美空寂而怕說出世，即是『新論』的根本情見！」（同上頁 14）

　　印順更藉《新論》一二三相反相成之方式，來肯定佛家之出世勝於儒家之入世，其言曰：「庸眾的愛樂的人生觀，是一——正。生死的毀訾，否定我愛根源的生生不已，是二——反。出世，不但是否定、破壞，而更是革新、完成。行於世間而不染，既利己更利他，精進不已，是三——合。」（同上）如此方是出世，而真出世即真入世，出世不僅是否定，且富於肯定的建設性。儒道兩家有其價值，而佛家之出世人生觀，亦有其徹天徹地之輝光，而熊氏何可以儒家精神而不滿於佛家之出世觀？

　　綜上所論，印順與熊氏對出世入世觀念，顯然不同。熊氏以儒家入世，知其不可而爲之之精神以視佛家，自易以佛家之出世淪於沉空滯寂，以至毀生人之性，故起而矯之，雖不免誤解，然實與其時代環境有關，並有其義理上之需求；而印順駁之以佛家出世法本義，亦甚的當；然佛家畢竟偏於出世，而少言及入世，於理上，雖可言真出世即真入世，而於事上則未必然，且佛法傳入中國將兩千年，不可謂不久，然其究竟之出世法對此世間，不但不如儒家之正面地振奮人心，且常成爲人心消極地逃避苦難之處所。何以如此究竟之法，卻有如此不究竟之果？縱可歸究於眾生之愚昧，然既不能導眾生出無明，以歸於正覺，則何以言究竟乎？亦無怪乎歷代之儒者，常有闢佛者，熊氏之反對出世，即是基於此也。而出世與入世之別，關鍵即在立不立體，林安梧氏對此曾加以分判：

> 熊氏的理解，不管儒家還是佛家總要立個「體」，不能說不要「體」；但依印順看來，立個「體」，這就墮於惑見，根本不須要體；印順顯然的是從作用層次來收攝一切，而瓦解了那個「體」。熊氏探求的是「真我」，而印順所著重的是「無我」。前者的思維方式是正面的，Positive，而後者則是負面的，Negative；前者著重的是「立」，而後者則著重的是「破」。前者是立其所立，後者是以不立立。（〈以熊、印的展開〉頁 161）

熊氏是「立其所立」，故不論如何總是要立體；印順則是「以不立立」，從作用層來收攝體，最後則將體解消於無形，故不須要體。此是兩造爭論之所在，亦是儒佛之大別也。

　　又印順以儒家之仁說爲物種之仁，類似有宗之種子義，此則不了儒家言

仁之義。蓋儒家言仁爲萬物之體，爲道德之根源，乃取其生生不息之義，因其生生不息，有似物種核仁之能生物，故取以爲譬，而有宗言種子，多至無窮，而生無窮現行，恰與儒家之仁，取譬相反，而印順誤以兩者同一取譬，實有不解儒家由此仁體推擴而及於天地萬物，所謂「親親而仁民，仁民而愛物」之義也。

印順於上辯別儒佛之異，並對熊氏之誤解作一反駁後，即對熊氏《新論》對佛法是融會還是附會作一分判。蓋熊氏曾言《新論》乃「融佛之空以入《易》之神」，「《新論》實從佛學演變出來，如謂吾爲新的佛家，亦無不可耳！」此實是佛門子弟所最難接受者，無怪乎印順會對此而作反駁。

印順以爲熊氏於般若及唯識，有所取，有所破，在修持上，則同情禪宗，然當問及天台、賢首，熊氏則顧左右而言他，認爲台、賢，其淵源所自，亦不外乎大有大空，乃大有大空之支流，故可勿論；印順認爲熊氏雖一言帶過，然《新論》確實有所取於台、賢等，熊氏輕輕避開，「不是掠美，便是藏拙！」（《無諍之辯》頁 16）因若以本體的生起而言，《新論》與《大乘起信論》以眾生心爲本體，「能攝一切法，能生一切法」，華嚴宗之「性起」系統，天台宗之「性具」系統，以至禪宗所謂之「何期自性能生萬法」，大有相近之處；且其所說「舉體爲用，即用爲體」，「稱體起用，即用顯體」，「全性起修，全修在性」等，及「海漚」、「冰水」、「藥丸」等喻，台、賢學者，甚至北朝地論學者，早已言之。如此則何可說台、賢不外於大有大空，而《新論》果眞無所取乎台、賢？《新論》實近於眞常系，印順認爲此系在印度與婆羅門教合化，在中國與儒道混融，故本佛家本義，自不能贊同。（見同上頁 18）

熊氏雖有所取乎眞常系，有所會通般若與禪宗，然印順以爲「佛家所契證的，即悟入一切法、一切眾生心的本性，是眾生 —— 其實是一切法所同的。而儒家，無論說仁、說良知，都是人類異於禽獸的人的特性。」（同上頁 19）因此不能以此依稀彷彿之會通，片言隻字之截取，即言儒佛同一見體，則《新論》何可言融會佛法？印順認爲熊氏不但沒有融會佛法，而是掠取佛教皮毛，作爲自家創見，而附會到儒家。如《新論》所會通的般若空寂，破除情見等，儒家於此仁體之空寂，並無說明，而《新論》概以「引而未發」，「恐人作光景玩弄」等「莫須有」法掩飾。（見同上頁 20）如此截取兩家片言隻字，兩相湊泊，不只不是融會，直是附會而已。

其實，不論是融會或附會，熊氏之改作《新論》，實乃以「六經註我」之

方式，即六經皆爲我用，而非「我註六經」式之學究考據，誠如林安梧氏所言：

> 正因是其自家生命的内在要求，故熊氏並不是以學究的方式研究學問，而是以「六經註我」的方式作學問，他所著重的是如何去抉發諸經典的精粹所在，而不著重其理解的是否夠客觀。（〈以熊、印的展開〉頁 166）〔註 14〕

觀熊氏全部著作，大抵皆不重考據，完全乃本其自家生命之所體會，故不只對佛法有所誤解改造，即對儒學亦常以己意爲準而加以斷定，此亦是熊氏被批評不客觀、不嚴謹之因。然雖如此，《新論》亦有其價值，蓋熊氏著重於抉發經典之精粹所在，加以新的詮釋，賦予時代新意，而非著重其理解是否客觀相應，若以此而觀，或可較了解熊氏著作之意。

二、空有之辯

熊氏以「破相顯性」概括空宗，以爲空宗「遮撥現象以顯實體」，此在印順看來，無乃是不解空宗深義。印順以熊氏一面言空宗遮撥現象，無疑是破壞因果的惡取空，因空宗乃「不壞假名（不破現象）而說實相」（《無諍之辯》頁 22），其實，空不但不破一切法，反而是成立一切法；一面又言空宗密意本在顯性，然綜觀《般若經》與龍樹諸論，並無有說「實性不空」者，印順引《般若經》所常言：「爲久學者說生滅不生滅一切如化」，「眞如非有性」及「涅槃亦復如幻如化」，以明空宗並非「形而上的實在論」（同上頁 23），故說一切法性空，並非如熊氏所說的計有「實性不空」者。空宗的本義乃說一切法皆如幻如化，如幻如化的一切法，但有假名（即假施設義）而自性畢竟空，以此一切法畢竟空爲了義、究竟的，才是空宗。熊氏所言「破相顯性」，實非空宗本義，不但不是空宗的空，印順更以爲其乃空宗的敵者有宗所常言的。

印順認爲若以一切法空是不了義、不究竟，有些空有些不空的，即是有

〔註 14〕「六經註我」一語乃象山語，《象山全集》（中華書局，民國 68 年 7 月，三版，台北）卷三四〈語錄〉：「學苟知本，六經皆我註腳」（頁 1），「或問先生何不著書？對曰：六經註我，我註六經」（頁 4）。象山之學以明心爲本，宇宙萬理皆不能離心而獨存，故立志作聖賢，只須於心上下工夫，自能先立其大，而能先立其大則六經等典籍，即皆成爲我之註腳，蓋象山認爲六經，不過乃心體外顯之跡而已。熊氏亦如象山著重於心，故對典籍亦如象山，不斤斤於字句訓詁，而重在抉發其精意，以印證吾心。

宗。大乘有宗，雖有兩系，而熊氏言「破相顯性」，無非受其影響。一、虛妄唯識論，以虛妄生滅的依他起爲本，此生滅之有爲法，雖是妄有但不可說爲空，若說爲空，即無雜染之生死，則亦無清淨之涅槃。惟有妄執的徧計所執性，才是空的；而由空去徧計所執所顯之圓成實性，此圓成實性不空，因其因空所顯，故亦稱空性。《新論》所言「破相顯性」，即由此學來。二、眞常唯心系，以眞常淨心（淨性）爲不空，有無量稱性功德，亦可稱之爲空性，亦即此眞常淨心從不與雜染相應，不爲雜染所染，而非說實體可空。然此眞常淨性，無始來爲客塵所染，無始來即依眞起妄，眞性雖不失自性而隨緣，但有如幻如化的虛妄相現，此虛妄幻相則可說爲空。《新論》近於此系，其「破相顯性」，豈非由此而來？（見同上頁 25～26）以上兩系雖有所殊異，但皆與空宗不同，空宗之言空與有，乃相成而非相破，空是無自性義，不是破壞緣起義，一切法皆緣起有，相依相待而存在，而凡因待而有，即是無自性，無自性故是空；亦即緣起故空，空所以是緣起有。此與唯識系之執有虛妄的雜染生滅法固不同，與眞常系之幻計有一實體爲現象之根源亦不同。

　　由於熊氏之不會空宗，故將有宗「破相顯性」誤以爲是空宗，根本不了空宗，即連解說《心經》，亦似是而非，如一、《新論》雖說「都無實自性故，即皆是空」，但說「析至極微，分析至鄰虛」，僅是分破空，而不知自性空，故落於空是破相的妄執。二、經文「色即是空」，雖可解爲「此色法即是離相寂然之眞相」，但「空即是色」，卻不可反過來說「此眞如即是幻相宛然之色法」，而增益爲「離相寂然眞理，即是色法之實性」。三、本「眞性不空」之成見，以爲「心經空五蘊，即令一切法都盡，而不空無爲，所以存性。」殊不知《心經》明說「無智亦無得」，無智即無能證得的現觀，無得即無所證得的眞如無爲。即此《心經》皆不會，何況三藏十二部，如何會得？（見同上頁 28～29）至於有宗，印順認爲熊氏之批評不至像對空宗那樣根本不會，但從根本體系而論，則非正確。印順以爲有宗亦是緣起論，以因果能所成立一切法，即使唯識家言並非究竟了義，但始終嚴守緣起論立場，而熊氏將其變爲宇宙論或本體論，是以己意橫加於人，根本是出於佛法之外。又唯識家言種子與現行，熊氏以爲犯兩重世界之失，然其實《成論》已明言：「此（指種子）與本識及所生果，不一不異，體用、因果，理應爾故。」從種子與所依本識現行說，從種子與所生現行果事說，皆不一不異，並非隔別對立。種子生現行，現行熏種子，皆是「因果俱有」、「因果同時」，並非如《新論》之斷

定爲「種現對立」。至於種子與眞如，熊氏以爲犯兩重本體之失，則更荒謬，因唯識家言種子，乃作爲「潛能」而言，此潛能與現行，乃互爲因果，無始以來法爾而有，何可將種子稱爲本體？（見同上頁30）〔註15〕

以上乃印順對空有二宗之分判，及對熊氏誤解空有二宗之反駁。顯然印順與熊氏對空宗之理解是不同的，熊氏以「破相顯性」概括空宗，乃是從「體用」觀念來理解空宗，而印順當然是從「緣起性空」來理解空宗。

熊氏以「體用不二」立論，此乃其出入儒佛，由佛返儒，而後歸宗《大易》之定論。既由佛返儒，即是以佛法有所不足，對於空宗雖較能契合，認爲其以般若空慧空一切法相，對此種遮詮方式亦表贊同；然又認爲其破相即爲顯性，而其性則有沉空滯寂，無有生生不息之失。顯然熊氏是以體用觀念來看空宗，認爲其必言體用，然其體用終不如己之「體用不二」，即體即用，即用即體，故雖有所取其般若空慧，但卻認爲其乃性相二分，破相乃爲顯性，故有「破相顯性」之論。蓋佛家不言本體，即使言體亦只是假言施設之體，而熊氏本儒家義言本體，則其體必是一恒常不變、一眞絕待之體，以此本體以衡空宗之緣起法，則必謂其「破相顯性」矣！

印順宗主般若系，通過「緣起性空」來理解空宗，自是當理。空宗只是但名無實，自性皆空，其於本體論、宇宙論，無須涉及，因佛法畢竟著重人生問題，故於一切法，只說明其眞相是空即可，故無性相二分之問題；至於其眞性如何，是否需要本體，則非其所關心。印順更指出只有有宗才言「破相顯性」，將性相分爲兩層。蓋有宗之興，乃欲矯空宗一往破空之流弊，故必施設生滅的有爲法，然此有爲法乃虛妄的，於此有爲法外，則有不生滅的無爲法，此無爲法乃眞實的，而其言有爲法、無爲法，實有截然二片之嫌；故眞常系起，必設想有一恒久不變、一眞絕待之體，然此體亦只是如如不變，只是無爲，而非無爲而無不爲。熊氏出身有宗，而近於眞常系，又不解空宗，故誤將有宗「破相顯性」而加之於空宗。

印順亦提及熊氏誤解有宗之處，大抵皆本唯識家義而論。熊氏確有誤解有宗之處，如其皆本唯識家義，則亦無須以「新」名其著作，而爲《新論》。

〔註15〕印順雖提及歐陽解說「雙重體用」，稱一眞法界爲「體中之體」，種子爲「用中之體」，因此使得熊氏誤以其有「兩重本體」之失，但印順於此只說「這可見立義的不可不愼！」除此之外，並無多分說。關於歐陽之「雙重體用」與熊氏誤計爲「兩重本體」，於前第二章第三節（三）「種子、眞如同爲本體之失」已有詳論，故此不再贅述。

三、體用性相之辯

熊氏以「體用」立論，不盡沿用佛家所言之性相，據其自稱其深意乃在「即用顯體」，「用依體現，體待用存」，與佛家之「離用言體」不同。蓋若說為法相、現象或形下，即指已成物象而言，若此則易成執，障礙真理，不能掃萬物以歸真。印順認為熊氏如此分辨性相與體用，貶抑佛家，實不如理。殊不知在一般「因果」、「體用」、「理事」或「真俗」中，或說性，或說相，二者可互用，並無嚴格差別；惟有在「能所證知」之認識論中，才有「以相知性」，「泯相證性」之相對意義。佛法本不以性相為對立，性相之對立深刻化，實成於中國真常系之手。據《阿含經》，佛稱世間法為行，亦稱有為，視宇宙為流行的，力用的，即生即滅而流轉不已的存在，說相說性說體用，皆依此根本而施設，而觀流轉不已之諸行為無常無我而證涅槃，說為不生不滅的無為。然說為生死與涅槃，有為與無為，世間與出世，不過為「初學者作差別說」，並非條然別體；而其實是「諸行性空即涅槃，有為實性即無為；即色即空，即空即色；即空即假即中。」（《無諍之辯》頁 34）

佛家亦無有以真如實性為體，考《般若經》真如十二名，《辨中邊論》六名可知；而以真如實性為體，蓋起於南北朝的中國佛學者。若純正的佛法乃僅認有相對的自性說為體，從存在的關係業用說為用，體用乃不一不異，如幻相現而本性空寂。直從當前的因果入手，由雜染因果到清淨因果，從緣起到空寂，故於幻化之因果相，以世俗諦觀之，承認其相對真實性，而於究竟實相第一義諦中，亦是不容破壞。《新論》因不知幻相宛然之不可遮撥，計有「至神至怪」，稱為「神化」的一闢一翕之用，大談「即用顯體」，不知佛法非玄學，非是遮撥現象而談「即用顯體」，而是不撥現象的「即俗而真」。（見同上頁 35）

印順又言佛家，尤其空宗，決非如《新論》所言之「離用言體」。天台學者認為證悟有見真諦及見中道二者，見真諦即見空寂而不了假有（並不是執為實有），見中道是證真空即達俗有，即空即假即中；西藏所傳龍樹中觀見，亦有二家，一主「絕無戲論」，一主「現（有）空雙聚」，此可見離用契體（應說泯相證性），及即用顯體（應說融相即性），於空宗學者而言，乃同時並存。龍樹解「一切智一心中得」，有「頓得頓用」及「頓得漸用」二說，故論證得，決非離真有俗或離用有體；論智用，則因根性不同，可有頓漸差別。（見同上頁 36）不僅不「離用言體」，亦非如熊氏所謂「佛家語性體，絕不涉及生化之

用」，「不肯道眞如是無爲而無不爲，只說個無爲」。印順引《維摩詰經》：「依無住本，立一切法」，「不動眞際建立諸法」，及《中論》：「以有空義故，一切法得成」，皆可明佛家不只能說生生化化即是空寂，亦能說空空寂寂即是生化，實非如熊氏所謂的「空寂中無有生化」。（見同上頁37）

印順最後總結說，熊氏之根本謬誤即以佛法之泯相證性爲離用言體。殊不知無爲與空寂，固可說爲有爲諸行之否定，但此非自性之否定，其當下即含攝否定之否定，此否定之否定，從「寄詮離執」之引歸自證說，即說「無常」而「非有無常」，說「無爲」而更說「非無爲」，說「空」而更說「空亦復空」，說「無生」而更說「無不生」，乃至五句都絕。有纖毫自性可得，即不能實證，故說「凡所有相，皆是虛妄」（切勿作「破相」解）；同時，此否定之否定，從「離執寄詮」說「不生滅與生滅無二」，「畢竟空中不礙一切」，「惟佛與佛乃能究竟諸法實相」，實相即「如是性，如是相，如是體」等，亦即「不可以言宣」而唯證方知之「寂滅相」，即如實的緣起性相、體用、因果，故說「離一切相，即一切法」（切勿作取相解）。一切皆依言施設，爲對治眾生之「實體」執，故說法性如虛空，爲適應實際需要，故每先證入畢竟空性，豈如《新論》所謂「離用言體」，又何可說爲「眞如只是有爲法依托此世界而顯現其中」？（見同上頁38～39）

綜上所論，熊氏乃以「體用」觀念來看待佛家性相問題，自難相契，即使在《摧記》中對印順之反駁作一回應，仍是堅持基本立場。印順認爲佛法根本問題只在人生論，只須於如幻相現中，證得本性空寂，不撥現象而「即俗而眞」，自無須涉及宇宙論、本體論等「本體生起論」問題。若以佛法本義，印順之駁熊氏，自較熊氏理直。然佛家只言人生論問題，並不表示人生只有人生論問題；除人生論外，更有宇宙論、本體論等問題。熊氏之所以以「體用」觀念來思考一切問題，即因其不只欲解決人生問題，更欲解決宇宙、本體等問題，亦即通貫人生論、宇宙論及本體論，其言「即用顯體」、「承體大用」，即是以一「本體生起論」來解釋人生，以及人生以外之宇宙、本體等更細微問題。此「即俗而眞」與「即用顯體」之異，亦即如林安梧氏所言：

> 「即俗而眞」可以不涉「本體的生起論」的立場來思考問題的，「即用顯體」則明顯的是站在「本體的生起論」的立場來思考問題。（〈以熊、印的展開〉頁179）

不過，林氏亦強調「熊氏的『體用合一論』雖是一『本體生起論』，但此又不

是印順所理解的『神化式的本體的生起論』。」（同上）若以此而論，則熊氏以「本體生起論」之立場來改造佛法，實有其苦心深意在。

熊氏與印順兩人立論不同，實亦因其立場之異，一儒一佛，儒重入世，故必立體，才能於此世界有所作為，否則即成放蕩無主；佛重出世，故無須立體，才能證入涅槃，否則輪轉沉沒，永無出離之期。

四、心物之辯

熊氏認為唯心論者以心為本體，而視物為其所派生，與唯物論者以物為本體，而視心為其所派生，兩者皆有心物二分，即體用二分之失，故將心物皆歸為用，因此二勢用相反相成，而即於用上見體，此熊氏理論之精要也。歷來言心物者，大抵以體用言，未發之時為體、為心，已發之後為用為物，即如陽明之言「即本體即工夫，即工夫即本體」，體用雖仍不二，然終有體用分為二段，多此一舉之嫌。熊氏於此，將心物平列而談，皆歸於用，而即於用上見體，體用無二分之失，實有進於前賢者。熊氏並認為佛家解析心色（物），亦只平列而談，未以色攝屬於心，然與己所謂心物義並不相同，其骨子裏已近二元論，此則引起印順之駁難。

印順認為佛法言心色，乃相依互緣而各有特性，「名色緣識，識緣名色」，確是心色平等的緣起說；然卻非如熊氏所謂的二元論，因佛法說色乃變礙義，心乃覺了義，說色說心，皆是現實的，依此現事而悟得性自空寂之實性；悟得緣起心色之絕無自性，但是相依相待而幻現有色心的相對特性。宇宙乃心色而空寂，空寂而心色的，無有獨立自性，故不成為二元。心與色，惟有在緣起幻相邊說，若在空寂之自證中，則無任何可安立者。（見《無諍之辯》頁 42）

印順亦指出熊氏既以心物為平列之二勢用，卻不知不覺傾向於神化的唯心論。如《新論》言：「翕（物），元是本體的顯現，但翕則成物，故與其本體是相反的。闢（心），雖不即是本體，却是不物化的，……是本體的自性的顯現。」本體顯現為一翕一闢而似心物二相，但物相反本體，雖從本體顯現而幾乎可不稱之為用，唯有心，才是本體之自性顯現，才是本體之大用流行。如此，豈非是從重心輕物，而至唯心非物的本體論？（見同上頁 40～41）

印順又指出《新論》既以「本心即是實體」，強調心的自在，不失自性，則何以會有翕勢的物化升起，而後再有一由本心顯現的闢勢的心，豈不與本

心之自在、不失自性相矛盾？印順以爲此不只是熊氏，亦是眞常論者之難題。雖然熊氏以坎離二卦來解說，但印順認爲雖有坎陷與出離之象，然在坎陷階段，決不能忽略被陷者本身之缺陷，或外來力量強大而自身過於渺小。若說心爲物陷，則必是心太過微弱，亦即心之本身不夠健全，則何可說心是自在，不失自性，而能主宰物？可見熊氏並不能解決此問題。而若依佛法之緣起說，坎陷是依於緣起的，而緣起的缺陷相，不是自性的，不變的，坎陷必被否定而到達出離，印順即以此佛法的無我論，而否定眞心論。（見同上頁44～45）

由對心物義理解之差異，自然地對善惡觀念亦有所不同。印順認爲熊氏以「吾人本性無染，只徇形骸之私，便成乎惡」，「因本心之力用，流行於根門，而根假之以成爲根之靈明，乃逐物而化於物，由此有染習生。」將一切罪惡根源，推向物質、根身，歸咎於根之逐物，反顯心體之本淨性，此猶如國政荒亂，而歸咎人民、官吏，而聖王無罪。若依佛法緣起論，眾生無始以來，有有漏善也有惡。惡待因緣生，雖亦與境相之誑惑，根身之逐物有關，而心識本身爲無始來習以成性之貪瞋癡慢所惱亂，知情意一切皆不得其正，亦決不能漠視。故佛法修持，不是不受用見聞等外界，亦非自毀根身，乃反省自心之缺陷而對治之、淨化之，根本在深見緣起本相，以智化情而融冶之。（見同上頁45）

綜上所論，熊氏所言心物義，不論其源於儒家或佛家，實則其心物義已與兩家大不同矣，即使其乃據《大易》乾坤之翕闢義，然歷來言《易》者，皆無有以乾坤翕闢以言心物，而將心物說爲用上之兩勢用者，而熊氏將心物平列，如此一翕一闢，方能相反相成以成變化，而即於此用上見體，無須於用外求體，而用外亦無有別體。或許熊氏之解《大易》並不客觀相應，而唯出之以己意，然其之爲言亦非無據，無乃是依經典而賦予新的詮釋。思想之所以有演變、有進步，即因詮釋者可有多種不同詮釋，而其實經典本身亦蘊含多種詮釋可能，若只能一種，則亦無須歷代學者之葛藤枝蔓也。故不論熊氏見解正確與否，其抉發經典之精粹而發揮之，則是其所獨見者；然其以此而衡佛家心物義，謂其有二元之嫌，此又不解佛家乃緣起論者，體之一義不可立，已無一元之論，更何有心物之二元可立乎？

印順本佛家義而駁熊氏之不解佛家心物義，甚爲當理；然印順似亦不解熊氏之心物義。熊氏之心物義雖嫌簡略，只說本心具複雜性，一翕一闢故成變，只言及其然，未言及其所以然，自易啓人疑慮；但此義亦絕不可從經驗

層次上看，若從此層次看，執實以求，必不會其意。而印順從緣起論來理解，自易限於人生經驗層次上，以此而論，必與熊氏難以契合。如其言坎陷乃緣起性空，故有出離之可能性；然亦因其緣起性空，則由坎陷至出離，亦只能隨因待緣，而無必然性之保證。又熊氏言惡，只言其乃由徇形骸之私，故成染習，而非如印順所言「推向物質、根身」。〔註16〕此皆可見兩人對心物義之理解，有差異也。

五、體證之辯

最後，印順更論及熊氏自言《新論》乃「反求實證相應」，「自家深切體認」而來，但其體證實有「相似證」之嫌。印順以為即使熊氏確是實證，亦不能保證《新論》之正確性，因體證有邪正深淺，有幻境、定境、慧境，大抵熊氏受禪宗影響，故極推重禪定，如《新論》言：「如在凡位，不由靜慮功夫，即無緣達到寂靜境地……其第三法印曰涅槃寂靜」，「佛家惟靜慮之功造乎其極，故於空寂本體得以實證」，可見熊氏以佛家之見體——空寂、寂靜，誤與靜慮之靜相附合，以為靜功造乎其極，即可證體。但禪定以離欲為目的，為情意（非理智）的修養，略有二類：一、消極的，漸捨漸微的，如四禪與四無色定。二、積極的，推己以及人的，如四無量（慈悲喜捨）定。前者近於空慧，後者近於大悲。然佛法不認為此禪定即可得實性，因其無徹見性空即無常無我無生之深慧。（見《無諍之辯》頁 49）

殊不知佛家雖言慧與禪定，然兩者實有不同，而「佛法與外道的不共處，是治滅無明的明慧——般若，不是禪定；是如實正觀，不是收攝凝聚。」（同上頁 47）般若空慧才是證悟之關鍵，佛法言：「理智一如」，「無有如外智，無有智外如」，此指「從依智顯理，依理發智，從加行觀的理、智相依相應，進入泯絕內外的證覺。」（同上頁 51）可見證體惟依般若空慧，而非禪定；佛陀本教，不但不由靜證體，且是不必深入的。故印順認為熊氏「即用見體的工夫，無疑的偏於定而略於觀」（同上頁 48）重定而薄慧，充其量，不過是近似之定境；亦即熊氏所謂的「實證」，無乃是「相似證」而已！至於文末印順所

〔註16〕林安梧氏認為「大體說來，熊氏並不屬於『存天理，去人欲』的程朱系統，而是較接近王夫之的『理欲合一論』的系統。」（〈以熊、印的展開〉頁 186）故印順對熊氏善惡觀念之批評並不恰當，而反倒說中程朱一系所可能引起的流弊。

舉熊氏「顚倒說」之處，所言甚是，因屬文獻考據問題，無關斯旨，且明文俱在，故不贅述。

顯然地，印順宗主般若系，以緣起故性空，性空故緣起，以爲緣起論才是佛法之最上第一，要深了此緣起法，則須有般若空慧，方能即空即假而空有無礙，離有無兩邊而得中道，悟入諸法實性；而禪定雖有其需要，卻只是悟入實性之必要條件，而非充分條件。畢竟禪定偏於在身上作工夫，而般若空慧則重在心，由此明心則能見性；故禪定只是證悟之基礎，有禪定工夫未必即能證悟，而證悟之關鍵則在般若空慧，如了般若空慧則必證悟也。定與慧實有不同，而慧猶重於定，故佛說六度，於五度言禪定後，亦於最後一度言般若空慧。印順於《印度佛教思想史》亦曰：「定有淺深，方便也有不同，……禪定是共世間法，即使修得非想非非想定，也不能解脫生死；反而不得根本定的，也能成慧解脫阿羅漢。這可見，禪定能除散亂而得一心清淨相續，只是佛法的要方便，不是解脫道的主體。」而眞能爲解脫之主因者是慧，故印順曰：「慧是解脫的主因」（頁 29～30）。

然須注意者，印順之言定慧，與熊氏之定慧，實不相同。熊氏區分「智」爲「實證相應者」，亦即「性智」，「慧」爲「分別事物者」，亦即「量智」，而「智」較「慧」爲勝；而印順則以熊氏所言之慧，即戒定慧之慧，故以其重般若空慧之立場，而誤以熊氏「重定而輕慧」。又熊氏雖重定，但並非如印順所言欲由定而體證，因熊氏畢竟著重於「智」，惟由性智方能實證相應，才是眞正之體證；定者則是「能引發內自本心，使諸惑染無可乘故」，故定只是反求實證之必要條件，而非充分條件；如欲反求實證，則仍須從性智方可。

由上可見印順與熊氏，不只於理論，即使歸本於體證，兩人之見解體會皆不同，一主般若系，一近眞常系，條然可見。若更確切而言，印順宗主般若系，自以般若義爲尙，而熊氏雖近眞常系，但畢竟不即是眞常系，而是道道地地的儒家，故相對於印順之般若義，熊氏所主與其說是眞常義，不如說是創生義。〔註17〕

〔註17〕關於儒家創生義，牟宗三氏有詳細之闡釋，請參閱氏著《中國哲學十九講——中國哲學之簡述及其所涵蘊之問題》第四、五、六、七講，頁 69～156，學生書局，民國 72 年 10 月，初版，台北。

第五章　結　論

　　由以上二、三、四等三章，透過熊氏對佛學之反省與《新論》之理論建構，及佛學界對熊氏誤解佛學之反駁與對《新論》之批評等探討，對佛學理論之得失，《新論》之爲何產生，《新論》之理論內容及其得失等，大致疏理清楚，已有一清晰輪廓。從中不難發覺雙方由於立場有異，觀點不同，不僅誤解對方，甚至令人覺得有各說各話，無有交集之情況；雖然如此，但許多問題、癥結亦由其中而豁顯，不致使整個過程成了無謂之爭。此次論爭，所涉及之範圍相當廣大，所論之問題亦相當複雜，但經由前面疏解後，大致已將雙方爭論所在及立論得失，一一條理分疏完畢，今則可順前面之疏解，歸結爲幾點結論，就其大端再加以評述，並對《新論》之價值與影響，作一略述，至於微細枝末則無須再屑屑私語。而經由此綜合論述必可使此論爭所隱含之意義，更加彰顯，而《新論》之重要性，亦可突顯出來。

　　一、顯然地，《新論》之所以提出，關鍵在於反對佛家不言本體，即使勉強稱之爲體，此體亦只是一虛設之體，終歸滯寂沉空，不似熊氏據孔《易》而讚賞有加之生生不息之本體。因此，立不立體實爲此論爭中最根本、最核心，亦是最後之問題歸結所在。整個辯論實環繞於此問題上，若無此問題，則雙方不至有如此激烈之舌戰筆伐，而是否有《新論》之出現，實成一疑問；且此問題實亦是自宋明以來，儒釋兩家反覆辯難而延續至今未決者。可見儒佛之大別即在立不立體，由此故對體用觀念亦有不同看法，此即是雙方論爭之所在，《新論》之所以出之因，而由前三章之探討，可見儒佛兩家於體用之說實難溝通，故第一節即是對儒佛兩家難以溝通，作一綜合論述。

　　二、熊氏《新論》實由佛家轉來，特別是由有宗唯識學轉手。熊氏不遺

餘力地批評有宗，而在批評之同時，亦一面建立自己之理論，破立同時，經由對有宗之改造，而完成自己之體系。然誠如前面所分疏的，熊氏對有宗並非如理作意，而是有所誤解；不過，亦正如前三章所分疏的，唯識理論並不圓融，仍有許多困難存在，等待解決。此問題深值探討，因若無此困難存在，亦難有《新論》之出現，即使有，亦必是另一完全不同之風貌，而前面對唯識理論之探討，大抵順雙方所言及者，隨文略論而已，稍嫌枝蔓無章，故第二節即是對唯識理論未爲圓融，針對其困難之大端處，作一綜合論述。

三、《新論》雖是熊氏融佛冶儒，陶鑄百家而歸之於體證之作，但此亦不必然保證《新論》即完美無缺，而由前三章之疏解，雖可見到《新論》誠是自成一家之言之作，有其精意在，但亦可看出《新論》仍有不夠周延，尚待證成之處。拋開文獻考據上之疏失不言，熊氏不只對佛家有誤解，即使對儒家亦常斷以己意，以合自己之立論，實有失客觀，而其所建立之體系，仍是有未圓之處，且其於難以言明之處，則歸之於體證，此雖是其苦心孤詣，但仍須加以論證，故第三節即是對《新論》理論之得失，作一綜合論述。

四、《新論》雖未能圓融無缺，但由前面之疏解，亦可見熊氏深富思辨能力，而《新論》所開出之格局，亦不可謂不大；且由事實觀來，不論熊氏立論是精或粗，無疑地，由《新論》所引起的一連串震盪、反應，不僅對現代佛學有所衝擊，使佛教界人士有所憬省，而對儒學之激盪，無疑是更勝於佛學，使儒學界不只要新內聖，亦要新外王，如何同時開出此新內聖與新外王，成了當前最重要之課題，此與宋明儒大不相同，爲別於宋明儒，故稱爲當代新儒家。熊氏實是開山祖，而《新論》即是其奠基之作，故第四節即是對《新論》之價值與影響，作一敍述。

第一節　儒佛兩家難以溝通

由前三章之探討，熊氏對於佛家體用義之批評，可總歸爲三點：

一、熊氏認爲佛家雖亦言體，但不論何宗何派，其所言最後皆是歸於涅槃寂靜，不涉及生化，將導眾生同歸於寂滅之鄉；佛家畢竟只窺及本體寂靜之一面，而不似儒家之有見本體之全，生生不息，渾然流行。因此，佛家之體只成一不生不滅，無爲無作之死體，故有體歸寂滅之失。

二、熊氏認爲佛家重在見性證體，以見性爲極至，證體爲究竟，因此捨

世間而趨於出世,對於人倫日用,宇宙萬有,絕口不談,將本體之功能消除殆盡,而於流行不已,生生不息之宇宙眞機,不曾領會,只說無爲,而不能說無不爲,不似儒家之能言無爲而無不爲,於人生日用之有備物,成物,開物成務之功,故有言體遺用之失。

三、熊氏認爲佛家將不生不滅之無爲法與生滅之有爲法,劃分爲二,使世間與出世間截爲互不相干之兩個世界,一爲虛幻之世界,一爲眞實之世界,而此虛幻之有爲法與眞實之無爲法之關係爲何,亦無有說明,而此兩者既無法相通,故有體用二分之失。

以上乃熊氏對佛家體用義之批評,自是以己意,而非以佛法本義去如實了知。若依佛法本義言,佛家乃緣起論者,乃無我論者,根本不是本體論者,即如歐陽竟無以體用四義來分體用爲體中之體、體中之用、用中之體及用中之用,以闡明唯識之義,但其所言體用與時論所言體用根本無有關聯,了無交涉,仍是在佛家傳統義下之體用,始終有其獨立風貌。佛家所言之體畢竟只是爲立論方便,而暫時施設之體,即使是天台之「性具」思想,《大乘起信論》與華嚴之「性起」思想,或六祖《壇經》之「自性能生萬法」思想,雖可令人誤以爲是本體論的實體之生起論,而其實並非如此。無疑地,緣起性空此一原則,是各宗各派共同遵守,而不可違背之通義,在此通義下,一切法之生起,乃「以有空義故,一切法得成」,此即是說因無自性故,故能成就緣生義,以緣生義得成,故一切法得成,而並非有一客觀之實體能生起萬法。

顯然地,佛家不立一客觀能生萬法之實體,但卻非常著重於用,此用是對世間而言的,因佛家乃出世法,然欲至涅槃之地,則須於世間行種種教化,以化度眾生,眾生才得覺悟而解脫以成佛,同登涅槃之地;此世間才是能著力處,用力即在此處用。至於至涅槃之地,則已解脫,證得本來佛性,覺行圓滿,自無須再著力,否則即成頭上安頭,多此一舉。故佛家畢竟著重於用,即使言及體,然其體用乃體無而用有,故有是假有,無是畢竟空無。天台言功用,華嚴言力用,而至禪宗極言作用見性,更可見佛家之言用,已至其極。

而熊氏之體用,則是因對佛家體用之不滿,故由佛家轉手,並參稽《大易》,從而建立自己之體用。此體乃一夐然絕對,恒常不變之體,清淨無染,圓滿無缺,無形無相,無始無終,備萬理,含萬德,肇萬化,而法爾本有的。其用則分翕闢兩勢用,此兩勢用不可執實,因其只是本體顯現爲大化流行時

之兩作用而已，雖有跡象宛然，但卻不可以為實有。且此兩勢用能相反相成以成變，翕承闢而順乎闢，闢運乎翕之中而導翕，而由此翕闢成變而即用識體。體即用之體，用即體之用，體用雖分而實不可分，一言乎體，即有用在，一言乎用，即有體在，體用相即不離，不可分而為二，故說為體用不二。熊氏之體用乃體有而用亦有，故有（用）是真有，有（體）是畢竟是實有，與佛家之體無用有（假有），可謂全然異致。

顯然地，雙方之所以對體用一義有如此大差異，實是因對體用一義，各有不同之界定與用法。其實，體用一名，可謂人類自有思想或哲學以來，不論在中國或西方，即普遍廣泛地被應用。然因此一概念本身所含內涵極為豐富，又極具靈活性，應用範圍又極寬廣，因此，實難對體用概念有一適當之界定；再加上各思想家對其之使用，常因所據不同，立論不一，遂使體用一名，因各思想家用法之異，而有不同界定，因而產生歧義，如此一名多義，徒增混亂。雖然如此，但此一概念卻是本體論最核心之觀念，由對此概念之理解與闡發之不同，不僅標示各思想家對宇宙本原之見解，亦標誌各思想家間之差異所在。因此，熊氏所言之體用雖與佛家大異，但卻無須對其優劣下一判斷，因雙方對體用一義既有不同界定，自無有一客觀標準以為準繩。

不過，因《新論》之出，乃因熊氏站在自己之體用觀點，對佛家體用義深覺不足，而以己意而繩正之，更而取代之。因此，熊氏固然對佛家體用義有所誤解，但若就用須就體而言，亦即用須有體，由體而發之用才能真實有力，才能化度眾生，若不立本體，則如何能有真實力量，以轉化世間此一方面言，則熊氏似乎甚能指出佛家理論困難所在。蓋若不立本體，則易沉空滯寂，無有生生不息之機，不只逆遏生化，並有毀生人之性之虞！無疑地，熊氏即是在此人生實際上之根本旨趣來破斥佛家，因近代中國是與苦難及憂患一起成長的，時代之需求與現實之寄望，使得熊氏不能以純客觀之學術來看待佛法，只能以自己主觀所體證的加以改造佛法。

但若順此以觀佛法，則佛家言用不言體，用不由體發，即是其不足之處。蓋釋尊乃是應病與藥，對機說法，因此，八萬四千法門中最上第一之緣起法，亦隨時間演進而有所發展，如部派佛學之三世兩重因果之業感緣起說，大乘空宗之緣起性空論，有宗之阿賴耶緣起論，《大乘起信論》之如來藏緣起論，華嚴宗之法界緣起論，以至天台宗別理隨緣與圓理隨緣之辯等，皆是環繞釋尊所說之緣起法而逐一展開，與釋尊原先說法，已有不同，

可見釋尊當時爲破婆羅門之執有梵天，故說無我，一切皆是緣起，而發展至後，則有眞常系之出現，雖然此心絕非本體，但卻似漸漸傾向於預設有一本心，能爲萬法之體。因此，若從反面言之，假若釋尊所處時代是一無我論盛行，一切皆空之時代，則焉知釋尊不反過來強調本體之重要，如此由體而發之用，才是大用。

誠如佛經所常云：「佛已說之法如爪上塵，未說之法如大地土」，且佛陀圓寂前告阿難所言「四依四不依」，實爲衡量一切法之規準，如此則又何必執著於些許已說之法，而於眾多未說之法卻視同魔說？因此，熊氏本極歸仰釋尊，垂老不渝，然因根本旨趣不同，故起而反之，實亦不違釋尊對機說法之意，故熊氏對佛家體用義之反省，仍是有重大意義在，不過，此意義只能限於時代需求方面，至於如何配合佛學內部理論，對體用之說重新作一檢視，然後兩相配合，既有所據，又能適機，而後再加以發展，才不至有從中截斷橫面接枝，而互不相融之失，此當是現前應行且可行之道。〔註1〕

然佛家畢竟重在修證，不重言說，其體用自是其自家義下之體用，體無而用有（假有），而熊氏之體用，自是儒家義下之體用，體有而用亦有，雙方對體用義差異既如此之大，難怪反覆論辯，皆成自說自話。此基本性格既大相違異，故儒家以佛家理論上未爲圓融，而佛家亦以儒家偏於言說而無修證，各以己爲是，因而其理論系統亦加繁密，而亦益加千差萬別而難溝通矣（至少在熊氏當時是如此）！

〔註1〕傅偉勳氏近來提倡「創造的詮釋學」，共分五個辯證層次，一、「實謂」層次——「原思想家（或原典）實際上說了什麼？」二、「意謂」層次——「原思想家想要表達什麼？」或「他所說的意思到底是什麼？」三、「蘊謂」層次——「原思想家可能要說什麼？」或「原思想家所說的可能蘊涵是什麼？」四、「當謂」層次——「原思想家（本來）應當說出什麼？」或「創造的詮釋學者應當爲原思想家說出什麼？」五、「必謂」層次——「原思想家現在必須說出什麼？」或「爲了解決原思想家未能完成的思想課題，創造的詮釋學者現在必須踐行什麼？」顯然只有達到「當謂」層次或「必謂」層次才可稱爲「創造的詮釋學」（見傅氏〈創造的詮釋學及其應用〉一文，收入《從創造的詮釋學到大乘佛學》，東大圖書股份有限公司，民國79年7月，初版，台北）。在此一意義下，熊氏《新論》對於佛學而言，即是一「創造的詮釋學」，雖然此一創造性並不完全成功，但由此所激起之影響，實值得佛教中人重新對佛法作一檢視，不只在「實謂」、「意謂」及「蘊謂」層次研究，更要從「當謂」及「必謂」層次探討佛法，如此，才合乎釋尊應病與藥對機說法之旨，才能使釋尊所宣示之教法與時俱進，隨地皆宜。

第二節　唯識理論未為圓融

由前三章之探討，熊氏認為有宗唯識學大抵有四失：

一、執識為實：熊氏認為有宗將幻有之阿賴耶識計為非空，以為是實有，因而將虛妄雜染之阿賴耶識執為真實，以為萬法生起之根本依，然阿賴耶識既是虛妄，則何以能為萬法之因，故有執識為實之失。

二、二重世界：熊氏認為有宗之種子潛隱於阿賴耶識中，自為種界，而八識現行雖從種子親生，但現行生已即離種子而別有自體，如父與子，截然兩人，種現對立成為二界，故有二重世界之失。

三、二重本體：熊氏認為有宗既立種子潛在於現界之背後，為諸法之因，即種子已是一重本體；而又要遵守佛家傳統思想，別立無起無作之真如，以為萬法之因，又成一重本體。因種子與真如同是本體，故有二重本體之失。

四、真如無為無作：熊氏認為有宗之言真如，與其餘各宗各派亦同，皆只說是無為，而不許說是無為而無不為，於生生化化流行不已之真機，全無所窺，一切皆成不生不滅，歸於寂靜，故有真如無作無為之失。

以上乃熊氏對有宗唯識學之批評。誠然熊氏對其之批評並不恰當，且多所誤解。熊氏之批評，並非順唯識內在理路，予以繩正，故與唯識家之反覆辯難，常成各說各話，不得溝通之道；不過，總體上熊氏可謂意識到唯識學理論上尚有諸多困難，有待克服，雖然其所意識到的並不客觀，而是主觀的判斷。而經由前三章之探討，亦可發現唯識學確實有其困難在，未為圓融。

首先，誠然熊氏對阿賴耶識有所誤解，但阿賴耶識乃虛妄雜染的，此乃自《阿含經》以來一致之定論，有宗所宗之《瑜伽師地論》，及無著之《攝大乘論》，仍是視阿賴耶為虛妄雜染，〔註2〕故名「虛妄唯識」。然而阿賴耶乃一切法之根本依，但卻是虛妄雜染的，其中實有矛盾，因雜染有漏之阿賴耶何以能為清淨無漏法之所依？且阿賴耶既是虛妄雜染，則又何以能從染依轉成淨依？有宗於此實無圓融之解，亦只能依《攝大乘論》所言出世之清淨無漏法乃「從最清淨法界等流，正聞熏習種子所生」，可見清淨無漏法是從清淨法界流出，而非從阿賴耶而來，因此，清淨無漏法表面上雖依於阿賴耶識，而實際上是依於清淨法界的；之所以以其依於阿賴耶，乃因其須經由正聞熏習，使阿賴耶中雜染有漏種子漸減，而清淨無漏種子自亦漸增，以至無種子可轉，

〔註2〕直至《楞伽經》與《密嚴經》出現，阿賴耶才具有清淨性。

一切種永斷，即無有漏可言，而皆爲無漏矣。此清淨法界實通於眞常系所言之如來藏，然有宗既以《瑜伽師地論》爲本典，自不能放棄以虛妄之阿賴耶種子識爲生起萬法之原則，故自陳那起即一面漸漸地轉向於因明之研究，而在《成論》中更無有再言如來藏者。此實受自身理論之限制，而眞常系之興，大倡如來藏、佛性與眞常我樂等思想，即是針對阿賴耶爲虛妄而提出的。因此，虛妄的阿賴耶本身並非是一超越的本有，而亦只是一經驗的本有，是不可作爲萬法生起之本的。

其次，即使阿賴耶中有「無漏種子」，但此無漏種子，亦須受制於種子六義中之「待眾緣」。無漏種子不能自己生起，亦須待眾緣和合，方得生起現行，而眾緣中最重要者即是如上所言之正聞熏習。如此說來，不論種子是有漏或無漏，本有或新熏，在有宗之理論上，種子亦非超越的本有，亦只是經驗的本有，此亦可證上所言阿賴耶亦是經驗的本有。因此，欲轉識成智，轉雜染爲清淨，轉有漏爲無漏，即須待正聞熏習才得現起；然待正聞熏習才得現起無漏種子，從而轉識成智，亦即須待他緣方得成佛；若此，則所成之佛亦只是一他性佛，而非自性佛，實與佛家眾生皆有佛性，人人皆可成佛大異其趣，因若待正聞熏習才得成佛，即是須由聽聞現成之佛說法才可，因佛所說乃最爲究竟，然而現今是否有佛，即使有佛亦須遇著才行，如此，則待正聞熏習才得成佛，實無一必然性之保證，能得正聞熏習者即有成佛之可能，而不得正聞熏習者即永不能成佛，實已大違佛家本旨，不只眾生平等之義破壞無遺，因眾生不必然地具有佛性，且因果律則亦蕩然無存，因眾生既本無佛性，即使靠正聞熏習亦不必然地保證必能成佛。如此之正聞熏習，無異乎乃一機會論也。

復次，有宗以虛妄之阿賴耶種子識爲生起萬法之原則，既難成立，而其有清淨義之智與眞如，是否可爲萬法生起之因，是否可爲成佛之可能性與必然性之保證？顯然二者皆不可能。雖說是轉識成智，但此智亦只是轉妄識成淨識後，虛浮於淨識上之一種勝用，本身是虛的，無有實質，須依於淨識方有勝用，故其實質在淨識，故智只是轉識成智之果，而非因，若以智爲能生萬法，能爲成佛之可能性，即是倒果爲因。同樣地，眞如亦不能生起萬法，不能爲成佛之可能性，因眞如只是轉識成智後之境界，是無爲法，乃智所緣之境，亦是識之實性，亦即只是唯識實性所顯之空，故只是一空理而已，不能爲有爲法之因，若以眞如爲因，亦是倒果爲因。〔註3〕而在修證上五性各別

〔註 3〕關於唯識理論之困難所在及其消解之道，吳汝鈞氏有詳細之研究，見《唯識

之種性決定論亦與眾生皆可成佛之意相違！

以上乃唯識理論未為圓融，其困難之大端處也。有宗本以阿賴耶緣起，建立種子，以為施設宇宙之說明，於此方面實有其精意在；然卻將此善於說明宇宙之阿賴耶種子識理論，無限擴充應用，以至於最後則收攝於心性上之探討，實將超越層次與經驗層次混為一談，故有種種困難。顯然唯識理論仍停留於經驗層次而言，阿賴耶緣起所生起之一切法，皆屬虛妄雜染，實非了義，故而有融唯識而成之真常系起而代之，如《大乘起信論》，以起信為重，以如來藏緣起以取代阿賴耶緣起，倡言「一心開二門」，「一心」即是如來藏自性清淨心，「二門」即是心真如門與心生滅門，將識與智皆收攝於一絕對清淨之如來藏上。無疑地，有宗不立一真常心性，以貞定成佛之可能性與必然性，實是熊氏所最反對者，無怪乎熊氏認為無著護法一系之學，唯是有漏流行，無有寂覺可言，專靠正聞熏習以造命，毀生人之性者，莫此為甚，故何忍無辯耶！若從此一角度看，熊氏《新論》之作，雖不能客觀相應地對唯識理論作一批評，甚至改造，但其所意識到之問題，無疑乃唯識理論中最困難之所在，深值有宗學者重新加以檢視。

熊氏深覺虛妄之阿賴耶識不能為生起萬法之因，故以本心代識，此本心真實無妄，清淨無染，圓滿無缺，絕對無待，非虛妄之阿賴耶識所能比；但熊氏此舉，因非從唯識內在理論去重新思考、建構，不但得不到佛學界之贊賞，反遭至嚴重反駁。然則熊氏為何不循唯識內在理論，而卻以己意為斷，以本心代識？其實，熊氏是絕不可能從唯識內在理論去尋求解決之道，因在其看來，有宗雖然派別繁多，所言理論雖然有異，但基本主張卻是同一旨趣，即使是與護法一系「有相唯識」並行而主張大異的安慧一系之「無相唯識」，不但境無，連識亦無，能取所取皆空，境識皆泯而為二取空，與「有相唯識」之外境無，內識則為因緣有，實大異其趣，但熊氏對於有宗內部此種種爭論，似乎並不完全瞭解，亦不求能明其所以，因在其看來，安慧之「無相唯識」仍是不能有一真實清淨之本心，顯然熊氏對有宗內部所有流派，無疑是將其全歸為一宗，因此自不會尋唯識內在理論，而只好以己意出之，故有《新論》之作。然不論《新論》對唯識學之批評、改造是否得當，但其對唯識學所作之種種反省，實已為後人奠下基礎，至於進一步更客觀相應之反省，則是後

哲學——關於轉識成智理論問題之研究》第四部分〈唯識宗所表示的轉識成智可能性的理論困難〉、第五部分〈理論困難的消解〉。

學者之事，而非熊氏之事也。

第三節　《新論》理論之得失

　　儘管熊氏自謂《新論》乃出入空有，融攝儒佛，而後歸本《大易》之作，然其是否眞能融合空有二宗，儒佛二家，則屬見仁見智，尙難遽斷。〔註4〕不過，不論其融合與否，《新論》仍是有其新意在。由前三章之探討，不難窺見《新論》誠然有其獨到處。

　　《新論》以「體用不二」標宗，無有離體之用，亦無有離用之體，用即是體之用，體即是用之體，承體而有大用，即用而識本體，而熊氏更著重於用上識體，於用上而有兩大勢用，即翕與闢，兩者相反相成而成變，而於翕闢成變之用上，即識得本體，故說爲體用不二。熊氏即於用上而識本體，著重流行變化之說，雖說是得自於佛家刹那生滅之無常觀念，但兩者卻大異其趣。佛家只見及流行變化刹那生刹那滅之刹那滅一面，故成滅滅不已，一切皆是虛幻，終至否定世界，而歸於寂滅；熊氏則強調流行變化刹那生刹那滅之刹那生一面，故而生生不息，一切皆得肯定，宇宙人生得以安頓。熊氏此意，則是深得自《大易》剛強健動之旨，尤其乾坤兩卦更爲其所稱歎，而由卦爻之理，悟得流行變化乃本著相反相成之原則才成變化，由此相反相成，翕闢才能成變，才得以識得本體流行不已生生不息之眞機。

　　熊氏此說，實有勝於前人者，不只非佛家所可想見，即連儒者亦所有未逮。歷來諸儒言體用者，雖亦言體用不可分，然大抵皆主由體發用，謂體是未發，屬於靜，用是已發，屬於動，故收斂是常道，發散是不得已，若不得已而發散，則須發而皆中節，如此之由體發用，實只成一靜態之發散而已；而熊氏實已將靜態之發散，一轉而爲動態之創生，由翕闢成變之用上，而見本體原是生生不已流行不息之眞機，本體之大用顯現無遺，攝體歸用而又即用識體，實成一辯證的動態之創生。在此動態之創生過程中，即於用上而識體，現象界與本體界融合爲一，無有體用分爲二段之失；而由體發用者，其

〔註4〕陳榮捷氏即認爲熊氏在由佛轉儒此過程中，「完成了兩件重要的事情，第一、他融合了佛教部派裏的有部與無部，第二、他融合了儒家與佛教，或者說，他把佛教儒家化了。」（《現代中國的宗教趨勢》頁161）關於此，實有待再明確地界定，到底是在何程度上，熊氏才算「完成」融合有部與無部，儒家與佛教之工作。

體用雖不可分，然終有體用分爲二段之嫌，而熊氏之「體用不二」則無此嫌，此實其苦心孤詣而獨悟之旨也。

誠然，《新論》有其獨創之見，但亦不掩其失。在文獻考據上之不客觀，雖不致成爲致命傷，但多少有損其學術性。如熊氏認爲《老子》之「一生二，二生三」，亦是說明相反相成一原則，因而認爲《老子》亦根源於《大易》，道家實爲《大易》之分支，此實是熊氏主觀性之判斷，而非客觀性之認知，於學術上實立不住腳。而《大易》每卦三爻之理，是否即如熊氏所謂的本即是相反相成，此亦值得再加探討。

又如翕闢觀念，乃取自《易·繫辭傳上》：「夫坤，其靜也翕，其動也闢，是以廣生焉。」（第六章）顯然翕闢只解釋坤卦，並不解釋乾卦；但《易·繫辭傳上》又曰：「是故闔戶謂之坤，闢戶謂之乾，一闔一闢謂之變。」（第一一章）闔亦即翕也，因此熊氏斷以己意，認爲《大易》有互含之例，故乾卦雖不言翕闢，而實含翕闢，因此以爲闢乃言乾，而翕則言坤。熊氏此解，即使有其慧解，但是否合乎《大易》本意，則仍待文獻上更客觀之證成。而即使可以翕闢分言乾坤，但熊氏之翕闢義，亦不合《大易》本意，因《易》乾坤兩〈象辭〉言乾坤，則曰：「萬物資始」、「萬物資生」，《繫辭傳》亦曰：「是以大生焉」、「是以廣生焉」，在流行變化中而肯定萬物，是以有備物、成物、開物成務之功；而熊氏所言翕闢，乃流行變化之勢用而已，只有跡象宛然可尋而無實物，實令人有世界爲假之感。熊氏於翕闢之義，因稍嫌簡略，故易啓人疑慮，於此，實值後人再多加研究，或許熊氏之精意因之而得以更加呈顯、明確。

不過，熊氏對《大易》是否客觀而相應地瞭解之，並非重點所在；因確切而言，熊氏乃重在抉發經典中之精粹，加以發揮其內在所蘊涵之深意，而非如注疏家般，只爲經典作一概論或描述。其對翕闢義亦然，無疑已將其作一新的詮釋，予以一創造性之轉換，賦予其更豐富之意涵。

除文獻考據外，《新論》在理論內容上，仍有不足之處。首先，本心雖是清淨自由，但必藉習心之助方得顯其清淨自由，然當其藉助習心之時，習心則常乘權而起，而使本心受擾而成坎陷，此即是翕勢，然再本其清淨自由之心而成之闢勢，運乎翕之中而導翕，翕終承乎闢而歸回本心，此乃熊氏立論精意所在。然於此處，亦最易啓人疑慮，何以本心既是清淨自由，卻爲習心所擾而成爲習性，被習性所束縛，如此，本心一面是自由的，一面又被束縛，

豈非自相矛盾？而本心又何必如此纏繞，方顯其清淨自由？固然，熊氏所謂的本心與習心，乃屬不同層次之觀念，故無矛盾之處，此須後學者加以善會，但熊氏於此等處，終嫌論證說明有所不足，故易啓人置疑。

其次，用分翕闢，翕闢相反相成而成變，而即於此翕闢成變之用上，識得本體流行不已生生不息之眞機，由此即用識體，而見體即是用，用即是體，故熊氏名之爲「體用不二」。然熊氏所謂之翕闢，只是用上之兩勢用而已，無有實自體可言，亦即熊氏所謂的用或翕闢，並無自體，只是流行變化之跡象，刹那生滅，雖有跡象宛然可尋，但卻不可執爲實有其物；因此，熊氏雖非如佛家之重刹那滅義，而是重刹那生義，然其翕闢之用，既只是跡象，而不可執實，則一切根本皆不存在，宇宙世界又將如何施設？而此宇宙世界到底是眞實抑或如佛家般同爲虛幻？熊氏於此等處，雖有其深意，但論證說明仍嫌不夠，亦須再加證成，方能盡釋群疑，而顯其獨特圓融。

熊氏又將其學歸於體證，此誠其獨得之秘。熊氏亦強調知識之不可廢，如其在〈略談新論要旨〉所言：「玄學者，始乎理智思辨，終於超理智思辨，而歸乎返己內證，及乎證矣，仍不廢思辨。」（《十力語要初續》頁6）重理智思辨，乃是一向外觀察之思維方式，雖亦存在於傳統思想中，但較不受重視；重體證默識，亦即是歸於本心之直覺超悟，乃是一向內反省之思維方式，在傳統思想中無疑居於主流。熊氏雖認爲理智思辨亦有其長而不可廢，然畢竟熊氏是承續主流而來，體證才是其所著重者。然此體證並非是自明的，仍須功夫層次，並非前此本無而今忽起，因此問題在「如何體證」？顯然熊氏於此，亦如歷來諸儒，只能言其然，而難以言其所以然，此實不只儒家，而實是凡重體證之學者，不論是佛家、道家或其餘同道者所難以言明者。若歸根結底而強索之，亦只能說爲只有自己默識，即能證體；然若如此，則說亦等於無說。此默識體證雖爲歷來諸儒所重，但皆未將其言明，仍是渾沌一團，至熊氏雖將其推至高峰，然終究未能言明其所以然。〔註5〕

〔註5〕關於如何體證默識，熊氏仍是順著直覺性思維的傳統，並無創解，而西方近年來對知識論有深刻研究之博藍尼氏（M. Polanyi），則頗有建樹。其於「個人知識」（personal knowledge）外，又有「默會致知」（tacit knowing）之說，構成博藍尼理論之雙柱，而後者又凌越前者而居樞紐地位。據彭淮棟氏所言：默會致知「原文有先見、不能明言，不必明言、無意明言等意思；博藍尼不用『知識』（knowledge），而多用『致知』（knowing），似乎著言於『知』之動力，以及點明此『知』爲活動而未具知識之定形。」「博藍尼以知識論入手，見 tacit knowing 爲人類一切知識、信仰、行動等寄託（commitment）之本質，

　　顯然熊氏在本體論上之見解，確有其人不可及之處，然在認識論上之表達，則非常缺如，此與其《新論》只寫出〈境論〉，而〈量論〉雖偶有片言隻語間雜於著作中，然終未能形成系統而成專書，當有密切關係。〈量論〉之未能寫出，誠是熊氏理論體系中最大之缺憾，然此畢竟有其自身之限制，無可如何。熊氏雖處身全盤西化之浪潮中，卻不大受影響，對於擅長認識論之西學，並無多接觸，其心仍是在傳統儒家盡心成性之學上。於當時，熊氏亦只能專心致力於此，以全幅之眞精神、眞生命，爲儒學繼絕存亡，爲整個失落的民族，挺立出道德主體性。此對熊氏而言，乃是當務之急，只有由心性上著手，才能從根救起，使國人於身心上起大變化，去雜染而歸清淨；至於理智思辨之事，熊氏既乏資源以爲助，又限於實際情況，雖有心而無力，是以〈量論〉終不出，而亦理應不出也。〔註6〕

第四節　《新論》之價值與影響

　　熊氏之學偏於主觀性之認知，而非客觀性之認知，誠有其局限在，然其所開創之格局，所提出之理論，則有重大價值，而其影響則更爲深遠。

　　首先，《新論》對佛學所作之反省，乃是一轉換性之批判，甚至是一轉換性之創造，此創造性之詮釋，對後來研究佛學者提供一新的途徑。熊氏之創造性雖只屬片面而已，不夠全面，甚至稱不上成功，然其對佛學於此現代處境中，內在理論所可能遭遇之困難，作了一徹底之批判反省，而從新的角度切入，重新加以詮釋，企圖使佛法更適機應時。此一創造性之詮釋，與當時大部分鑽研佛學者大不相同，大部分研究者仍停留於成規中，不敢多所逾越，

由此而逐漸照明科學、哲學、文學、藝術、宗教、神話、技術、道德等體物之道的根本會通之處，從而匡正近代科學與哲學因不識此一關節而生的機械、純客觀、唯物、虛無等荒妄偏差，以謀救濟這些偏差在世界觀與政治、社會實際層面所造成的理想、價值、意義破壞。」（見《博藍尼講演集》頁172註2，彭淮棟譯，聯經出版事業公司，民國74年3月，初版，台北）對於直覺性思維於聯想認識中所起至關重要之作用，及默識過程中的功能結構，博藍尼皆有重大發現，深值借鏡，當代新儒家尤須於此多加留意。參見《博藍尼講演集》之「默會致知」，及《意義》第二章「個人知識」（博藍尼、浦洛施（H. Prosch）合著，彭淮棟譯，聯經出版事業公司，民國73年3月，初版，台北）。

〔註6〕後來熊氏高足牟宗三氏有《認識心之批判》一書，即可稍補其師〈量論〉未出之憾。

而熊氏獨能於其中，抉發精意而加以闡揚，此種創造性之詮釋，爲繼起之新儒家們提供一個典範，儘管繼起之新儒家，對於文獻考據亦相當重視，但精神所貫注者仍在於創造性，如方東美氏專心於華嚴宗之研究，而從《華嚴經》〈十迴向品〉中提出「上下雙迴向」說，對於生命形態有一新的見解，並賦予其一番新的情趣，〔註7〕而熊氏弟子牟宗三氏則以其精銳思辯能力研究佛學，而特心契於《起信論》與天台宗，企圖藉助《起信論》之「一心開二門」與天台之判教方式，而爲儒學之認識論、方法論尋求可行之路。此皆有所受熊氏之啓發與影響也。

其次，《新論》體用之說，爲歷來言體用者作了一終結，體用至此可謂有一全面深入之探討。熊氏曾曰：「體用不二義，自《新唯識論》出，始圓融無礙。」（《語要》頁512）此辭容或有誇大之嫌，然對體用之探討，確實至熊氏而臻於頂峰。若有以熊氏「漚水」之喻乃取自天台、華嚴，因此而以爲「體用不二」並非熊氏首創者，則是不解熊氏體用之義。熊氏誠然藉用天台、華嚴「漚水」之喻以言體用，然亦不可即謂雙方之體用是同義的。天台、華嚴之體用不二，自仍是佛家義下之體用，天台言功用，華嚴言力用，而於體則亦不違佛家本義，並非是一實體。而熊氏之體用不二，自是熊氏義下之體用，雖說有所資取於「漚水」之喻，而無疑只是藉其名而表自己獨特之思想，故體用不二之名即使非熊氏首創，然體用不二之義則是熊氏首創。熊氏對體用所作全面深入之探討，而又有獨創深刻之見解，無疑已超越宋明諸儒。其體用不二之說，實已將儒釋道三家凡對體用義有見解者，皆參稽之而採及其精華。不論如何，熊氏對體用義所作歷史性之探討，及其獨創性之見解，在思想史之發展上，有其重要地位，並有長久之影響力。

復次，《新論》所提出之體用不二、翕闢成變之說，乃是當代新儒家最重要理論之一，更是其奠基之作，新儒家之代表人物，多有受其影響者。縱然《新論》尚有待證成之處，但仍具有重大價值，對當代新儒家之影響最爲深遠。熊氏從辯證的動態過程對本體論所作之發揮，不只無實證論者或原子論者之以機械式方式尋求本體而成機械論之失，亦無宗教家之以上帝爲唯一根源而成迷信之失，亦無離體言用而只著重經驗物質而成無體論之失。此一翕

〔註7〕 參見張肇祺氏〈方東美先生的哲學信仰與其哲學之建立〉（上）（下）第一〇節「超越形上方法與文化生態比較方法」，載《哲學與文化》一四卷九、一〇期，民國76年10月，台北。

關成變,即用識體之說,所闡釋之精義與所蘊含之意蘊,是非常深入廣大的,對當代新儒家由內聖開出外王,或者說由新內聖開出新外王,其實亦即是新內聖與新外王一同開出,有非常決定性之影響。如牟宗三氏之「良知之自我坎陷」說,〔註8〕即受有熊氏翕闢說之影響,而再進一步加以發揮的。〔註9〕不只希望保住主觀性之道德良知,並由此而開出客觀性之民主、科學等。無疑地,熊氏對當代新儒家之影響是深遠的,熊氏之被尊爲開山祖,是有其道理的。

作爲當代新儒家奠基之作的《新論》,其影響是重大的。自清代以來學術界成爲餖飣考據而抱殘守缺的傳統派天下,無有文化理想,致使民族信心喪失,國勢愈趨積弱,而民初則有受西方思潮影響而持自我否定立場的西化派之興起,將中國之衰弱全歸咎於傳統儒家思想之影響。經此考據派與西化派之影響,固有之文化慧命遭致嚴重打擊,心靈極度虛無,信心喪失殆盡,中國可謂正發生嚴重之文化危機,正處於繼絕存亡之關鍵時代。如何解決文化危機,如何繼絕存亡?熊氏之《新論》即是在此環境下應運而生,因覺佛家於此終無有解決之道,故由佛返儒,對傳統儒家思想一面批判,一面再加以詮釋,去蕪存菁,試圖以更恰當之方式,對傳統思想作一番解構與重組,使其賦有現代意義。無疑地,《新論》對於自清代以來即衰頹不已而瀕於崩解之

〔註8〕中國傳統皆只一心開一門,良知(本心、仁體、知體明覺)只開出道德門,而無知識門,故要如何由傳統之一心,開出現代的二門,是現代化之重要課題;因此牟氏藉助《大乘起信論》「一心開二門」之理論,認爲良知要開出知識門時,則須自己自覺地「讓開一步」,亦即「自我坎限」,牟氏曰:「知體明覺不能永停在明覺之感應中,它必須自覺地自我否定(亦曰自我坎陷),轉而爲『知性』;此知性與物爲對,始能使物成爲『對象』,從而究知其曲折之相。它必須經由這一步自我坎陷,它始能充分實現其自己,此即所謂辯證的開顯。」「知體明覺之自覺地自我坎陷即是其自覺地從無執轉爲執。自我坎陷就是執。坎陷者下落而陷於執也。不這樣地坎陷,則永無執,亦不能成爲知性(認知的主體)。它自覺地要坎陷其自己即是自覺地要這一執。」(《現象與物自身》頁122～123,學生書局,民國73年8月,四版,台北)只有經此一步辯證開顯,知體明覺(良知)才能充分實現其自己,而同時轉出知性,不只能滿足道德心願與要求,亦能成就民主、科學等知識,如此才能眞正解決一切屬於人的問題。

〔註9〕劉述先氏即認爲牟氏把注力集中在「心」之觀念上,而有「一心開二門」之說,認爲認知心由「良知之自我坎陷」而成,此說法雖與熊氏完全不同,但在精神上卻與熊氏以翕闢觀念而言成物、明心,闡明本體之功能與作用,從而以量智爲性智之發用的觀念是一脈相成的(見〈對於熊十力先生晚年思想的再反思〉頁5)。

儒學，重新予以一新的生機，對宋明儒學以至上溯至先秦儒學，亦予以一新的檢視，汲取可資利用之資源，而於積澱殘渣，則予擴清掃除，而著力於現代，使道德主體性得以暢達。熊氏的全幅生命精神所挺立的即是此道德主體性，對於久已泯沒的人性，熊氏已播下新種子，使儒學有一新的可能性。

　　經由此一對《新論》所作理論性與歷史性之探討，對《新論》之來龍去脈，與佛學界之論爭，《新論》理論之得失，及其價值與影響等，大致已說明清楚。當然，《新論》有其不可磨滅之地位，但不可否認地，《新論》仍有其局限在，其所建立之理論體系或許未臻圓融，然其以全幅生命精神來挺立文化慧命，於此時代中，則有非常重大之意義。《新論》仍是值得再加研究，其中仍有許多熊氏未及言，或雖言而仍隱而不顯之精義，深待發抉。畢竟熊氏所播下的只是種子，至於開枝散葉則須後學者再接再勵。

參考資料

（甲）熊十力著作部分（依著作年代先後爲序）

1. 《熊子眞心書》，文津出版社，民國 75 年 10 月，台北。
2. 《因明大疏刪註》，廣文書局，民國 60 年 4 月，台北。
3. 《新唯識論》〈文言本〉，文津出版社，民國 75 年 10 月，台北。
4. 《破破新唯識論》，文津出版社，民國 75 年 10 月，台北。
5. 《佛家名相通釋》，洪氏出版社，民國 73 年 4 月，再版，台北。
6. 《中國歷史講話》，明文書局，民國 73 年 12 月，初版，台北。
7. 《新唯識論》〈語體本〉，文津出版社，民國 75 年 10 月，台北。
8. 《讀經示要》，明文書局，民國 73 年 7 月，初版，台北。
9. 《十力語要》，洪氏出版社，民國 72 年 12 月，再版，台北。
10. 《十力語要初續》，洪氏出版社，民國 71 年 10 月，初版，台北。
11. 《韓非子評論》，學生書局，民國 73 年 4 月，再版，台北。
12. 《摧惑顯宗記》，學生書局，民國 77 年 6 月，初版，台北。
13. 《論張江陵》，明文書局，民國 77 年 3 月，初版，台北。
14. 《論六經》，明文書局，民國 77 年 3 月，初版，台北。
15. 《原儒》，史地教育出版社，民國 63 年 10 月，初版，台北。
16. 《體用論》，學生書局，民國 76 年 2 月版，台北。
17. 《明心篇》，學生書局，民國 68 年 4 月，三版，台北。
18. 《乾坤衍》，學生書局，民國 76 年 2 月版，台北。
19. 《熊十力與劉靜窗論學書簡》，時報文化出版事業有限公司，民國 73 年 6 月，初版，台北。

（乙）後人研究熊十力之專著（與本論文相涉者爲限）

1. 《熊十力與中國傳統文化》，郭齊勇著，遠流出版公司，民國 79 年 6 月，初版，台北。

2. 《熊十力體用哲學之詮釋與重建》，林安梧著，國立臺灣大學哲學研究所博士論文，民國 80 年 5 月，台北。

3. 《熊十力》，景海峰著，東大圖書股份有限公司，民國 80 年 6 月，台北。

4. 《熊十力先生學行年表》，蔡仁厚著，明文書局，民國 76 年 8 月，初版，台北。

5. 《憶熊十力先生》，梁漱溟著，明文書局，民國 78 年 12 月，初版，台北。

6. 《現代儒佛之爭》，林安梧編，明文書局，民國 79 年 6 月，台北。

7. 《中國歷代思想家——熊十力》，李霜青著，臺灣商務印書館，民國 67 年 6 月，台北。

8. 《熊十力先生學記》，潘世卿著，私立輔仁大學中國文學研究所碩士論文，民國 68 年，台北。

9. 《熊十力先生的體用論研究》，黃惠雅著，國立臺灣大學哲學研究所碩士論文，民國 69 年 6 月，台北。

（丙）與本論文相關之佛學典籍、論著與單篇專文

1. 《瑜伽師地論記》，道倫著，新文豐出版公司，民國 65 年 10 月，初版，台北。

2. 《成唯識論》，玄奘著，華藏法施會重刊，民國 66 年，台北。

3. 《成唯識論述記》，窺基著，新文豐出版公司，民國 78 年 4 月，二版，台北。

4. 《破新唯識論》，劉定權著，文津出版社，民國 75 年 10 月，台北。

5. 《太虛大師全書》冊四九，太虛著，太虛大師全書影印委員會印行，民國 59 年 11 月，再版，台北。

6. 《無諍之辯》，印順著，正聞出版社，民國 80 月 4 月，一三版，台北。

7. 《說一切有部爲主的論書與論師之研究》，印順著，正聞出版社，民國 70 年 12 月，三版，台北。

8. 《唯識學探源》，印順著，正聞出版社，民國 77 月 6 月，九版，台北。

9. 《性空學探源》，印順著，正聞出版社，民國 77 月 4 月，七版，台北。

10. 《中觀論頌講記》，印順著，正聞出版社，民國 76 月 4 月，七版，台北。

11. 《印度佛教思想史》，印順著，正聞出版社，民國 78 月 11 月，三版，台北。

12. 《歐陽竟無文集》，歐陽竟無著，洪啓嵩、黃啓霖主編，文殊出版社，民國 77 年 3 月版，台北。

13. 《印度佛學思想概論》，呂澂著，天華出版公司，民國 76 年 7 月，再版，台北。

14. 《呂澂文集》，呂澂著，洪啓嵩、黃啓霖主編，文殊出版社，民國 77 年 3 月版，台北。

15. 《唯識史觀及其哲學》，法舫著，正聞出版社，民國 70 月 3 月，初版，台北。

16. 《唯識思想》，高崎直道等著，李世傑譯，華宇出版社，民國 74 年 12 月，初版，台北。

17. 《佛性與般若》，牟宗三著，學生書局，民國 78 年 2 月，五版，台北。

18. 《唯識法相及其思想演變》，演培著，天華出版公司，民國 79 年 2 月，初版，台北。

19. 《現代中國的宗教趨勢》，陳榮捷著，廖世德譯，文殊出版社，民國 76 年 11 月版，台北。

20. 《唯識哲學──關於轉識成智理論問題之研究》，吳汝鈞著，民國 78 年 8 月，三版，台灣高雄。

21. 《絕對與圓融》，霍韜晦著，東大圖書股份有限公司，民國 78 年 11 月，台北。

22. 《佛家思想新論》，楊惠南著，東大圖書股份有限公司，民國 79 年 10 月，三版，台北。

23. 《當代佛教思想展望》，楊惠南著，東大圖書股份有限公司，民國 80 年 9 月，初版，台北。

24. 《現代中國佛教思想論集》（一），江燦騰著，新文豐出版公司，民國 79 年 7 月，初版，台北。

25. 《從創造的詮釋學到大乘佛學》，傅偉勳著，東大圖書股份有限公司，民國 79 年 7 月，初版，台北。

26. 〈眞諦的唯識古學、玄奘的唯識今學與熊十力新唯識論之唯識思想初探〉（上）（下），曹志成著，《中國佛教》第三三卷三、四期，民國 78 年 3、4 月，台北。

27. 〈關於緣起思想形成與發展的詮釋學考察〉，傅偉勳著，《中華佛學學報》第四期，民國 80 年 7 月，台北。

28. 〈當代儒佛論爭的幾個核心問題──以熊十力與印順爲核心的展開〉，林安梧著，《諦觀》六七期，民國 80 年 10 月，台北。

（丁）與本論文相關之儒學典籍、論著與單篇專文

1. 《周易》，十三經注疏本，藝文印書館，民國 71 年 8 月，九版，台北。

2. 《論語》，十三經注疏本，藝文印書館，民國 71 年 8 月，九版，台北。

3. 《孟子》，十三經注疏本，藝文印書館，民國 71 年 8 月，九版，台北。

4. 《周子通書》，周敦頤著，中華書局，民國 60 年 2 月，三版，台北。

5. 《張子全書》，張載著，中華書局，民國 53 年 3 月，初版，台北。

6. 《象山全集》，陸九淵著，中華書局，民國 68 年 7 月，三版，台北。

7. 《陽明全書》，王守仁著，中華書局，民國 59 年 6 月，二版，台北。

8. 《中國哲學十九講——中國哲學之簡述及其所涵蘊之問題》，牟宗三著，學生書局，民國 72 年 10 月，初版，台北。

9. 《中國近代思想人物論——保守主義》，傅樂詩等著，時報出版公司，民國 71 年年 9 月，三版，台北。

10. 《儒道之間》，王邦雄著，漢光文化事業股份有限公司，民國 74 年 8 月，初版，台北。

11. 《批判的繼承與創造的發展》，傅偉勳著，東大圖書股份有限公司，民國 75 年 6 月，初版，台北。

12. 《現代儒學論衡》，林安梧著，業強出版社，民國 76 年 5 月，初版，台北。

13. 《幽暗意識與民主傳統》，張灝著，聯經出版事業公司，民國 78 年 5 月，初版，台北。

14. 《中國現代思想史論》，李澤厚著，風雲時代出版公司，民國 80 年 3 月，初版，台北。

15. 〈方東美先生的哲學信仰與其哲學之建立〉（上）（下），張肇祺著，《哲學與文化》一四卷九、一○期，民國 76 年 9、10 月，台北。

16. 〈論熊十力思想在一九四九年後的轉變〉，翟志成著，《哲學與文化》第一五卷第三期，民國 77 年 3 月，台北。

17. 〈熊十力內聖學後期轉變說之商榷〉，林家民著，《哲學與文化》第一五卷第一二期，民國 77 年 12 月，台北。

18. 〈對於熊十力先生晚年思想的再反思〉，劉述先著，《鵝湖》第二○一，民國 81 年 3 月，台北。

（戊）與本論文相關之道家典籍

1. 《老子》，王弼注本，中華書局，民國 61 年 4 月，四版，台北。

2. 《莊子》，郭象注本，中華書局，民國 61 年 4 月，四版，台北。

（己）與本論文相關之其他專著

1. 《現象與物自身》，牟宗三著，學生書局，民國 73 年 8 月，四版，台北。

2. 《認識心之批判》，牟宗三著，學生書局，民國 79 年 6 月版，台北。

3. 《博藍尼講演集》，博藍尼著，彭淮棟譯，聯經出版事業公司，民國 74 年 3 月，初版，台北。

4. 《意義》，博藍尼、浦洛施合著，彭淮棟譯，聯經出版事業公司，民國 73 年 3 月，初版，台北。